国語6年

教育出版版
ひろがる言葉 小学国語

教科書ぴったりトレーニング

▶ 3分でまとめ動画

風景　純銀もざいく

山村 暮鳥

◎めあて
★詩のまとまりごとに見えてくる風景をとらえよう。

学習日　月　日
教科書 上10～12ページ
答え 2ページ

1 詩を読んで、答えましょう。

風景　純銀もざいく

山村 暮鳥

いちめんのなのはな
いちめんのなのはな
いちめんのなのはな
いちめんのなのはな
いちめんのなのはな
いちめんのなのはな
いちめんのなのはな
かすかなるむぎぶえ
いちめんのなのはな

いちめんのなのはな
いちめんのなのはな
いちめんのなのはな
いちめんのなのはな

(1) 次の文は「風景　純銀もざいく」の詩の構成について説明したものです。（　）にあてはまる数字を[　]から一つずつ選んで、書きましょう。同じ数字を二度使ってかまいません。

詩の中の言葉のまとまりを「連」という。この詩の全体は（　）連で構成され、どの連も（　）行でできている。また、一行の文字数もほぼ（　）文字で同じになっている。

一　三　五　七　九

(2) 次の文は「風景　純銀もざいく」で歌われている季節について説明したものです。□にはあてはまる言葉を詩の中から書きぬき、（　）にはあてはまる季節を漢字一字で答えましょう。

「□」「むぎぶえ」「□」から、（　）の季節がえがかれている。

(3) 「風景　純銀もざいく」には、「いちめんのなのはな」という言葉がくり返されています。このくり返しによってどんな風景が想像されますか。一つに○をつけましょう。

表

好きななまえをつけてね！

なまえ

ぴた犬（おとも犬）シールをはろう

シールの中から好きなぴた犬を選ぼう。

おうちのかたへ

がんばり表のデジタル版「デジタルがんばり表」では、デジタル端末でも学習の進捗記録をつけることができます。１冊やり終えると、抽選でプレゼントが当たります。「ぴたサポシステム」にご登録いただき、「デジタルがんばり表」をお使いください。LINE または PC・ブラウザを利用する方法があります。

ぴたサポシステムご利用ガイドはこちら
https://www.shinko-keirin.co.jp/shinko/news/pittari-support-system

スタート

一　情景描写に着目して感想を話し合おう
風景　純銀もざいく～漢字の広場①　三字以上の熟語の構成

2～3ページ	4～5ページ	6～7ページ	8～9ページ	10～11ページ	12～13ページ	14～15ページ
ぴったり1	ぴったり1	ぴったり1	ぴったり1	ぴったり2	ぴったり3	ぴったり3
できたらシールをはろう	できたらシールをはろう	できたらシールをはろう	できたらシールをはろう	できたらシールをはろう	できたらシールをはろう	できたらシールをはろう

…らえよう

16～17ページ
ぴったり1
できたらシールをはろう

一　ファンタジーを読み、自分の考えをまとめよう
きつねの窓～言葉の文化④　言葉は時代とともに

52～53ページ	54～55ページ	56～57ページ	58～59ページ	60～61ページ	62～63ページ
ぴったり1	ぴったり2	ぴったり2	ぴったり1	ぴったり3	ぴったり3
できたらシールをはろう	できたらシールをはろう	できたらシールをはろう	できたらシールをはろう	できたらシールをはろう	できたらシールをはろう

…物語を書こう
…語の使い分け

50～51ページ
ぴったり3
できたらシールをはろう

二　説得力のある文章を書こう
十二歳の主張～漢字の広場④　音を表す部分

64～65ページ	66～67ページ	68～69ページ
ぴったり1	ぴったり1	ぴったり3
できたらシールをはろう	できたらシールをはろう	できたらシールをはろう

…分の経験と重ねて読み、考えを広げよう
…どう感じる？～紙風船

70～71ページ	72～73ページ	74～75ページ	76～77ページ	78～79ページ	…ページ
ぴったり1	ぴったり2	ぴったり1	ぴったり1	ぴったり3	…3
できたらシールをはろう	できたらシールをはろう	できたらシールをはろう	できたらシールをはろう	できたらシールをはろう	…ら…を

…02～103ページ	104ページ
ぴったり3	ぴったり3
できたらシールをはろう	できたらシールをはろう

ゴール

最後までがんばったキミは「ごほうびシール」をはろう！

ごほうびシールをはろう

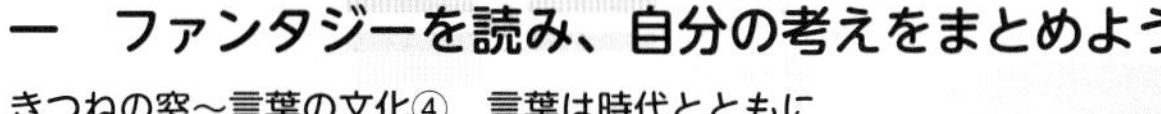

（キリトリ線）

教科書ぴったりトレーニング　国語　6年　教育出版版　折込①（オモテ）

教科書ぴったりトレーニングの使い方

『ぴたトレ』は教科書にぴったり合
できるよ。教科書も見ながら、
ぴた犬たちが勉強をサポートす

ふだんの学習

ぴったり1 準備

めあて をたしかめて、問題に取り組もう。はじ
しい漢字や言葉の意味をおさえるよ。物語やせつ
は 3分でワンポイント で大事なポイントをつかもう
QRコードから「3分でまとめ動画」が見られる

※QRコードは株式会社デンソーウェーブの

ぴったり2 練習

読解問題を練習するよ。
ヒント を見ながらといてみよう。

ぴったり3 確かめのテスト

「ぴったり1」「ぴったり2」が終わったら取り組ん
自分の考えを書く問題にもチャレンジしよう。
わからない問題は、 ふりかえり を見て前にも
くにんしよう。

実力チェック

- 夏のチャレンジテスト
- 冬のチャレンジテスト
- 春のチャレンジテスト
- 6年 国語のまとめ 学力診断テスト

夏休み、冬休み、春休み前に
取り組んでみよう。
学期の終わりや学年の終わりの
テストの前にやってもいいね。

ふだんの学
たら、「が
にシールを

別冊

丸つけラクラク解答

問題と同じ紙面に赤字で「答え」が書いてあ
取り組んだ問題の答え合わせをしてみよう。ま
問題やわからなかった問題は、「てびき」を読ん
教科書を読み返したりして、もう一度見直そ

(キリトリ線)

教科書ぴったりトレーニング 国語 6年 折込①(ウラ)

わせて使うことが
勉強していこうね。
るよ。

めに新
めい文
う。
よ。
登録商標です。

でみよう。

どってか

るよ。
まちがえた
しだり、
う。

おうちのかたへ

本書『教科書ぴったりトレーニング』は、教科書の要点や重要事項をつかむ「ぴったり１ 準備」、問題に慣れる「ぴったり２ 練習」、テスト形式で学習事項が定着したか確認する「ぴったり３ 確かめのテスト」の３段階構成になっています。教科書の学習順序やねらいに完全対応していますので、日々の学習（トレーニング）にぴったりです。

「観点別学習状況の評価」について

学校の通知表は、「知識・技能」「思考・判断・表現」「主体的に学習に取り組む態度」の３つの観点による評価がもとになっています。

問題集やドリルでは、一般に知識を問う問題が中心になりますが、本書『教科書ぴったりトレーニング』では、次のように、観点別学習状況の評価に基づく問題を取り入れて、成績アップに結びつくことをねらいました。

ぴったり３ 確かめのテスト

●「思考・判断・表現」のうち、特に思考や表現（予想したり文章で説明したりすることなど）を取り上げた問題には「思考・判断・表現」と表示しています。

チャレンジテスト

●主に「思考・判断・表現」を問う問題かどうかで、分類して出題しています。

別冊『丸つけラクラク解答』について

おうちのかたへ では、
次のようなものを示しています。

- **学習のねらいやポイント**
- **他の学年や他の単元の学習内容とのつながり**
- **まちがいやすいことやつまずきやすいところ**

お子様への説明や、学習内容の把握などにご活用ください。

内容の例

おうちのかたへ

物語を読むときには、登場人物の会話や行動に注目しましょう。「うまくできるかな（→不安）」「力いっぱい拍手をした（感動）」など、直接文章に書かれていない心情が会話や行動から読み取れることがあるからです。

教科書ぴったりトレーニング　国語 6年　がんばり表

いつも見えるところに、この「がんばり表」をはっておこう。
この「ぴたトレ」を学習したら、シールをはろう！
どこまでがんばったかわかるよ。

三　立場を明確にして主張しよう

パネルディスカッション～漢字の広場②　複数の意味をもつ漢字

32～33ページ	30～31ページ	28～29ページ	26～27ページ
ぴったり3	ぴったり3	ぴったり1	ぴったり1
できたらシールをはろう	できたらシールをはろう	できたらシールをはろう	できたらシールをはろう

二　文章と資料をあわせて読み、筆者の考えをと

アイスは暑いほどおいしい？～雪は新しいエネルギー

24～25ページ	22～23ページ	20～21ページ	18～19ペ
ぴったり3	ぴったり3	ぴったり2	ぴったり1
できたらシールをはろう	できたらシールをはろう	できたらシールをはろう	できたらシールをはろう

四　表現が読み手にあたえる効果について考えよう

川とノリオ～言葉の文化③「知恵の言葉」を集めよう

34～35ページ	36～37ページ	38～39ページ	40～41ページ	42～43ページ	44～45ページ
ぴったり1	ぴったり2	ぴったり2	ぴったり3	ぴったり3	ぴったり1
できたらシールをはろう	できたらシールをはろう	できたらシールをはろう	できたらシールをはろう	できたらシールをはろう	できたらシールをはろう

五　てんかいを工夫して物

あなたは作家～漢字の広場③　熟

46～47ページ	48～49ページ
ぴったり1	ぴったり1
できたらシールをはろう	できたらシールをはろう

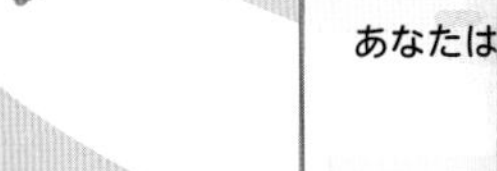

五　伝えたいことを明確にして書こう

六年間の思い出をつづろう――卒業文集～漢字の広場⑤　同じ訓をもつ漢字

90～91ページ	88～89ページ	86～87ページ
ぴったり3	ぴったり1	ぴったり1
できたらシールをはろう	できたらシールをはろう	できたらシールをはろう

四　筆者の書き方の工夫を見つけよう

「迷う」

84～85ページ	82～83ページ
ぴったり3	ぴったり1
できたらシールをはろう	できたらシールをはろう

三　自

あなたは

80～81
ぴった
できたシールはろ

六　伝記を読んで、生き方について自分の考えをまとめよう

津田梅子――未来をきりひらく「人」への思い～出会った言葉をふり返ろう

92～93ページ	94～95ページ	96～97ページ	98～99ページ	100～101ページ
ぴったり1	ぴったり2	ぴったり2	ぴったり1	ぴったり3
できたらシールをはろう	できたらシールをはろう	できたらシールをはろう	できたらシールをはろう	できたらシールをはろう

教科書ぴったりトレーニング
国語
バッチリポスター
6年生で習う漢字①
★6年生で学習する漢字を、五十音順に並べています。（①と②の、二回に分けています。）
★漢字ごとに、画数、読み方、書き順（筆順）を示しています。
★音と訓は、それぞれ音読みと訓読みを示しています。
★（ ）は、小学校では習わない読み方です。
まちがえやすい漢字は、□にチェックをしておこう！
あ～お
胃 9画 音 イ 胃腸
異 11画 音 イ 訓 こと
遺 15画 音 イ・（ユイ）
域 11画 音 イキ 地域
宇 6画 音 ウ 宇宙
映 9画 音 エイ 訓 うつる・うつす（はえる） 映画
延 8画 音 エン 訓 のびる・のべる のばす 延長
沿 8画 音 エン 訓 そう 沿岸
恩 10画 音 オン 恩返し
か～こ
我 7画 音 （ガ） 訓 われ・（わ）
灰 6画 音 （カイ） 訓 はい 火山灰
拡 8画 音 カク 拡大
革 9画 音 カク 訓 （かわ） 産業革命
閣 14画 音 カク
割 12画 音 （カツ） 訓 わる・わり われる・（さく）
株 10画 訓 かぶ 切り株
干 3画 音 カン 訓 ほす（ひる） 干す
巻 9画 音 カン 訓 まく・まき 全巻
看 9画 音 カン
簡 18画 音 カン
危 6画 音 キ 訓 あぶない（あやうい）（あやぶむ） 危険
机 6画 音 （キ） 訓 つくえ 机といす
揮 12画 音 キ 指揮者
貴 12画 音 キ 訓 （たっとい）（たっとぶ）（とうとい）（とうとぶ） 貴族
疑 14画 音 ギ 訓 うたがう
吸 6画 音 キュウ 訓 すう 呼吸
供 8画 音 キョウ・（ク） 訓 そなえる・とも 花を供える
胸 10画 音 キョウ 訓 むね（むな） 胸囲
郷 11画 音 キョウ（ゴウ） 故郷
勤 12画 音 キン・（ゴン） 訓 つとまる つとめる 夜勤
筋 12画 音 キン 訓 すじ 筋肉
系 7画 音 ケイ 太陽系
敬 12画 音 ケイ 訓 うやまう 敬う
警 19画 音 ケイ
劇 15画 音 ゲキ
激 16画 音 ゲキ 訓 はげしい
穴 5画 音 （ケツ） 訓 あな ほら穴
券 8画 音 ケン 乗車券
絹 13画 音 （ケン） 訓 きぬ
権 15画 音 ケン・（ゴン）
憲 音 ケン
源 音 ゲン 訓 みなもと
厳 音 ゲン・（ゴン） 訓 （おごそか） きびしい
己 音 コ・（キ） 訓 （おのれ） 自己紹介
呼 音 コ 訓 よぶ 点呼
誤 音 ゴ 訓 あやまる
后 音 コウ 皇后
孝 音 コウ 親孝行
（切り取り線）

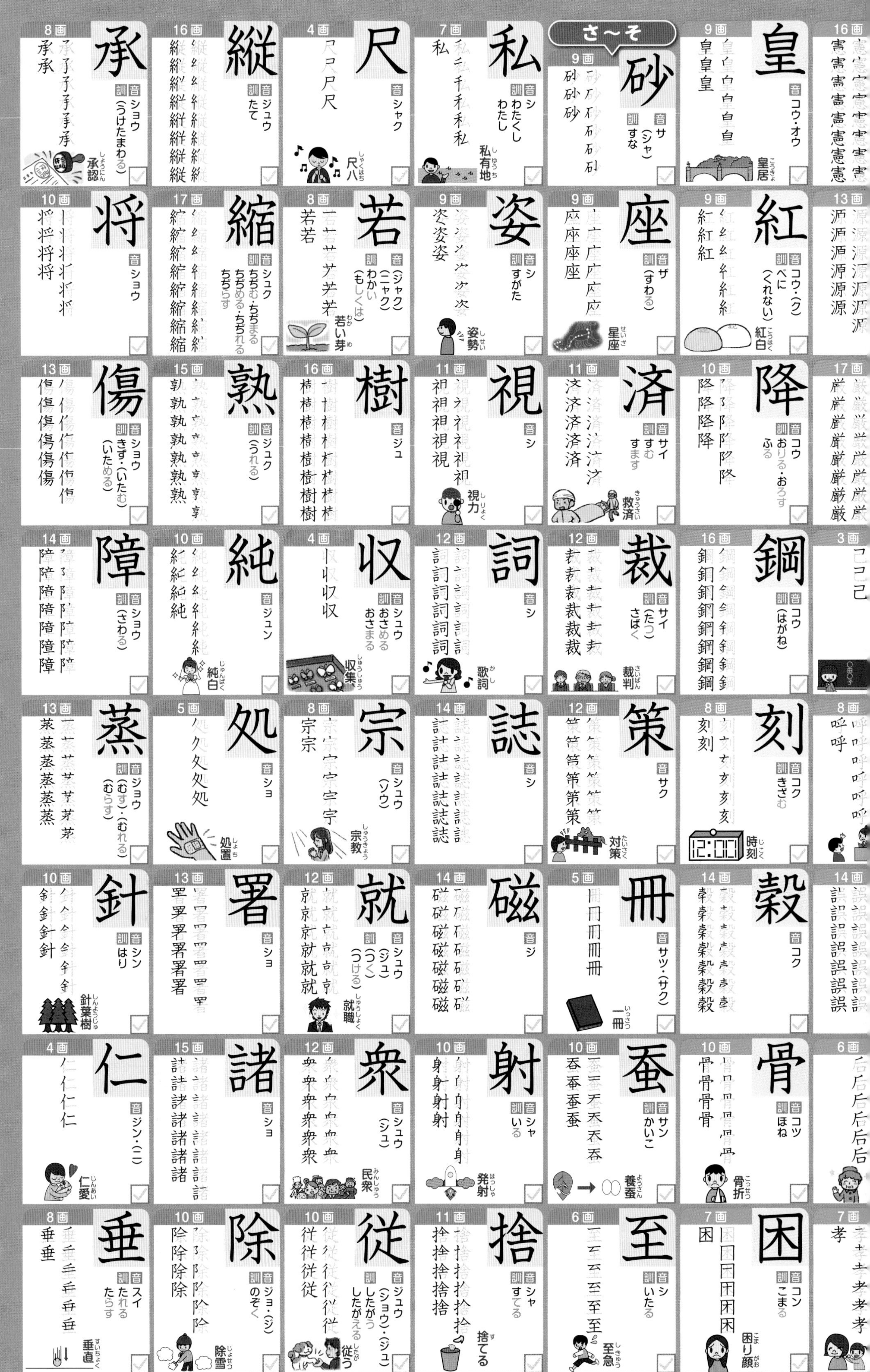

16画 憲
13画 源
17画 厳
3画 己
8画 呼
14画 誤
6画 后
7画 孝
9画 皇 音 コウ・オウ 皇居
9画 紅 音 コウ・(ク) 訓 べに (くれない) 紅白
10画 降 音 コウ 訓 おりる・おろす ふる
16画 鋼 音 コウ 訓 (はがね)
8画 刻 音 コク 訓 きざむ 時刻
14画 穀 音 コク
10画 骨 音 コツ 訓 ほね 骨折
7画 困 音 コン 訓 こまる 困り顔
さ〜そ
9画 砂 音 サ (シャ) 訓 すな
9画 座 音 ザ 訓 (すわる) 星座
11画 済 音 サイ 訓 すむ すます 救済
12画 裁 音 サイ 訓 (たつ) さばく 裁判
12画 策 音 サク 対策
5画 冊 音 サツ・(サク) 一冊
10画 蚕 音 サン 訓 かいこ 養蚕
6画 至 音 シ 訓 いたる 至急
7画 私 音 シ 訓 わたくし わたし 私有地
9画 姿 音 シ 訓 すがた 姿勢
11画 視 音 シ 視力
12画 詞 音 シ 歌詞
14画 誌 音 シ
14画 磁 音 ジ
10画 射 音 シャ 訓 いる 発射
11画 捨 音 シャ 訓 すてる 捨てる
4画 尺 音 シャク 尺八
8画 若 音 (ジャク) (ニャク) 訓 わかい (もしくは) 若い芽
16画 樹 音 ジュ
4画 収 音 シュウ 訓 おさめる おさまる 収集
8画 宗 音 シュウ (ソウ) 宗教
12画 就 音 シュウ (ジュ) 訓 (つく) (つける) 就職
12画 衆 音 シュウ (シュ) 民衆
10画 従 音 ジュウ (ショウ)・(ジュ) 訓 したがう したがえる 従う
16画 縦 音 ジュウ 訓 たて
17画 縮 音 シュク 訓 ちぢむ・ちぢまる ちぢめる・ちぢれる ちぢらす
15画 熟 音 ジュク 訓 (うれる)
10画 純 音 ジュン 純白
5画 処 音 ショ 処置
13画 署 音 ショ
15画 諸 音 ショ
10画 除 音 ジョ・(ジ) 訓 のぞく 除雪
8画 承 音 ショウ 訓 (うけたまわる) 承認
10画 将 音 ショウ
13画 傷 音 ショウ 訓 きず・(いたむ) (いためる)
14画 障 音 ショウ 訓 (さわる)
13画 蒸 音 ジョウ 訓 (むす)・(むれる) (むらす)
10画 針 音 シン 訓 はり 針葉樹
4画 仁 音 ジン・(ニ) 仁愛
8画 垂 音 スイ 訓 たれる たらす 垂直

6年生で学習する漢字を、五十音順に並べています。
①と②の、二回に分けています。
漢字ごとに、画数、読み方、書き順（筆順）を示しています。
音と訓は、それぞれ音読みと訓読みを示しています。
（　）は、小学校では習わない読み方です。

まちがえやすい漢字は、□にチェックをしておこう！

推 音 スイ／訓 （おす）　一ナナ扌扩扩拊拊推推　推理

寸 11画 音 スン　一十寸　寸法

泉 音 セン／訓 いずみ　'白白白身身身泉泉　温泉

洗 9画 音 セン／訓 あらう　'氵氵汁汁汁汼汼洗　洗面器

装 12画 音 ソウ（ショウ）／訓 （よそおう）　壮壮壮壮壮壮壮装装装装装装　服装

層 14画 音 ソウ　'一厂尸尸尸尸尼尼屉屉層層層層　層

宅 6画 音 タク　'宀宀宀宅宅　宅

担 8画 音 タン／訓 （かつぐ）（になう）　一十扌扌扫扫扫担　担任

探 11画 音 タン／訓 さがす・さぐる　一十扌扌打护护护探探探　探検

忠 音 チュウ　口口中忠忠忠　忠告

著 11画 音 チョ／訓 （いちじるしい）（あらわす）　一艹艹艹莱莱莱著著著著　著者

庁 5画 音 チョウ　'一广广庁　気象庁

操 16画 音 ソウ／訓 （あやつる）（みさお）　一十扌扌扌扩扩护押押押捏捏捏操操操操　操

染 9画 音 セン／訓 そめる・そまる・しみる・（しみ）　'氵氵氿氿染染染染　染

盛 11画 音 セイ（ジョウ）／訓 もる・（さかる・さかん）　'丿厂厈成成成成成盛盛盛　盛る

敵 音 テキ／訓 （かたき）　敵

展 音 テン　展示会

討 音 トウ／訓 （うつ）　討論

党 音 トウ　党

頂 11画 音 チョウ／訓 いただく・いただき　'一丁丁丁丁丁币币币币頂頂頂頂　頂上

誕 15画 音 タン　'言言言言言証証証証証証誕誕　誕

蔵 15画 音 ゾウ／訓 （くら）　'一艹艹艹艹芹芹芹芹蓙蓙蔵蔵蔵　蔵

銭 14画 音 セン／訓 （ぜに）　'丿人人牟牟牟金金金金釺釺銭銭　銭

聖 13画 音 セイ　'一丁丆耳耳耴耴耴耴聖聖聖聖　聖

糖 13画 音 トウ　'丷丷丷丷半米米米糖糖糖糖糖　糖

腸 13画 音 チョウ　'丿丿月月肝肝肥胆胆腸腸腸腸　腸

段 9画 音 ダン　'丿丿丹段段段段段段　階段

臓 19画 音 ゾウ　'丿丿月月肝肝肝肝肝肝胼胼胼胼臓臓臓臓臓　臓

善 12画 音 ゼン／訓 よい　'丷丷丷兰羊羊羊善善善善善　善人

誠 13画 音 セイ／訓 （まこと）　'言言言言訮訮訮訮訮誠誠誠誠　誠

届 音 （とどける）（とどく）　届け先

潮 15画 音 チョウ／訓 しお　'氵氵氵氵沽沽沽泸泸泸潮潮潮潮潮　潮

暖 13画 音 ダン／訓 あたたか・あたたかい・あたたまる・あたためる　'日日日日即即即眄暖暖暖暖暖　暖

存 6画 音 ソン・ゾン　一ナ才存存存　保存

奏 9画 音 ソウ／訓 （かなでる）　'一三声夫夫奏奏奏　合奏

舌 6画 音 （ゼツ）／訓 した　'一二千舌舌舌　舌を出す

難 音 ナン／訓 （かたい）むずかしい　難しい問題

賃 13画 音 チン　'亻亻仟仟仟仟仟仟侲賃賃賃賃　賃

値 10画 音 チ／訓 ね・あたい　'亻亻仁仁仵仵值值值值　値段が高い

尊 12画 音 ソン／訓 たっとい・たっとぶ・とうとい・とうとぶ　'丷丷酋酋酋酋酋酋酋酋尊尊尊　尊敬語

窓 11画 音 ソウ／訓 まど　'宀宀宀宀宀宖宖宖窓窓窓　車窓

宣 9画 音 セン　'宀宀宀宀宣宣宣宣宣　宣言

痛 12画 音 ツウ／訓 いたい・いたむ・いためる　'一广广广疒疒疒疔痛痛痛痛　頭痛

宙 8画 音 チュウ　'宀宀宀宀宀宀宙宙　宇宙船

退 9画 音 タイ／訓 しりぞく・しりぞける　'丿丿日日艮艮艮退退　退

創 12画 音 ソウ／訓 （つくる）　'丿丷丷仐仐仐仐仐倉倉創創　創造

専 9画 音 セン／訓 （もっぱら）　'一一市市戸巨専専専　専門

た〜と

〜の

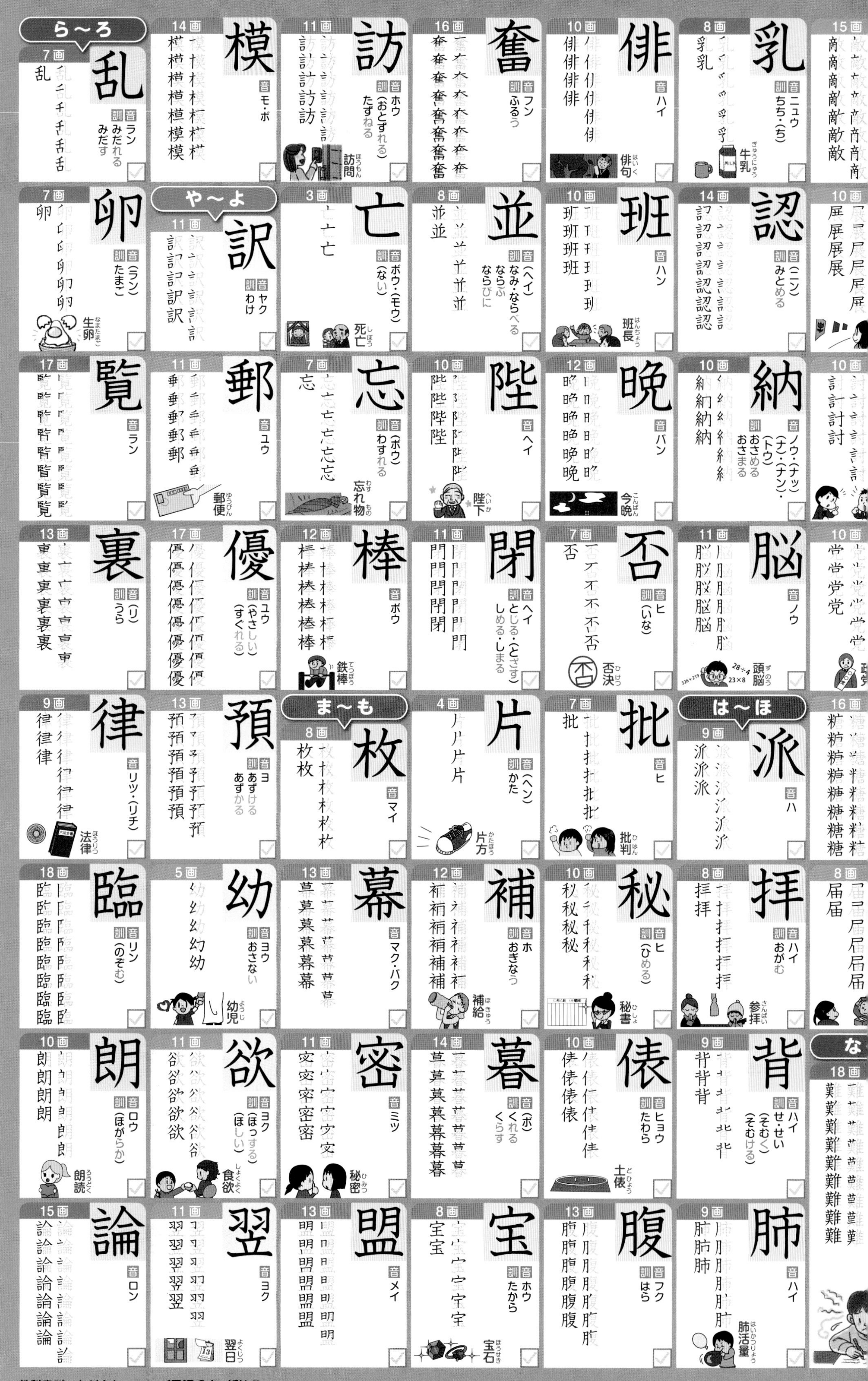

敵　15画

展　10画

討　10画

党　10画

糖　16画

届　8画

な

難　18画

乳　8画　音 ニュウ　訓 ちち・(ち)　牛乳(ぎゅうにゅう)

認　14画　音 (ニン)　訓 みとめる

納　10画　音 ノウ・(ナッ)・(ナ)・(ナン)・(トウ)　訓 おさめる・おさまる

脳　11画　音 ノウ　頭脳(ずのう)

は〜ほ

派　9画　音 ハ

拝　8画　音 ハイ　訓 おがむ　参拝(さんぱい)

背　9画　音 ハイ　訓 せ・せい・(そむく)・(そむける)

肺　9画　音 ハイ　肺活量(はいかつりょう)

俳　10画　音 ハイ　俳句(はいく)

班　10画　音 ハン　班長(はんちょう)

晩　12画　音 バン　今晩(こんばん)

否　7画　音 ヒ　訓 (いな)　否決(ひけつ)

批　7画　音 ヒ　批判(ひはん)

秘　10画　音 ヒ　訓 (ひめる)　秘書(ひしょ)

俵　10画　音 ヒョウ　訓 たわら　土俵(どひょう)

腹　13画　音 フク　訓 はら

奮　16画　音 フン　訓 ふるう

並　8画　音 (ヘイ)　訓 なみ・ならべる・ならぶ・ならびに

陛　10画　音 ヘイ　陛下(へいか)

閉　11画　音 ヘイ　訓 とじる・(とざす)・しめる・しまる

片　4画　音 (ヘン)　訓 かた　片方(かたほう)

補　12画　音 ホ　訓 おぎなう　補給(ほきゅう)

暮　14画　音 (ボ)　訓 くれる・くらす

宝　8画　音 ホウ　訓 たから　宝石(ほうせき)

訪　11画　音 ホウ　訓 (おとずれる)・たずねる　訪問(ほうもん)

亡　3画　音 ボウ・(モウ)　訓 (ない)　死亡(しぼう)

忘　7画　音 (ボウ)　訓 わすれる　忘れ物(わすれもの)

棒　12画　音 ボウ　鉄棒(てつぼう)

ま〜も

枚　8画　音 マイ

幕　13画　音 マク・バク

密　11画　音 ミツ　秘密(ひみつ)

盟　13画　音 メイ

模　14画　音 モ・ボ

や〜よ

訳　11画　音 ヤク　訓 わけ

郵　11画　音 ユウ　郵便(ゆうびん)

優　17画　音 ユウ　訓 (やさしい)・(すぐれる)

預　13画　音 ヨ　訓 あずける・あずかる

幼　5画　音 ヨウ　訓 おさない　幼児(ようじ)

欲　11画　音 ヨク　訓 (ほっする)・(ほしい)　食欲(しょくよく)

翌　11画　音 ヨク　翌日(よくじつ)

ら〜ろ

乱　7画　音 ラン　訓 みだれる・みだす

卵　7画　音 (ラン)　訓 たまご　生卵(なまたまご)

覧　17画　音 ラン

裏　13画　音 (リ)　訓 うら

律　9画　音 リツ・(リチ)　法律(ほうりつ)

臨　18画　音 リン　訓 (のぞむ)

朗　10画　音 ロウ　訓 (ほがらか)　朗読(ろうどく)

論　15画　音 ロン

いちめんのなのはな
いちめんのなのはな
いちめんのなのはな
ひばりのおしゃべり
いちめんのなのはな

いちめんのなのはな
いちめんのなのはな
いちめんのなのはな
いちめんのなのはな
いちめんのなのはな
いちめんのなのはな
いちめんのなのはな
やめるはひるのつき
いちめんのなのはな。

＊やめる…病(や)める

ア（　　）菜の花がところどころに散らばってさいている風景。
イ（　　）菜の花が見わたすかぎりたくさんさいている風景。
ウ（　　）ある一か所に菜の花がかたまってさいている風景。
エ（　　）さいている菜の花や散った菜の花などがある風景。

(4) 「風景　純銀もざいく」には、「いちめんのなのはな」以外の言葉が書かれた行が、各連の中に一つずつあります。その三つの行について、次の問いに答えましょう。

① 三つの行を書きぬきましょう。

第一連（　　　　）
第二連（　　　　）
第三連（　　　　）

② 三つの行から受けるイメージをア〜ウから一つずつ選び、記号を書きましょう。

第一連の行（　　）
第二連の行（　　）
第三連の行（　　）

ア　青白くやや暗いイメージ。
イ　静かでおだやかなイメージ。
ウ　にぎやかで明るいイメージ。

詩の情景を思いえがいてみよう。

ぴったり1 準備

3分でまとめ

一 情景描写(びょうしゃ)に着目して感想を話し合おう

あの坂をのぼれば
考えを図や表に

杉(すぎ) みき子(こ)

めあて
★登場人物の心情を読み取ろう。
★心情を表す表現を見つけよう。
★考えを図や表にまとめる方法を学ぼう。

学習日　月　日
教科書 上13〜23ページ
答え 2ページ

かきトリ 新しい漢字

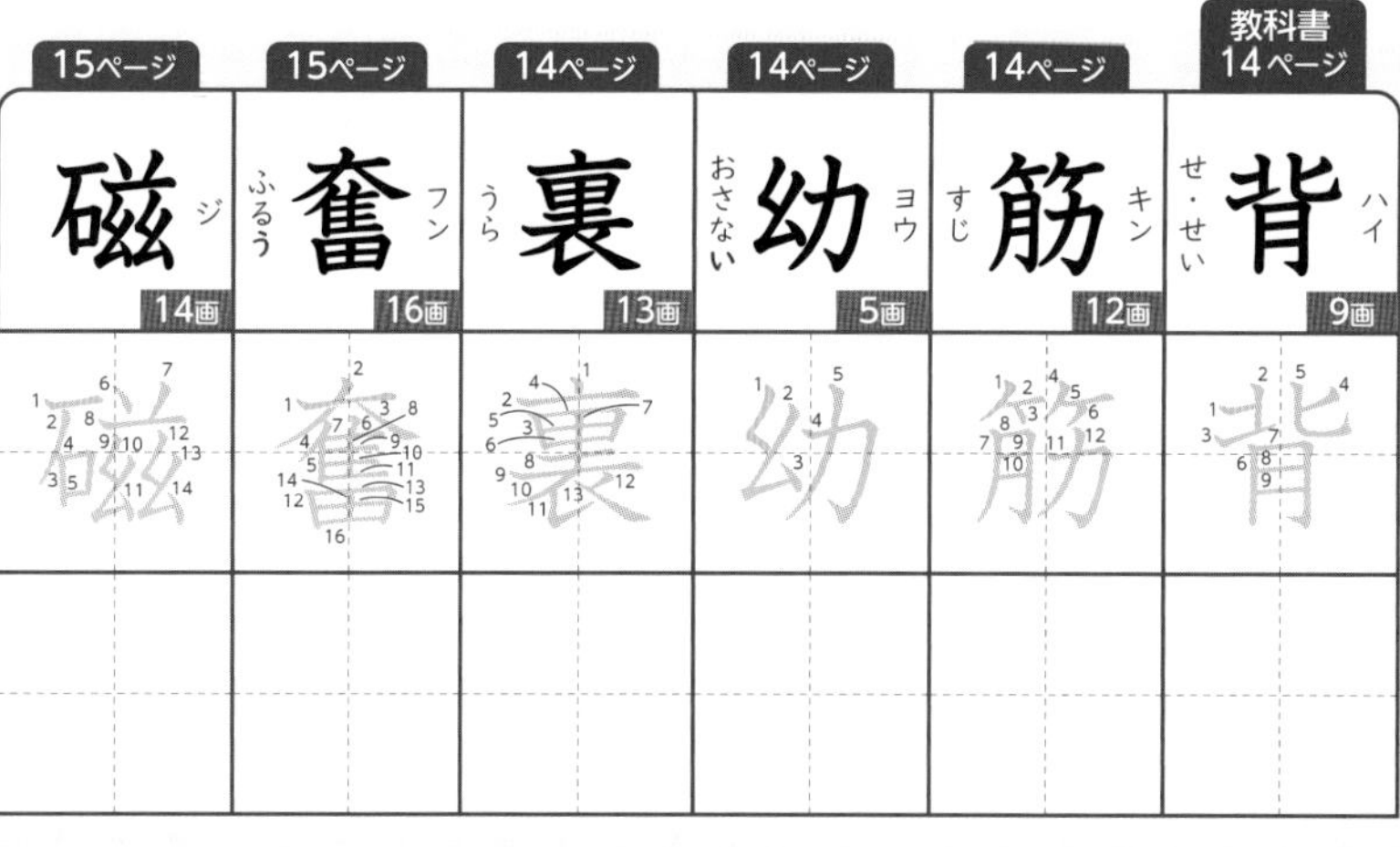

教科書14ページ	14ページ	14ページ	14ページ	15ページ	15ページ
背 ハイ せ・せい 9画	筋 キン すじ 12画	幼 ヨウ おさない 5画	裏 うら 13画	奮 フン ふるう 16画	磁 ジ 14画

「裏」の「裏」を「褁」と書かないように気をつけよう！

1 （　）に読みがなを書きましょう。

① 背泳 ぎをする。（　）
② 筋肉 を調べる。（　）
③ 幼児 の世話をする。（　）
④ 地球の 裏側。（　）
⑤ 大会に向けて 奮起 する。（　）
⑥ 磁気 が発生する。（　）

2 □に漢字を、（　）に漢字と送りがなを書きましょう。

① □□(はいすい)の陣(じん)。
② □□(うらめん)に書く。
③ 勇気を（　）(ふるう)。
④ 呪(じゅ)文を（　）(となえる)。
⑤ （　）(おさない)子ども。

3 次の語句の正しい意味に○をつけましょう。

① ふりあおぐ
ア（　）うっとうしくてはらいのける
イ（　）顔を上げて高い所を見る
ウ（　）ふり返って後ろを向く

② ためらう
ア（　）しようかしまいかとまよう
イ（　）自信がなくて落ちこむ
ウ（　）気どった様子でいばる

4 次のような図を使って、みんなでできる遊びを整理しました。どのような観点で分けたのでしょうか。一つに○をつけましょう。

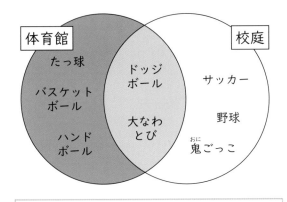

みんなでできる遊び

体育館：たっ球、バスケットボール、ハンドボール
ドッジボール、大なわとび
校庭：サッカー、野球、鬼（おに）ごっこ

緑：体育館
　たっ球、バスケットボール、
　ハンドボール
間：ドッジボール、大なわとび
白色：校庭
　鬼ごっこ、サッカー、野球

ア（　）だれからも人気な遊びか。
イ（　）遊ぶ持ち物はいらないか。
ウ（　）どこでできる遊びか。

3分でワンポイント

登場人物の心情の変化を、物語の表現に着目して読み取ろう。

★この物語では、少年が海に行き着くまでに、大きく分けて三度の心情の変化が起こっています。①〜③の場面での少年に合う心情をア〜ウの中から選んで、記号を書きましょう。

①	②	③
とうげをこえても、まだ海は見えてこない。しかし少年は、坂をのぼれば海が見えると信じてがくがくする足をふみしめ気力を奮い起こして、のぼってゆく。	しかし、まだ海は見えなかった。はうようにしてのぼってきたこの坂の行く手も、やはり今までと同じ、果てしない上り下りのくり返しだったのである。	海鳥を見つけた少年は、海は近いと考えるも、海に向かうことをためらってしまう。しかし、まい落ちてきた海鳥の羽根を受け止めたことで、心に力が満ちた少年は、再び海に向かって坂をのぼってゆく。

ア　こんなにつらい思いをしても意味がないからもうやめたい。
イ　海の近さに気づき、必ず海に行き着いてみせるという希望に満ちている。
ウ　今どうしても自分の目で海を見て、確かめたい。

①（　　）②（　　）③（　　）

ぴったり1 準備

一 情景描写に着目して感想を話し合おう

言葉の文化① 春はあけぼの
言葉の広場① 主語と述語の対応をかくにんしよう

めあて

★日本の四季を表現した文章を理解しよう。
★文章から季節を読み取ろう。

学習日 月 日

教科書 上24～31ページ

答え 3ページ

かきトリ 新しい漢字

教科書26ページ	27ページ	28ページ	28ページ	29ページ	30ページ
降 コウ おりる・おろす ふる 10画	暮 くれる・くらす 14画	灰 はい 6画	暖 ダン あたたか・あたたかい あたたまる・あたためる 13画	私 シ わたくし・わたし 7画	将 ショウ 10画

「降」の訓読みは送りがなによって変わるよ！

1 （　）に読みがなを書きましょう。

① パラシュートで 降下 する。
② 暮 らしを豊かにする。
③ 火山灰 が飛ぶ。
④ 火で 暖 を取る。
⑤ 私服 を用意する。
⑥ 将軍 の名前を覚える。

2 □に漢字を、（　）に漢字と送りがなを書きましょう。

① 敵(てき)が［こうさん］した。
② ［わたし］たちの町。
③ ［はいいろ］のセーター。
④ 雪が（ふる）。
⑤ 日が（くれる）。
⑥ （あたたかい）季節。

春はあけぼの

3 次の語句の正しい意味に○をつけましょう。

①あけぼの

ア（　）日がしずんでいくころ。

イ（　）月が太陽にかくれて見えないころ。

ウ（　）夜明けの空が明るくなってくるころ。

②おもむき

ア（　）あじわいのある様子。

イ（　）不気味でこわい様子。

ウ（　）悲しくてさみしい様子。

主語と述語の対応をかくにんしよう

4 次の文を主語と述語が対応した文になるように、空らんにあてはまる言葉を書きましょう。

①私の将来の夢は、子どもの成長を助けるような先生になりたいです。

（　　　　）、将来、子どもの成長を助けるような先生に（　　　　）。

②私は今、アメリカに行くために英語をたくさん勉強です。

（　　　　）、今、アメリカに行くために英語をたくさん（　　　　）。

5 次の文章を読んで、あとの問いに答えましょう。

私の好きな本は、『宝島』という本です。一人の少年が宝島の地図を手に入れました。このお話が始まるのはここから始まります。少年は、船に乗りこみ、海ぞくにおそわれたり、港でさらわれかけたりします。少年は、さまざまなこんなんが立ちはだかります。しかし、少年は仲間と協力してこんなんを乗り切り、ついに宝島にとう着するのです。

○ 主語と述語が正しく対応していない文を二つ書きぬき、主語と述語が正しく対応するように書き直しましょう。

・（　　　　）

←（　　　　）

・（　　　　）

←（　　　　）

一 情景描写に着目して感想を話し合おう

漢字の広場① 三字以上の熟語の構成

◎めあて
★三字以上の熟語の構成について学び、理解しよう。

学習日　月　日
教科書 上32～33ページ
答え 3ページ

かきトリ 新しい漢字

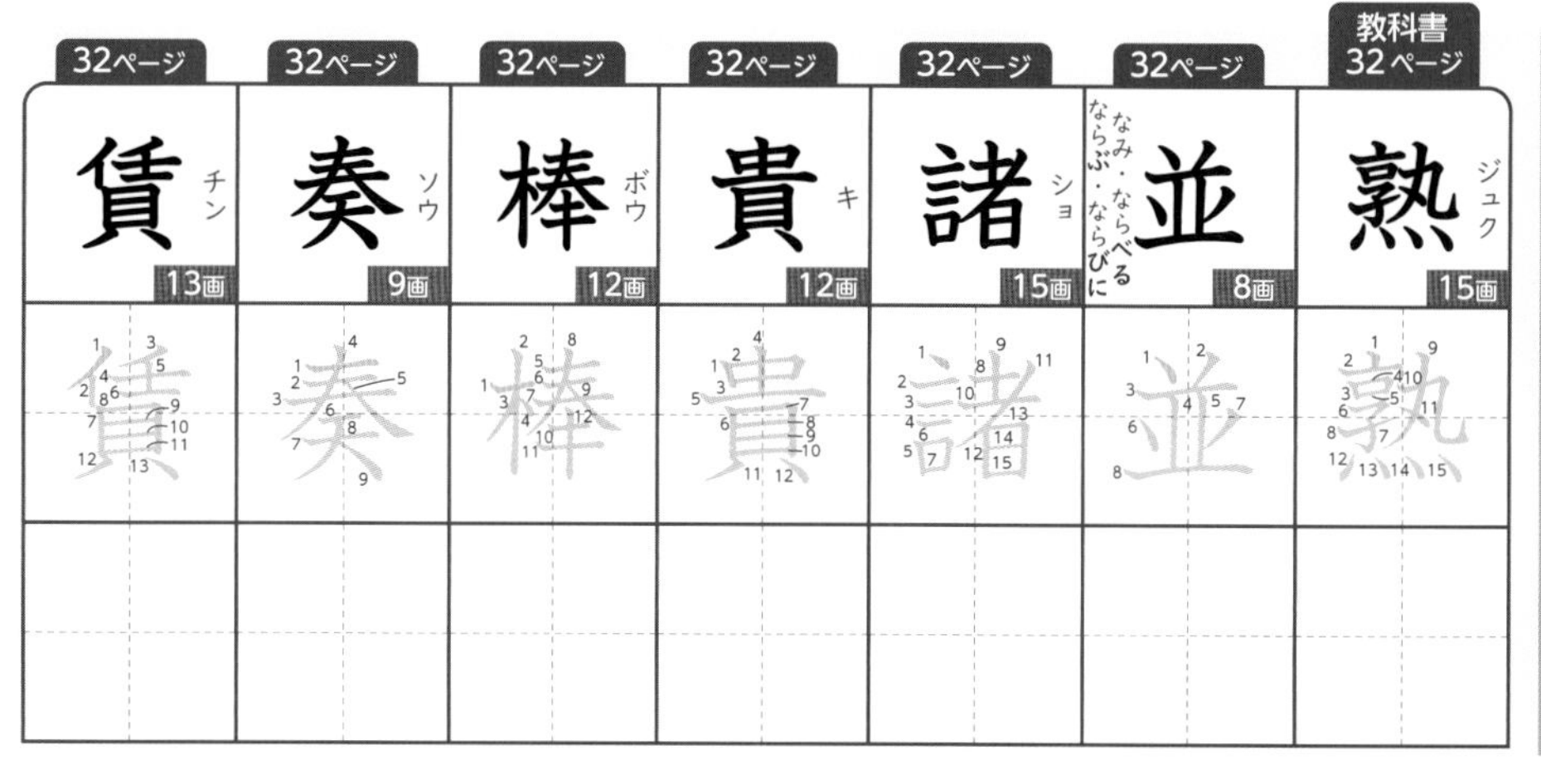

32ページ	32ページ	32ページ	33ページ	33ページ	33ページ	33ページ
層 ソウ 14画	己 コ 3画	退 タイ しりぞく しりぞける 9画	郵 ユウ 11画	遺 イ 15画	処 ショ 5画	蒸 ジョウ 13画

33ページ	33ページ
策 サク 12画	乱 ラン みだれる・みだす 7画

33ページ	33ページ
模 モ・ボ 14画	券 ケン 8画

1 （　）に読みがなを書きましょう。

① 月並みの表現。（　）
② 賃金に格差がある。（　）
③ 自己評価が高い。（　）
④ 荷物を郵送する。（　）
⑤ 葉が蒸散する。（　）
⑥ 方策を考える。（　）
⑦ 模試を受ける。（　）
⑧ 地層を調べる。（　）

2 □に漢字を、（　）に漢字と送りがなを書きましょう。

① □（じゅく）したバナナ。

② □□□（けんばいき）を使う。

③ □□（いさん）を整理する。

④ 問題に□□（たいしょ）する。

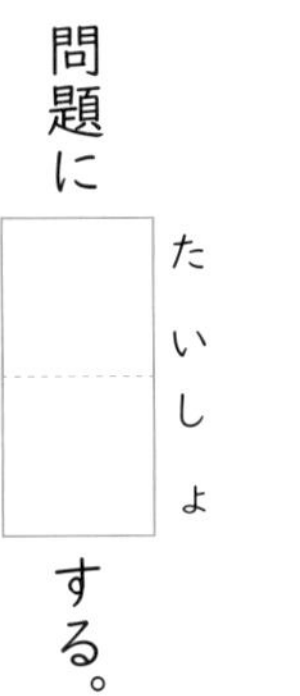

⑤ □□（きぼ）が大きい。

⑥ □□（きぞく）の服。

⑦ □□（じょうき）船

⑧ チェロ□□（そうしゃ）

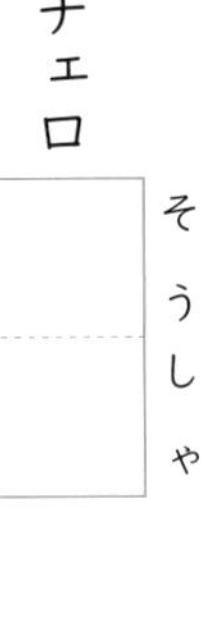

⑨ 学生□□（しょくん）。

⑩ 服が（　みだれる　）。

⑪ 仕事を（　しりぞく　）。

⑫ 一列に（　ならべる　）。

3 熟語には、四字熟語を二字熟語に省略したものがあります。次の言葉の省略した形を（　）に書きましょう。

① 日本銀行 →（　　）

② 英語検定 →（　　）

③ 卒業論文 →（　　）

④ 国際連合 →（　　）

4 熟語には、三字熟語や四字熟語を二字熟語に省略したものがあります。次の言葉の省略されていない形を（　）に書きましょう。

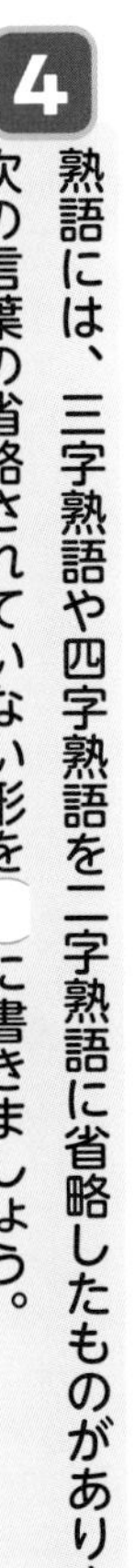

① 空調 →（　　）

② 学食 →（　　）

③ 総理 →（　　）

④ 追試 →（　　）

ぴったり2 練習

一 情景描写に着目して感想を話し合おう

春はあけぼの

文章を読んで、答えましょう。

日本の自然の特徴の一つは、四季があることです。春・夏・秋・冬、それぞれにおもむきがあります。

今から千年ほど昔、清少納言は、自分が見たり聞いたり、感じたりしたことを文章にまとめました。それが『枕草子』です。その初めには、「春」「夏」「秋」「冬」について、清少納言の思いが書かれています。

それぞれの「季節」の文章を声に出して読んだり、気に入った「季節」を暗唱したりしましょう。

春はあけぼの。
やうやう（ヨウヨウ）白くなりゆく山ぎは（ワ）、
すこしあかりて、
紫だちたる雲の細くたなびきたる。

春はあけぼのがいい。
だんだんと白くなっていく空の、山に近い辺りが、
少し明るくなって、
紫がかった雲が細長く横に引いているのがいい。

1 「おもむきがあり」とありますが、「おもむきがある」と似た意味で、『枕草子』の特徴をよく表す言葉は何ですか。一つに○をつけましょう。

ア（　）やうやう　イ（　）たなびきたる
ウ（　）さらなり　エ（　）をかし

ヒント 『枕草子』によく出てくる言葉に注目しよう。

2 『枕草子』についてあてはまらないものはどれですか。一つに○をつけましょう。

ア（　）今から千年以上前に書かれた。
イ（　）清少納言という名前の女性が書いた。
ウ（　）作者が見聞きしたことをもとに書いた物語である。
エ（　）作者がおもむきを感じたことを書いている。

3 『春』『夏』『秋』『冬』について、清少納言の思いが書かれ」とありますが、「春」と「夏」は、一日の中でいつがいいと書かれていますか。文章中から書きぬきましょう。

「春」…（　　　）　「夏」…（　　　）

4 「やうやう」の現代の意味を、文章中から書きぬきましょう。

（　　　）

学習日
月　日
教科書
上24〜29ページ
答え
4ページ

夏は夜。

月のころはさらなり。やみもなほ、蛍（ほたる）の多く飛びちがひたる。また、ただ一つ二つなど、ほのかにうち光りて行（ゆ）くもをかし。雨など降るもをかし。

夏は夜がいい。

月がきれいなころはいうまでもない。月が出ていないやみの夜もやはり、蛍がたくさん飛びかっているのがいい。また、ただ一つ二つなど、ほのかに光って飛んでいくのにも心がひかれる。

雨などが降る夜も心がひかれる。

「春はあけぼの」より

5 「山ぎは」とは、どこのことですか。一つに○をつけましょう。

ア（　）山に近い空の部分
イ（　）空に接する山の部分
ウ（　）山のちょう上
エ（　）山のふもと

6 「うち光りて行く」とありますが、何が光っているのですか。文章中から漢字一字で書きぬきましょう。

ヒント 昔の文章は主語がない文が多いよ。前の文に注目してみよう。

7 「をかし」の現代の意味を、文章中から六字で書きぬきましょう。

8 「やはり」という意味の昔の言葉を、文章中から書きぬきましょう。

（　　　　）

9 文章中に書かれていることとして、あてはまるものには○、あてはまらないものには×をつけましょう。

ア（　）春の早朝に、山からけむりが細く立ち上る風景はよい。
イ（　）春の早朝、少し明るい空に細長く雲が引いているのはよい。
ウ（　）夏の月のきれいな夜に蛍が多く飛びかう風景はよい。
エ（　）夏の暗い夜に蛍が一、二ひき飛ぶ風景はよい。
オ（　）夏の夜に、雨が降って月が出ないのはよくない。

一 情景描写に着目して感想を話し合おう

あの坂をのぼれば ～ 漢字の広場① 三字以上の熟語の構成

時間 20分 ／100 合格80点

学習日 月 日

教科書 上13～33ページ

答え 5ページ

文章を読んで、答えましょう。　思考・判断・表現

――あの坂をのぼれば、海が見える。

少年は、今、どうしても海を見たいのだった。細かくいえばきりもないが、やりたくてやれないことの数々の重荷が背に積もり積もった時、少年は、磁石が北をさすように、まっすぐに海を思ったのである。自分の足で、海を見てこよう。山一つこえたら、本当に海があるのを確かめてこよう、と。

――あの坂をのぼれば、海が見える。

しかし、まだ海は見えなかった。はうようにしてのぼってきたこの坂の行く手も、やはり今までと同じ、果てしない上り下りのくり返しだったのである。

もう、やめよう。

急に、道ばたにすわりこんで、少年はうめくようにそう思った。こんなにつらい思いをして、坂をのぼったり下りたりして、いったいなんの得があるのか。この先、山をいくつこえたところで、本当に海へ出られるのかどうか、わかったものじゃない……。

額ににじみ出るあせをそのままに、草の上にすわって、通りぬける山風にふかれていると、なにもかも、どうでもよくなってくる。じわじわと、疲労(ひろう)がむねにつき上げてきた。

日はしだいに高くなる。これから帰る道のりの長さを思って、重いため息をついた時、少年はふと、生き物の声を耳にしたと思った。

1 「磁石が北をさすように」とありますが、この表現についてあてはまるもの一つに○をつけましょう。　10点

ア（　）「磁石」とは少年の心を、「北」は海を表している。

イ（　）「磁石」とは少年の背に積もった重荷をたとえている。

ウ（　）「北をさす」とは北に向かって歩くことを表している。

よく出る

2 「もう、やめよう。」について、次の問いに答えましょう。　一つ15点（30点）

① 少年は何をやめようと思ったのですか。

（　　　　　）

② なぜやめようと思ったのですか。理由が最もよくわかる一文をさがして、初めの五字を書きぬきましょう。

□□□□□

3 「じわじわと、疲労がむねにつき上げてきた。」とありますが、ここから、少年のどのような様子がわかりますか。一つに○をつけましょう。　10点

ア（　）もう一歩も動けないほどつかれている様子。

イ（　）ゆっくりとつかれが全身に広がっていく様子。

ウ（　）つかれが全身からぬけていく様子。

エ（　）つかれはて、ねむたくなっている様子。

声は、上から来る。ふりあおぐと、すぐ頭上を、光が走った。つばさの長い、真っ白い大きな鳥が一羽、ゆっくりと羽ばたいて、先導するように次のとうげをこえてゆく。

――あれは、海鳥だ！

少年はとっさに立ち上がった。

海鳥がいる。海が近いのにちがいない。そういえば、あの坂の上の空の色は、確かに海へと続くあさぎ色だ。

今度こそ、海に着けるのか。

それでも、ややためらって、行く手を見はるかす少年の目の前を、ちょうのようにひらひらと、白い物がまい落ちる。てのひらをすぼめて受け止めると、それは、雪のようなひとひらの羽毛（うもう）だった。

――あの鳥の、おくり物だ。

ただ一ぺんの羽根だけれど、それはたちまち少年の心に、白い大きなつばさとなって羽ばたいた。

――あの坂をのぼれば、海が見える。

少年はもう一度、力をこめてつぶやく。

杉（すぎ）みき子（こ）「あの坂をのぼれば」より

4 「少年はとっさに立ち上がった。」とありますが、このときの少年は、どのような気持ちだったと思いますか。一つに○をつけましょう。 10点

ア（　）大きな鳥が羽ばたいて、おどろいている。

イ（　）鳥におどろき、にげ出したくなっている。

ウ（　）海の近さに気づき、気持ちが高まっている。

エ（　）海へと続く空の色の美しさに、感動している。

5 「――あの坂をのぼれば、海が見える。」について、次の問いに答えましょう。

① このときの少年の気持ちの中にあるものとして、あてはまるものはどれですか。一つに○をつけましょう。 10点

ア（　）そんけい　イ（　）こうかい

ウ（　）希望　エ（　）あせり

考えを書こう

② このとき、少年はどのような気持ちだったと思いますか。考えを書きましょう。 20点

できたらスゴイ！

6 この文章を二つに分けるとすると、後半はどこからですか。後半の初めの五字を書きぬきましょう。 10点

一 情景描写に着目して感想を話し合おう
あの坂をのぼれば
~漢字の広場① 三字以上の熟語の構成

時間 20分
／100
合格 80点

学習日 月 日
教科書 上13~33ページ
答え 6ページ

1 読みがなを書きましょう。 一つ2点(20点)

① 山を背景にする。（ ）
② 列が乱れる。（ ）
③ 社長の座を退く。（ ）
④ 貴重な資料。（ ）
⑤ いなかで暮らす。（ ）
⑥ 自己満足する。（ ）
⑦ 蒸気がふき出る。（ ）
⑧ 並木道を散歩する。（ ）
⑨ バスを降りる。（ ）
⑩ 運賃をはらう。（ ）

2 □に漢字を、〔 〕に漢字と送りがなを書きましょう。 一つ2点(20点)

① □（わたし）が手伝う。
② □□（うらぐち）から出る。
③ ピアノの□□（えんそう）。
④ 公園の□□（てつぼう）。
⑤ 暑さ□□（たいさく）。
⑥ ゴミを□□（しょり）する。
⑦ □□（しょうらい）の夢。
⑧ □□（ゆうびん）ポスト
⑨ 〔 〕（おさない）ころの話。
⑩ 〔 〕（あたたかい）季節。

3

次のア～ケの童話やおとぎ話について、いくつかの観点に分けて考えます。あとの問いに答えましょう。

ア　赤ずきん
イ　白雪姫（ひめ）
ウ　ウサギとカメ
エ　うらしま太郎（ろう）
オ　金太郎
カ　はだかの王さま
キ　シンデレラ
ク　桃（もも）太郎
ケ　おおかみと七ひきの子やぎ

(1)　主人公の性別で分け、記号を書きましょう。どちらにも入らないものもあります。　完答一つ5点(10点)

【男】（　　　）

【女】（　　　）

(2)　(1)の答えに入らなかった童話やおとぎ話の主人公が、全て入るような観点を考えましょう。　10点

（　　　）

(3)　主人公の性別という観点以外で、どのような観点で分類することができると思いますか。一つ書きましょう。　10点

（　　　）

4

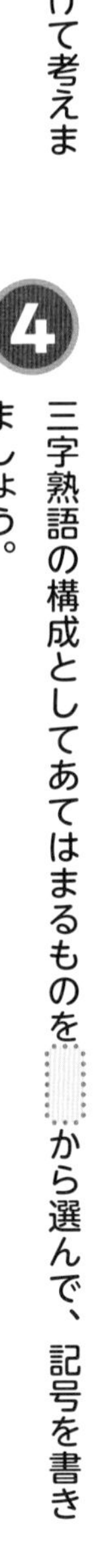

三字熟語の構成としてあてはまるものを［　］から選んで、記号を書きましょう。　一つ3点(24点)

①　真夜中（　）　②　想像力（　）

③　新記録（　）　④　医学書（　）

⑤　市町村（　）　⑥　雪月花（　）

⑦　非常口（　）　⑧　無所属（　）

ア　一字の語が並ぶもの
イ　一字と二字の語が結びつくもの
ウ　二字と一字の語が結びつくもの

5

次の熟語を分けたときに、分け方として正しいものに○をつけましょう。　一つ2点(6点)

①
ア（　）春／夏／秋／冬
イ（　）春夏／秋冬
ウ（　）春夏秋／冬

②
ア（　）有／名／無／実
イ（　）有名／無実
ウ（　）有名無／実

③
ア（　）五十／歩百歩
イ（　）五十歩／百歩
ウ（　）五十歩百／歩

ぴったり1 準備

二 文章と資料をあわせて読み、筆者の考えをとらえよう

アイスは暑いほどおいしい？ ――グラフの読み取り

めあて
★グラフから情報を読み取ろう。

学習日 月 日

教科書 上35〜37ページ

答え 6ページ

1 □に読みがなを書きましょう。

① 縦（　）と横。

② 急速（　）な変化。

③ 安定（　）した社会。

④ 近い 関係（　）。

⑤ 紙を 重（　）ねる。

2 □に漢字を、（　）に漢字と送りがなを書きましょう。

① 日本を □□（じゅうだん） する。

② □□（ししゅつ） を減らす。

③ テストの □□（へいきん） 点。

④ 平和を （たもつ）。

3 ①〜③はあるグラフの特徴(ちょう)を表しています。この特徴から、①〜③がどのような変化を表すグラフなのか、あてはまるものをア〜ウの中から選びましょう。

①（　）だんだんと、なだらかに、わずかに、じょじょに　など

②（　）急げきに、げきてきに、大はばに、急速に、一気に　など

③（　）安定している、保っている、横ばい、ていたいする　など

ア　変化が大きいグラフ
イ　変化が小さいグラフ
ウ　変化なしのグラフ

4 次のグラフを読んで、あとの問いに答えましょう。

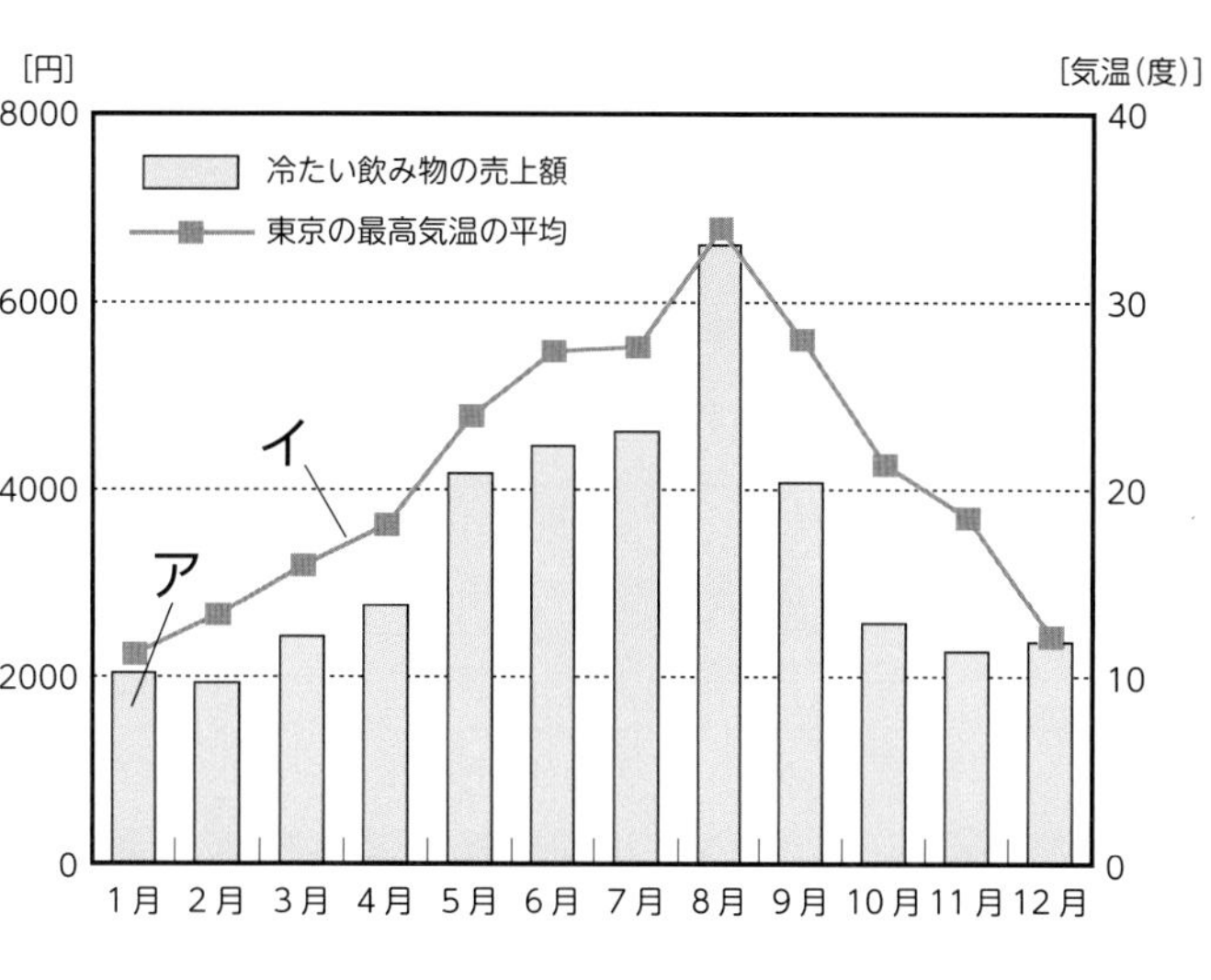

① アのグラフの種類を答えましょう。

② イのグラフの種類を答えましょう。

③ アのグラフが表していることを書きましょう。

④ イのグラフが表していることを書きましょう。

⑤ グラフの全体のけいこうを説明した文として正しいものを、ア～エの中から選び、記号を書きましょう。

ア 冷たい飲み物はいつでも人気な商品である。
イ 冷たい飲み物は寒ければ寒いほど売れている。
ウ 冷たい飲み物は暑ければ暑いほど家計からの支出額が大きい。
エ 冷たい飲み物は気温と関係なく家計からの支出額が小さい。

⑥ このグラフを読んでわかることとして正しいものを、ア～エの中から選び、記号を書きましょう。

ア 二つのグラフは変化のしかたが、にている。
イ 二つのグラフは変化のしかたが、逆である。
ウ 二つのグラフに関係はないといえる。
エ 二つのグラフは、夏までは同じ変化で、夏からは変化のしかたが逆になっている。

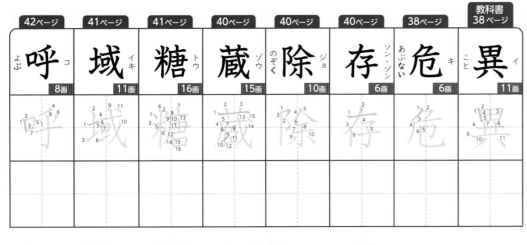

ぴったり1

準備

二 文章と資料をあわせて読み、筆者の考えをとらえよう

雪は新しいエネルギー ――未来へつなぐエネルギー社会

媚山（こびやま） 政良（まさよし）

めあて

★筆者の説明の工夫（くふう）をとらえよう。

★筆者の主張の根きょとなる部分を読み取ろう。

学習日 月 日

教科書 上38〜51ページ

答え 7ページ

かきトリ 新しい漢字

教科書38ページ	異	イ・こと	11画
38ページ	危	キ・あぶない	6画
40ページ	存	ソン・ゾン	6画
40ページ	除	ジョ・のぞく	10画
40ページ	蔵	ゾウ	15画
41ページ	糖	トウ	16画
41ページ	域	イキ	11画
42ページ	呼	コ・よぶ	8画
42ページ	脳	ノウ	11画
43ページ	割	わる・われる・わり	12画
43ページ	捨	シャ・すてる	11画
46ページ	拡	カク	8画
50ページ	宣	セン	9画
50ページ	郷	キョウ	11画
50ページ	補	ホ・おぎなう	12画
50ページ	皇	コウ・オウ	9画
50ページ	陛	ヘイ	10画
50ページ	后	コウ	6画
50ページ	党	トウ	10画
50ページ	純	ジュン	10画
50ページ	権	ケン	15画
50ページ	孝	コウ	7画
50ページ	厳	ゲン・きびしい	17画
50ページ	傷	ショウ・きず	13画

1 □に読みがなを書きましょう。

① 異常 気象が起こる。（ ）

② 危機 に直面する。（ ）

③ 大きな 存在。（ ）

④ 大雪で 除雪 が必要だ。（ ）

⑤ 多くの 地域 に根付く。（ ）

⑥ 首脳 会談が行われる。（ ）

2 □に漢字を、（　）に漢字と送りがなを書きましょう。

① 自宅の［れいぞうこ］。

② 地図を［かくだい］する。

③ 必要な［とうぶん］をとる。

④ 全体の約三［わり］。

⑤ ［こうごうへいか］

⑥ 親［こうこう］する。

⑦ ［こきょう］に帰る。

⑧ ［たんじゅん］な性格。

⑨ 名前を（よぶ）。

⑩ ゴミを（すてる）。

⑪ （きびしい）環（かん）境。

⑫ 不足を（おぎなう）。

文章の構成をとらえ、論の進め方を理解しよう。

★①〜③にあてはまる言葉を□の中から選んで、記号を書きましょう。

課題→考え

化石燃料にたよらない社会をどのようにつくりだしていけばよいのか。

←

化石燃料に代わる新しいエネルギーとして、（①　　）が注目される。

雪の利用例①

●雪を氷室（ひむろ）として利用

雪を夏までたくわえて、（②　　）に利用する。

雪の利用例②

●雪を冷房（ぼう）として利用

夏の冷房に雪を利用すると、発電に必要な石油を節約できる。

筆者の主張

日本には豊かな（③　　）があるので、環境にやさしい新しいエネルギー社会をつくりだすために（③　　）を見直そう。

ア 自然の力　イ 再生可能エネルギー　ウ 野菜の保存

二 文章と資料をあわせて読み、筆者の考えをとらえよう

雪は新しいエネルギー
――未来へつなぐ新しいエネルギー社会

学習日　月　日
教科書 上38〜51ページ
答え 7ページ

❶ 文章を読んで、答えましょう。

みなさんは、「雪はエネルギーだ。」と言われたらどう思いますか。雪をお湯に入れるとお湯の温度が下がります。つまり、雪は、温度を下げる「冷熱エネルギー」と考えることができるのです。しかも、雪は毎年、空から降ってきて使いきってしまうことがありません。雪は、太陽光や風力、水力と同じ再生可能エネルギーなのです。

雪国（豪雪地帯）では、雪が積もることで道路が通れなくなったり、雪の重みで電線が切れて停電を引き起こしたりと、雪はやっかいな存在でした。雪が降った時には、道路の除雪や、電気やガス・水道の維持などのために多くの人たちが働き、雪から暮らしを守っています。

雪の冷熱エネルギー利用ができるようになると、雪国の暮らしを変える可能性があります。

実は、日本では、昔から冬の氷や雪を夏までたくわえておく「氷室」という大きな冷蔵庫のような施設があり、氷や雪の冷熱エネルギーを利用していました。

この「氷室」の機能を現代にも利用する実験を行いました。貯蔵庫を断熱材でおおって、そこに雪と一緒に野菜を入れたのです。この中は、一年中、電気を使わなくても低い室温を保ち、高い湿度で安定することがかくにんできました（図２）。

その貯蔵庫で野菜を長期間保存したあと、それぞれの鮮度を調

❶ 「雪はエネルギーだ。」とありますが、これについて、次の問いに答えましょう。

⑴ 雪はなんというエネルギーと考えることができますか。文章中から七字で書きぬきましょう。

□□□□□□□

⑵ エネルギーの種類として雪とちがうものはどれですか。一つに○をつけましょう。

ア（　）石油　イ（　）太陽光
ウ（　）風力　エ（　）水力

❷ 「雪の冷熱エネルギー利用ができる」とありますが、雪の冷熱エネルギーをどのように利用できますか。□にあてはまる言葉を、文章中から十七字で書きぬきましょう。

雪国の多くの地域で、□□□□□□□□□□□□□□□□□のに利用されている。

ヒント 「氷室」が使われている地域では、どのように利用しているだろうか。

べました。その結果、ながいもは、かなりの長い期間、鮮度を保った状態で保存できることがわかりました。また、じゃがいもは、室温の安定した貯蔵庫で保存することで、でんぷん質が糖に変化し、あまくなることもわかりました（図3）。

野菜などの食品を電気にたよらずに長期間保存することにすぐれた「氷室」の機能を活用した施設は、すでに雪国の多くの地域にあります。例えば、ながいもなどの野菜を貯蔵する施設は、北海道むかわ町穂別などにあります。お米を低温で貯蔵する施設は、北海道沼田町、美唄市、名寄市、山形県村山市、新潟県上越市などにあります。いずれも野菜やお米のおいしさを長もちさせるのに利用されています。

＊図2・3は省略しています。

媚山政良「雪は新しいエネルギー――未来へつなぐエネルギー社会」より

3 「氷室」について、次の問いに答えましょう。

① 氷室はどのような施設ですか。□にあてはまる言葉を、文章中から五字と十一字で書きぬきましょう。

□□□□□をたくわえておいて、□□□□□□□□□□□を冷蔵に使う施設。

② 氷室のすぐれている点としてあてはまらないものを一つ選び、○をつけましょう。

ア（　）一年中室温が低く、高い湿度で安定している。
イ（　）じゃがいもは冷蔵庫で保存するよりもあまくなる。
ウ（　）ながいもを長期間、鮮度を保った状態で保存できる。
エ（　）すべての野菜のでんぷん質を糖に変えるはたらきを持つ。

4 「『氷室』の機能を現代にも利用する実験」とありますが、この実験からどんなことを確かめましたか。□にあてはまるように、文章中からそれぞれ二字で書きぬきましょう。

一年中、□□を使わなくても□□を低く保ち、高い□□で安定することを確かめた。

ヒント 「実験」の結果、分かったことを確かめよう。

ぴったり3 確かめのテスト①

二 文章と資料をあわせて読み、筆者の考えをとらえよう

アイスは暑いほどおいしい？ 雪は新しいエネルギー

時間 20分　／100　合格 80点

学習日　月　日

教科書 上35～51ページ　答え 8ページ

文章を読んで、答えましょう。　思考・判断・表現

北海道にある新千歳空港のターミナルビルでは、冬に駐機場から除雪された大量の雪を保存し、夏の冷房のために必要なエネルギーの約三割をまかなっています。

しかし、夏に雪を利用するには課題があります。大量の雪の保存です。どのようにすればよいのでしょうか。

人口二百万人に近い札幌市は、世界でも有数の豪雪都市です。除雪作業によって郊外に集められた雪は、年間千五百万トン、二千万立方メートル（小学校のプール約四万五千はい分）もの大きな雪山になります。今は、とけるまでそのままにしていますが、もし、この大量の雪を捨てずに、夏に冷熱エネルギーとして利用することができれば、冷房費用が削減されるだけでなく二酸化炭素排出量の削減にもつながります。

二〇〇〇年、北海道沼田町で雪の保存実験が行われました。四月に、高さ四メートルの雪山を造り、表面を厚さ三十から四十センチメートルのバークともみ殻の層でおおいました。夏の暑さが雪に直接伝わることを防ぐためです。その結果、約半年後まで、高さ二・五メートルの雪山を残すことができました。

こうして、雪をどのように保存するかという課題の解決方法が見つかり、雪国では、真夏に数万トンから数百万トンの雪の利用が可能になったのです。

このように、雪を新たなエネルギーとして利用する方法は、私

よく出る

1 「どのようにすればよいのでしょうか」とありますが、ここでは何を解決するための方法について述べていますか。〇をつけましょう。　10点

ア（　）雪をとかさずに残す方法
イ（　）町で雪を大量に集める方法
ウ（　）積もった雪を除雪する方法

よく出る

2 「二酸化炭素排出量の削減にもつながります」とありますが、なぜ夏に雪を利用すると二酸化炭素の排出量が削減されるのですか。説明した次の文の（　）にふさわしい言葉を書きましょう。　一つ5点（20点）

夏に（　　　）を冷熱エネルギーとして利用することで、電気などのエネルギーを利用した（　　　）を使う時間が短くなり、使用する電気が削減されるため、（　　　）に必要な（　　　）を節約できるから。

よく出る

3 「夏にも雪と暮らす」とありますがどういう意味ですか。一つに〇をつけましょう。　10点

ア（　）夏になっても、雨が降らずに雪が降り続いているという意味

たちの暮らしの中でさまざまな分野に拡大しつつあります。今や、「夏にも雪と暮らす」ことで、雪国という地域の特徴を生かした新しいエネルギー社会が始まっています。

ただし、雪の冷熱エネルギーの今後の課題についても考えていかなければなりません。まず、雪の利用は雪国に限られています。さらに、雪の冷熱エネルギーは、他の再生可能エネルギーと同じく、エネルギーとして利用するときの効率が低いのも事実です。また、雪の保存施設は、新たな導入に費用がかかります。

とはいえ、日本の国土の半分以上は雪国です（図5）。そこには、一年に五百億トンから九百億トンの雪が降り、日本の人口の十五パーセントが住んでいます。雪を冷熱エネルギーとしてとらえ、その利用について考えることは、化石燃料にたよった社会から、新たな持続可能な社会へとふみ出す第一歩として重要です。

日本には、雪のほかにも太陽光や水、風、地熱といった豊かな自然の力があります。化石燃料にたよらない新しいエネルギー利用の観点から、自分たちの暮らしている地域の自然の力を見直してみましょう。それが、環境にやさしい新しいエネルギー社会をつくりだすことにつながっていくのです。

媚山政良「雪は新しいエネルギー ——未来へつなぐエネルギー社会」より

イ（　）夏になっても、保存した雪を日常で利用しているという意味

ウ（　）夏になったら、雪が家庭の中で重要な存在であるという意味

4 「雪の冷熱エネルギーの今後の課題」とありますが、どのような課題ですか。三つ書きましょう。 一つ10点(30点)

（　　）
（　　）
（　　）

5 「新たな持続可能な社会」とありますが、文章中で似た意味で使われている語句を十字で書きぬきましょう。 10点

できたらスゴイ！

6 「環境にやさしい新しいエネルギー社会」とありますが、どのような社会ですか。説明した次の文の（　）にふさわしい言葉を文章中から書きぬきましょう。 一つ10点(20点)

日本の豊かな（　　）を利用して、（　　）にたよらない社会をつくること。

ふりかえり 6が分からないときは、19ページの 3分でワンポイント にもどってかくにんしてみよう。

ぴったり3 確かめのテスト②

二 文章と資料をあわせて読み、筆者の考えをとらえよう

アイスは暑いほどおいしい？
雪は新しいエネルギー

時間 20分

／100

合格 80点

学習日　月　日

教科書 上35〜51ページ

答え 9ページ

1 読みがなを書きましょう。　一つ2点（20点）

① ケーキは糖分（　）が多い。

② 郷土（　）料理を食べる。

③ 単純（　）なルール。

④ 厳（　）しくしかる。

⑤ ごみを取り除（　）く。

⑥ 親孝行（　）をする。

⑦ 人前で宣言（　）する。

⑧ 皇居（　）の周りを走る。

⑨ たおれそうで危険（　）だ。

⑩ 首を縦（　）にふる。

2 □に漢字を、（　）に漢字と送りがなを書きましょう。　一つ2点（20点）

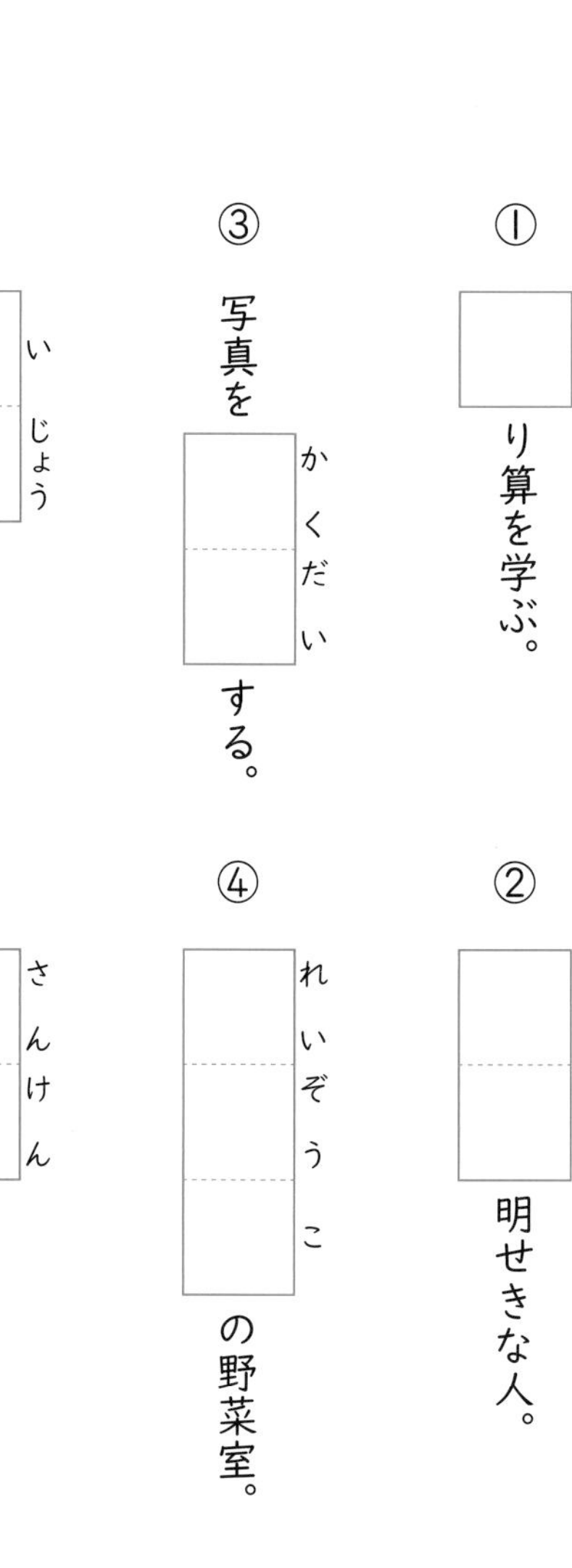

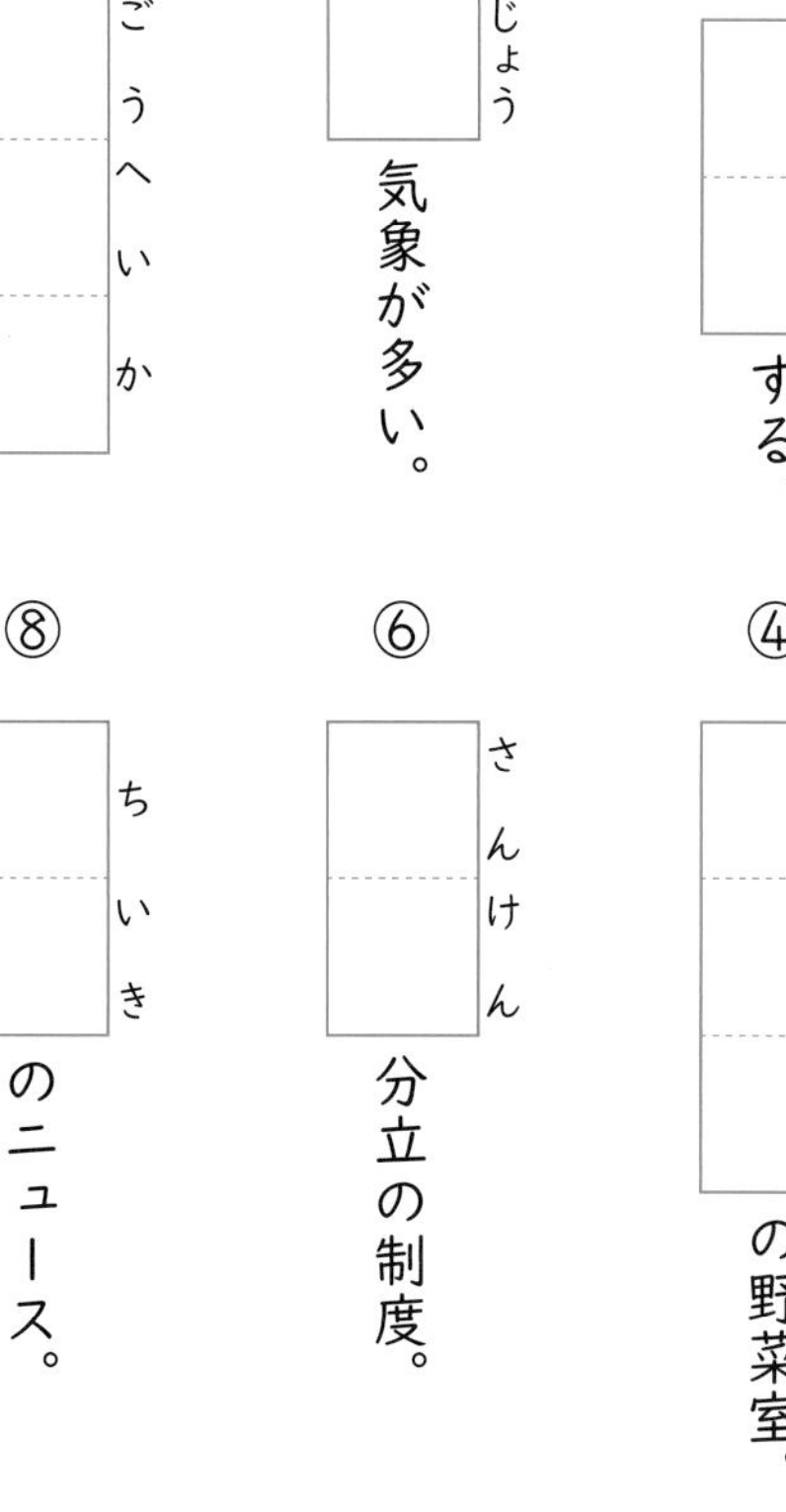

① □（わ）り算を学ぶ。

② □□（ずのう）明せきな人。

③ 写真を□□（かくだい）する。

④ □□□（れいぞうこ）の野菜室。

⑤ □□（いじょう）気象が多い。

⑥ □□（さんけん）分立の制度。

⑦ □□□□（こうごうへいか）

⑧ □□（ちいき）のニュース。

⑨ □□（せいとう）代表の演説。

⑩ 不足分を（　　）（おぎなう）。

3 □にあてはまる漢字を[ ]から選んで書き入れ、四字熟語を完成させましょう。　一つ4点(16点)

① □石二鳥

② 右往□往

③ 自問自□

④ 日進□歩

一　月　答　不　左

4 (　)にあてはまる言葉を[ ]から選んで書きましょう。　一つ4点(16点)

① つめこみすぎて荷物が(　　)。

② マンガ代はおこづかいで(　　)。

③ たくさんの危険が身に(　　)。

④ 首相の発言が政策にえいきょうを(　　)。

せまる　かさばる　およぼす　まかなう

5 思考・判断・表現　次のグラフを見て、あとの問いに答えましょう。

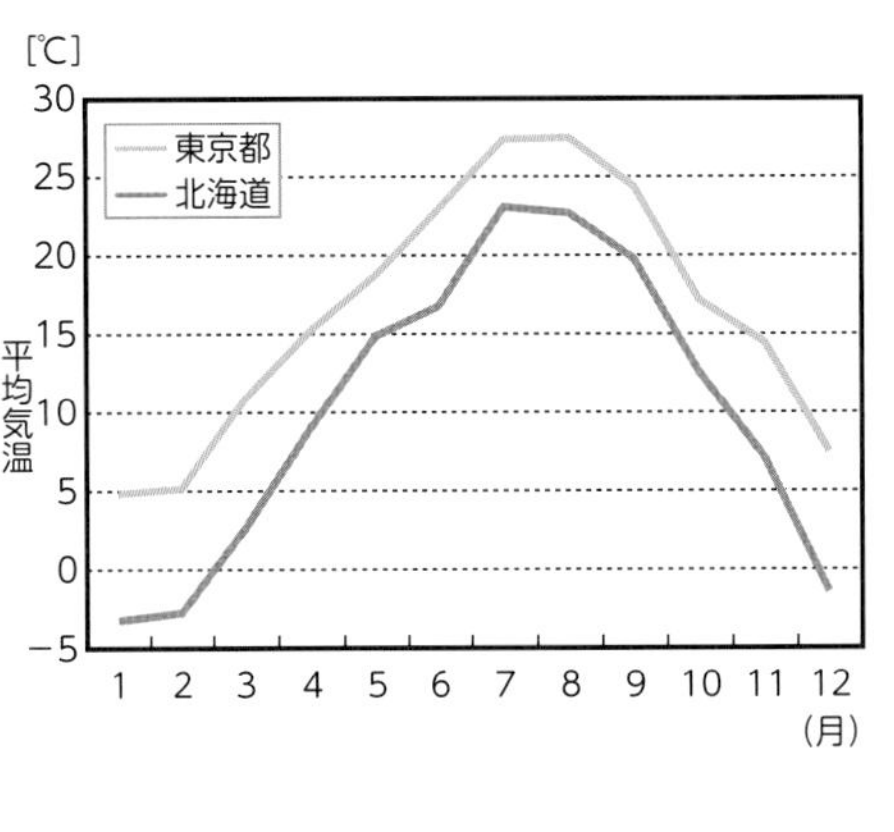

① グラフから読み取れる内容に合う言葉に◯をつけましょう。　一つ4点(8点)

・東京都で平均気温が最も低い月には、平均気温は北海道と比べて、(変わらない・5℃以上低い・5℃以上高い)。

・北海道の10月から12月にかけての平均気温は、(急げきに低下する・なだらかに低下する・安定している)。

② あなたがもし住むのなら、東京都と北海道のどちらがよいですか。どちらかを選んで◯をつけ、グラフから読み取ったことを理由にして説明しましょう。　20点

(東京都・北海道)

(　　　　)

ふりかえり　5が分からないときは、17ページの4にもどってかくにんしてみよう。

三 立場を明確にして主張しよう

パネルディスカッション――地域の防災
みんなで作ろうパンフレット

3分でまとめ

めあて
★立場を決めて話し合う工夫を学ぼう。
★知らせる目的や読む人のことを考えたパンフレット作りを学ぼう。

学習日　月　日
教科書 上52〜61ページ
答え 9ページ

かきトリ 新しい漢字

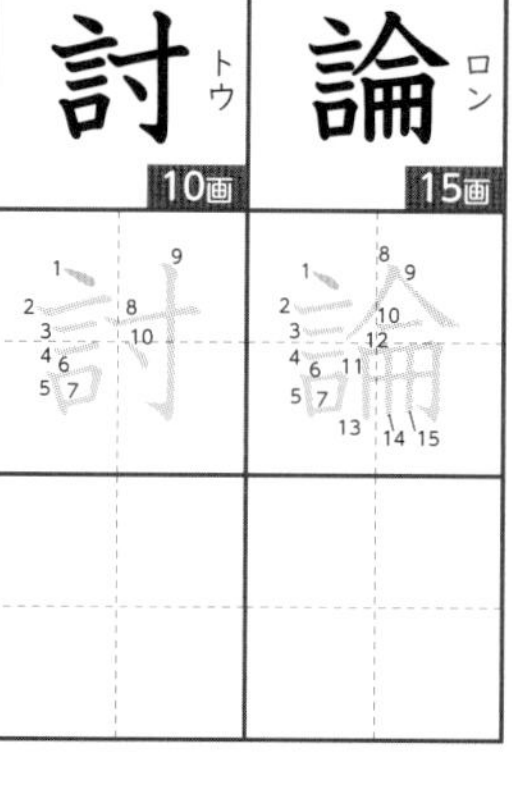

教科書52ページ 論 ロン 15画
52ページ 討 トウ 10画
53ページ 難 ナン むずかしい 18画
55ページ 簡 カン 18画

1 （　）に読みがなを書きましょう。

① 道路 標識
② 安全な場所に避（ひ）難する。
③ 論題を決める。
④ 簡潔に説明する。
⑤ 大きな災害。
⑥ 過去の歴史。
⑦ 遠足の準備。
⑧ 寄り道する。

2 □に漢字を、（　）に漢字と送りがなを書きましょう。

① □（ちいき）を見回る。
② クラスで□（とうろん）する。
③ この問題は（むずかしい）。
④ 災害に（そなえる）。

パネルディスカッション／みんなで作ろうパンフレット

3 正しい意味に○をつけましょう。

① 資料を提示する。
ア（　）配る。
イ（　）前に出して見せる。

② あらかじめ入場券を買っておく。
ア（　）前もって。
イ（　）これから。

③ 絵画をてんじする。
ア（　）並べて公開すること。
イ（　）ていねいに手入れすること。

パネルディスカッション

4 パネルディスカッションとはどのような方法の話し合いですか。一つに○をつけましょう。

ア（　）一つの論題について、二人で自由に意見を交換し合う方法。

イ（　）一つの論題について、二つの異なる立場を設定し、一定のルールに従って討論する方法。

ウ（　）一つの論題について、パネリスト（異なる立場の代表）が、参加者（フロア）の前で討論する方法。

エ（　）全体を五、六人程度の小さなグループに分けて、一つの論題について、グループごとに話し合う方法。

みんなで作ろうパンフレット

5 パンフレットを作るときについて、次のようにまとめました。（　）にあてはまる言葉を□から選んで書きましょう。

グループで知らせたい内容を話し合う。書く分量や内容を決めたら、書くぶんたんを決め、（　）を考える。

知らせる目的や（　）のことを考えて、多様な例を取り上げたり、見出しに（　）の文を入れたりするとよい。（　）や図表、絵などを入れるとわかりやすい。

読む人　写真　構成　問いかけ

パネルディスカッション

6 パネルディスカッションを次のような流れで進めます。（　）にあてはまる手順を□から一つずつ選んで、記号を書きましょう。

① 司会者が、論題をしょうかいし、話し合いの流れを説明する。
↓
② パネリストが、決められた時間内にグループの意見を述べる。〈第一回発言〉
③（　）
↓
④（　）〈第二回発言〉
⑤ 司会者が④の内容をまとめる。
↓
⑥（　）
↓
⑦（　）〈第三回発言〉
↓
⑧ 司会者が、話し合いの全体をまとめる。

ア パネリストどうしが、意見のやりとりをする。
イ パネリストが、話し合いをもとに、まとめの発言をする。
ウ フロアが、パネリストに質問をしたり意見を言ったりして、パネリストがそれに答え、クラス全員で話し合う。
エ 司会者が、パネリストの意見の要点をまとめて、フロアに伝える。

ぴったり1 準備

三 立場を明確にして主張しよう
言葉の文化② 雨
言葉の広場② 世代による言葉のちがい
漢字の広場② 複数の意味をもつ漢字

めあて
★いろいろな「雨」にかかわる言葉を知ろう。
★耳慣れない言葉にもふれよう。
★漢字のさまざまな意味を知ろう。

学習日 月 日
教科書 上62～67ページ
答え 10ページ

かきトリ 新しい漢字

教科書63ページ	63ページ	63ページ	66ページ	67ページ	67ページ	67ページ
俳 ハイ 10画	垂 スイ たれる・たらす 8画	源 ゲン みなもと 13画	姿 シ すがた 9画	針 シン はり 10画	樹 ジュ 16画	預 ヨ あずける あずかる 13画

67ページ	67ページ	67ページ	67ページ	67ページ	67ページ	67ページ
警 ケイ 19画	署 ショ 13画	勤 キン つとめる つとまる 12画	我 われ 7画	操 ソウ 16画	裁 サイ さばく 12画	臨 リン 18画

1 （　）に読みがなを書きましょう。

① マツは 針葉樹（　　） だ。
② 機械を 操作（　　） する。
③ 語源（　　） を調べる。
④ 我（　　） らの時代。
⑤ 銀行に 預金（　　） する。
⑥ 雨垂（　　） れを聞く。

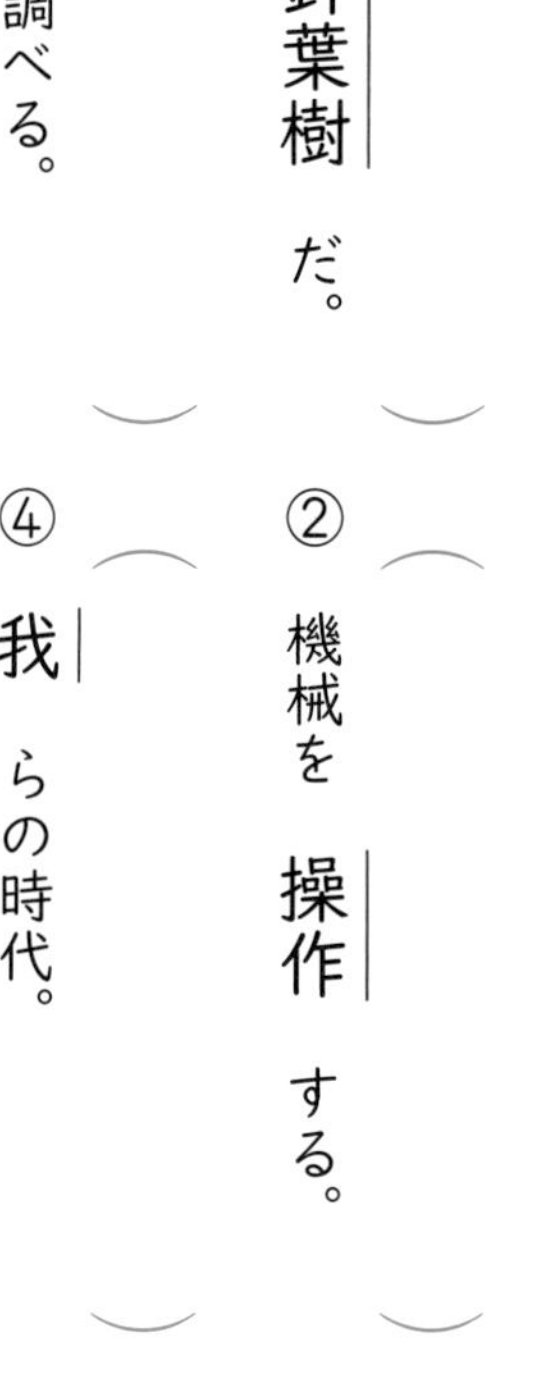

2 □に漢字を、（　）に漢字と送りがなを書きましょう。

① □□（はいく） を作る。
② □□□（けいさつしょ）
③ 指に □（はり） がささる。
④ 手紙を （　　）（あずける）。

雨

3 正しい意味に○をつけましょう。

① しのつく雨が降ってきた。
ア（　）はげしく降る雨。
イ（　）静かに降る雨。

② 時雨（しぐれ）にぬれて帰る。
ア（　）秋の初めから終わりまでに、ときおり降ってくる雨。
イ（　）秋の終わりから初冬に、降ったりやんだりする小雨。

③ 村雨（むらさめ）に降られ、建物ににげこむ。
ア（　）強く降ってすぐにやむ雨。
イ（　）細く長く降り続く雨。

④ さみだれが続く季節。
ア（　）みぞれ混じりの雨。
イ（　）梅雨（つゆ）の時期に降る長雨。

⑤ トンネルをうがつ。
ア（　）強く打つ。
イ（　）あなをあける。

⑥ けん法を発布する。
ア（　）法りつなどを広く世の中に知らせること。
イ（　）法りつなどを世の中で用いること。

世代による言葉のちがい

4 次は年上の世代の人などが以前使っていた言葉です。あなたはどんな言葉を使っているか、書きましょう。

① さじ → （　　　）

② ちり紙 → （　　　）

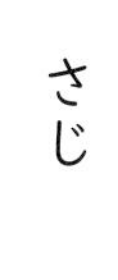

複数の意味をもつ漢字

5 次の熟語の「布」は、ア・イのどちらの意味で使われていますか。記号を書きましょう。

① 配布（　）
② 毛布（　）
③ 発布（　）

ア ぬの
イ ゆきわたらせる

6 次の熟語の「針」は、ア・イ・ウのどの意味で使われていますか。記号を書きましょう。

① 方針（　）
② 針葉樹（　）
③ 運針（　）

ア はりの形をしたもの
イ はり
ウ 指し示す方向

パネルディスカッション ――地域の防災
～漢字の広場② 複数の意味をもつ漢字

時間 20分　／100　合格 80点

学習日　月　日

教科書 上52～67ページ

答え 11ページ

文章を読んで、答えましょう。　思考・判断・表現

司会　みなさん、これから銚子市で起こるかもしれない地震や津波などの災害から自分の身を守るためには、何が必要だと思いますか。

北原　〈第一回発言〉

ぼくたちは、「避難訓練をさらに充実させる」ことが必要だと考えました。東日本大震災の時には、……。このように、地震のときの行動を、前もって訓練していたことで、たくさんの小・中学生が助かったそうです。

　ぼくたちも、毎月、学校で避難訓練をしていますが、自分のためという意識をもてていない人もいるように思います。災害はいつどこで起こるかわからないので、大人がいないときにどう行動するかなど、いつも安全な行動ができるように考えることが大事だと思います。

夏川　私たちは、「家族と、災害に対する準備をする」ことが必要だと考えました。そこで、家庭の非常持ち出しぶくろの中を見てみることにしました。これは、私の家の非常持ち出しぶくろの中身の写真です。また、家族との集合場所についても話し合ってみました。私たちは、災害が来ないうちに、家族でしっかりと準備しておくことが大切だと考えます。

木村　私たちは、「過去の歴史から学ぶ」ことが必要だと考えました。……

よく出る

1 北原さん、夏川さん、木村さん、中西さんの四人に共通する、発言の仕方のよい点は何ですか。（　）にあてはまる言葉を書きましょう。　10点

三人とも、はじめに自分の（　　）を明確にしている。

2 北原さん、夏川さんの発言で共通するよい点は何ですか。（　）にあてはまる言葉を書きましょう。　一つ10点(20点)

自分がよいと考える、身を守るために必要なことを（　　）的に挙げ、それをよいとする（　　）を述べている。

3 次は、質問に対する夏川さんの発言について説明した文章です。あとの問いに答えましょう。

> 夏川さんは、どの質問に答えているのかがはっきりわかるように、「最初の質問について」「㋐について」と言ってから答えている。最初の質問については、非常持ち出しぶくろの中に入れるものと、それを入れる㋑をわかりやすく伝えている。

(1) ㋐に入る言葉を、文章中から書きぬきましょう。　10点

（　　）

中西　ぼくたちは、「どんな設備があるのか知る」ことが必要だと考えました。……

司会　パネリストのみなさん、ありがとうございました。それぞれのパネリストの意見を整理すると、……。

　では、それぞれの意見を聞いて、質問や意見があったら発言をどうぞ。

〈第二回発言〉

北原　夏川さんに質問です。家族と、災害に対する準備をすることが必要だと言っていましたが、夏川さんの家ではどんな準備をしていますか。

司会　他に、夏川さんに質問や意見はありませんか。

中西　家族との集合場所については、どのようなことを話し合いましたか。

司会　夏川さん、二人から質問が出ていますが、いかがでしょうか。

夏川　はい。最初の質問について、私の家では、持ち出しぶくろの中に、このような小さなぬいぐるみを入れることにしました。うちには小さな妹がいるので、避難所で泣きださないか心配だからです。これがあると、妹の不安もやわらぐのです。二つめの質問について、私の家は近くの〇〇高校が避難場所になっているので、そこに避難することをかくにんしました。

「パネルディスカッション――地域の防災」より

② イ にあてはまる言葉はどれですか。一つに〇をつけましょう。　10点

ア（　）方法　イ（　）理由

ウ（　）手段　エ（　）論理

③ ここで夏川さんが示したものは何ですか。一つに〇をつけましょう。　10点

ア（　）妹の写真　イ（　）家族の写真

ウ（　）ぬいぐるみの実物　エ（　）〇〇高校の写真

できたらスゴイ！

4 ここでの司会の仕方について、あてはまらないもの一つに〇をつけましょう。　15点

ア（　）はじめに論題をしょうかいしている。

イ（　）討論が深まるように質問や意見をうながしている。

ウ（　）同じ人への質問や意見をまとめている。

エ（　）自分の意見も述べて、討論を活発にしている。

考えを書こう

5 あなたが身を守るために必要だと思うことを、北原さん、木村さん、中西さんの立場の中から選び、選んだ理由を書きましょう。　25点

・（　　　　）さんの立場

・理由

三 立場を明確にして主張しよう

パネルディスカッション——地域の防災
～漢字の広場② 複数の意味をもつ漢字

時間 20分 ／100 合格80点

学習日 月 日

教科書 上52～67ページ

答え 12ページ

1 読みがなを書きましょう。 一つ2点(20点)

① 樹木（ ）を育てる。
② 警察（ ）の仕事。
③ 討論（ ）会に出る。
④ 病院に勤務（ ）する。
⑤ 難問（ ）にちょう戦する。
⑥ 針金（ ）を曲げる。
⑦ 臨時（ ）列車を運行する。
⑧ 署名（ ）活動
⑨ みんなで議論（ ）する。
⑩ 垂直（ ）な線を書く。

2 □に漢字を、〔 〕に漢字と送りがなを書きましょう。 一つ2点(20点)

① □□（よきん）がたまる。
② 地下□□（しげん）を調べる。
③ □□（われわれ）は家族だ。
④ パソコンの□□（そうさ）。
⑤ □□□（さいばんしょ）
⑥ □□（ほうしん）を決める。
⑦ □□（はいく）をよむ会。
⑧ つり糸を□（た）らす。
⑨ 子どもを〔 〕（あずかる）。
⑩ 〔 〕（むずかしい）言葉。

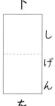

3 次の言葉の正しい意味を［　］から選んで、記号を書きましょう。　一つ5点(15点)

① パネルディスカッション（　）
② パネリスト（　）
③ フロア（　）

ア　参加者。
イ　異なる立場の代表。
ウ　討論の一つの形式。複数の参加者が、意見を表明しながら討論を進める。

4 パンフレットを作るときに大切なことはどれですか。一つに○をつけましょう。　5点

ア（　）取り上げる例は、多様にせず単一にする。
イ（　）見出しには、問いかけの文を入れない。
ウ（　）文章だけにたよらず、図表や写真などを入れる。

5 ――線の言葉の使い方が正しいほうに○をつけましょう。　一つ5点(15点)

① ア（　）しのつく雨が静かに降る。
　 イ（　）しのつく雨で前も見えない。
② ア（　）のんびりと晴耕雨読の日々を過ごす。
　 イ（　）あくせくと晴耕雨読でけん命に働く。
③ ア（　）けんかの後に前よりも仲がよくなった。雨降って地固まるだね。
　 イ（　）つまらないことからけんかになった。ますます仲が悪くなって雨降って地固まるだよ。

6 ――線のような言葉を、友達の間で使う場合と、年上の世代の人たちに対して使う場合について、あなたの考えを書きましょう。　15点

この問題、ちょーむずい。（とてもむずかしい）
学校におくれそう。まじやばい。（たいへんまずい）

7 次の熟語にふくまれる「実」の意味を選び、――線でつなぎましょう。　一つ2点(10点)

① 果実　・　　・ア　なかみ。ないよう。
② 結実　・　　・イ　みのる。
③ 実質　・　　・ウ　まごころ。
④ 実直　・　　・エ　み。くだもの。
⑤ 真実　・　　・オ　ほんとう。

四 表現が読み手にあたえる効果について考えよう

川とノリオ

読書の広場① 地域の施設を活用しよう

読書の広場② ひろがる読書の世界

いぬい とみこ

めあて

★物語のすぐれた表現をとらえよう。

★地域の施設での、情報の集め方を知ろう。

★自分にとっての「特別な一冊」を考えよう。

学習日 月 日

教科書 上69〜95ページ

答え 12ページ

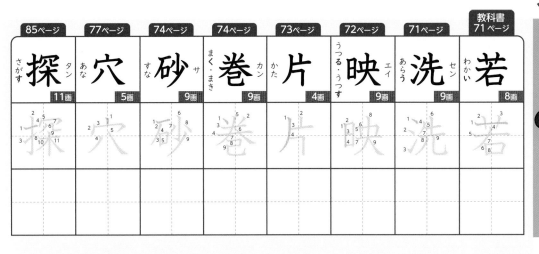

かきトリ 新しい漢字

			教科書
若	わかい	8画	71ページ
洗	セン・あらう	9画	71ページ
映	エイ・うつる・うつす	9画	72ページ
片	かた	4画	73ページ
巻	カン・まく・まき	9画	74ページ
砂	サ・すな	9画	74ページ
穴	あな	5画	77ページ
探	タン・さがす	11画	85ページ
晩	バン	12画	85ページ
干	カン・ほす	3画	85ページ
穀	コク	14画	90ページ
至	シ・いたる	6画	90ページ
恩	オン	10画	90ページ
舌	した	6画	90ページ
射	シャ・いる	10画	90ページ
座	ザ	10画	90ページ
欲	ヨク	11画	90ページ
届	とどける・とどく	8画	93ページ
訪	ホウ・たずねる	11画	93ページ

1 （　）に読みがなを書きましょう。

① 画像が 映 る。（　）

② 砂 が目に入る。（　）

③ 干害 の被害を受ける。（　）

④ よごれ物を 洗 う。（　）

⑤ 家庭 訪問 をする。（　）

⑥ 探検 をする。（　）

⑦ 舌 をかむ。（　）

⑧ 荷物を 届 ける。（　）

2 □に漢字を、（　）に漢字と送りがなを書きましょう。

① □□（しょくよく）がない。

② □□（こんばん）、花火大会がある。

③ ツルの（　　　）（おんがえし）。

④ ねじを（　　　）（まく）。

3 正しい意味に○をつけましょう。

① ズボンのすそをたくし上げる。
ア（　）手でまくり上げること。
イ（　）ひもを使ってつり上げること。

② 切り立ったがけの前で立ちすくむ。
ア（　）じっと見ていて動かないこと。
イ（　）おそろしさのために動けなくなること。

③ 妹が転んでも兄はすましこんでいる。
ア（　）仕方がないとあきらめた顔をすること。
イ（　）気取ること。関係ないという顔をすること。

④ 祖父のかん病で祖母がやつれる。
ア（　）病気や心配事のため元気がなくなること。
イ（　）心配のあまり病気になってしまうこと。

⑤ 節くれだった漁師の手。
ア（　）関節が固まってしまい動かないこと。
イ（　）関節が固まってごつごつすること。

3分でワンポイント

すぐれた表現をとらえ、効果を考えよう。

★①～④にあてはまる言葉を書きましょう。

早春 また早春	夏　八月六日 八月十五日	また秋 冬
・（①）のにおい。 ・父ちゃんが貨物列車に乗る。 ・（①）の水がノリオを呼んだ。 ・（①）と、ノリオと、母ちゃんの、ひと続きの「追いかけっこ」。	・川はたぷたぷ流していった。／川はぷかぷか流していった。 ・じいちゃんの横顔が、（②）のようにゆがんだ。 ・ノリオは、（③）の子になった。	・びんのかけらを、目の上にあてるとノリオの世界はうす（④）かった。 ・母ちゃんを探し歩いた時、りんの火が、幾（いく）晩も（④）く燃えていた。 ・（④）い空を映しているやぎの目玉。

川とノリオ

学習日
月　日
教科書
上69～91ページ
答え
13ページ

文章を読んで、答えましょう。

早春

あったかい母ちゃんのはんてんの中で、ノリオは川のにおいをかいだ。

母ちゃんの手が、せっせと動くたびに、はんてんのえりもともせわしくゆれて、ほっぺたの上のなみだのあとに、川風がすうすうと冷たかった。川っぷちの若いやなぎには、銀色の芽がもう大きかった。

赤んぼのノリオのよごれ物を洗う、あったかい母ちゃんの背中の中で、ノリオは川のにおいをかいだ。土くさい、春のにおいをかいだ。

＊

すすきのほが、川っぷちで旗をふった。ふさふさゆれる三角旗を。すすきの銀色の旗の波と、真っ白いのぼりに送られて、ノリオの父ちゃんは、行ってしまった。

暗い停車場の待合室で――父ちゃんのかたいてのひらが、いっときもおしいというように、ノリオの小さい足をさすっ

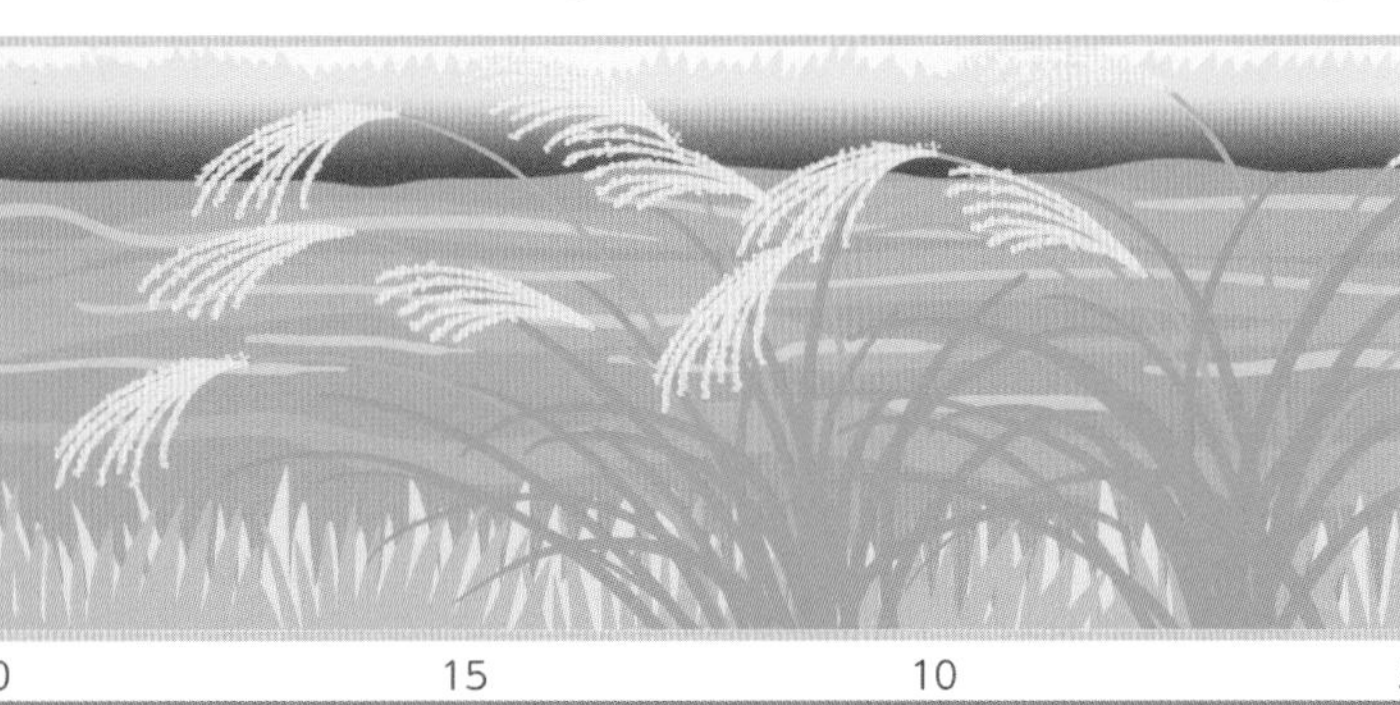

1 「あったかい母ちゃんのはんてんの中で、ノリオは川のにおいをかいだ。」について、次の問いに答えましょう。

① 母ちゃんは何をしているのですか。一つに○をつけましょう。

ア（　）ノリオと川で遊んでいる。
イ（　）川の景色をながめている。
ウ（　）川のにおいを確かめている。
エ（　）川で洗たくをしている。

② 川はどのようなにおいでしたか。文章中から十字で書きぬきましょう。

2 次の文は、「すすきのほが、川っぷちで旗をふった。」という表現について説明したものです。（　）にあてはまる言葉を文章中から書きぬき、ア～ウのあてはまるもの一つに○をつけましょう。

すすきのほが、風に（　　　）様子を、
{ ア（　）人の動作　イ（　）川の流れ　ウ（　）春のおとずれ }
のように表現している。

「旗をふった」という言葉に注意しよう。

ていたっけ。

父ちゃんを乗せていった貨物列車の、馬たちの飼い葉のすえたにおい。

すすきはそれからも川っぷちで、白くほほけた旗をふり、――母ちゃんとノリオは橋の上で、夕焼け空をながめていた。暮れかけた町の上の広い広い空。母ちゃんの日に焼けた細い手が、きつくきつくノリオをだいていた。

ぬれたような母ちゃんの黒目に映って、赤とんぼがすいすい飛んでいった。川の上をどこまでも飛んでいった。

また早春

（おいで、おいで。つかまえてごらん。
　私は、だあれにもつかまらないよ。）

川の水がノリオを呼んでいる。白じらと波だって笑いながら。

ノリオの新しいくりのげたが、片一方、ぷっかりと水にういた。じいちゃんの手作りのくりの木のげた……。

げたは、ぷっかぷっか流れだす。くるくる回って流れていく。ノリオの知らない川下さして。

ノリオは、もう片方のくりのげたも、夢中で川の上に投げてやった。げたは、新しい裏を見せて、仲間のあとを追っかけていく。くるくる、かっぷりことうかんだまま。

（おいで、おいで。おまえもおいで。
　私は、だあれにもつかまらないよ。）

川はますます白い波をたてて、やさしくノリオに呼びかける。

いぬいとみこ「川とノリオ」より

3 「ノリオの父ちゃんは、行ってしまった。」とありますが、どこに行ったと思われますか。一つに○をつけましょう。

ア（　）駅　イ（　）川
ウ（　）戦地　エ（　）ふるさと

ヒント 前にある「真っ白いのぼりに送られて」が表すことに注意しよう。

4 「いっときもおしいというように、ノリオの小さい足をさすっていた」とありますが、父ちゃんはどのような気持ちだったのですか。一つに○をつけましょう。

ア（　）ノリオが成長したことを実感している。
イ（　）ノリオと別れることに心残りを感じている。
ウ（　）仲のよい家庭がきずけて幸福を感じている。
エ（　）一人で遠くへ行くことに不安を感じている。

5 「母ちゃんの日に焼けた細い手が、きつくきつくノリオをだいていた。」とありますが、このときの母ちゃんの気持ちとしてあてはまらないものはどれですか。一つに○をつけましょう。

ア（　）父ちゃんとはなればなれになったノリオがかわいそうだ。
イ（　）父ちゃんがいなくてもノリオを守らなくてはいけない。
ウ（　）父ちゃんに美しい夕焼け空を見せてあげたい。
エ（　）父ちゃんがいない心細さやさびしさにたえよう。

6 「おまえ」「私」とは、それぞれだれ（何）のことですか。文章中から書きぬきましょう。

「おまえ」（　　　　）

「私」（　　　　）

川とノリオ

文章を読んで、答えましょう。

夕暮れの川はまぶしかった。

ノリオは生ぬるい水の中を、つかれはててジャブジャブわたりながら、ザアザア高まる川音の中に、ただ、母ちゃんを待っていた。

なにもかも、よくしてくれる母ちゃんのあの手。ぴしゃり、とおしりをぶつ、あったかいあの手……。

＊

夜が来て、ノリオは家へ帰ったが、母ちゃんはもどってはいなかった。

近所の人が、せわしく出入りする。

おそろしそうな、人々のささやきの声。

ノリオの家の母ちゃんは、この日の朝早く汽車に乗って、ヒロシマへ出かけていったという。

黒いきれを垂らした電灯の下に、大人たちの話が続いていた。

じいちゃんが、夜おそく出かけていった。

おぼんの夜（八月十五日）

前に死んだ、ばあちゃんの仏壇に、新しいぼんぢょうちんが下がっている。

1 「……」は何を表すと思われますか。一つに○をつけましょう。

ア（　）夕暮れから夜になったという時間の経過。
イ（　）母ちゃんの手に関する数少ない思い出。
ウ（　）本当ならいるはずの母ちゃんがいないことへの思い。
エ（　）川音以外に何の音もしないこの場の静けさ。

2 「母ちゃんはもどってはいなかった。」とありますが、どこに行ったままもどってこないのですか。文章中から書きぬきましょう。

（　　　　）

3 「じいちゃんの横顔が、へいけがにのように、ぎゅっとゆがむ。」とありますが、これは何を表していますか。一つに○をつけましょう。

ア（　）じいちゃんが気むずかしい人であること。
イ（　）やにのにおいをくさく思っていること。
ウ（　）日本が平和になるのを願っていること。
エ（　）ノリオの母親の死を深く悲しんでいること。

4 「ぼしゃぼしゃと白くなった、じいちゃんのかみ。」とありますが、これ以外にじいちゃんの年れいを感じさせる表現を、文章中から六字と七字で書きぬきましょう。

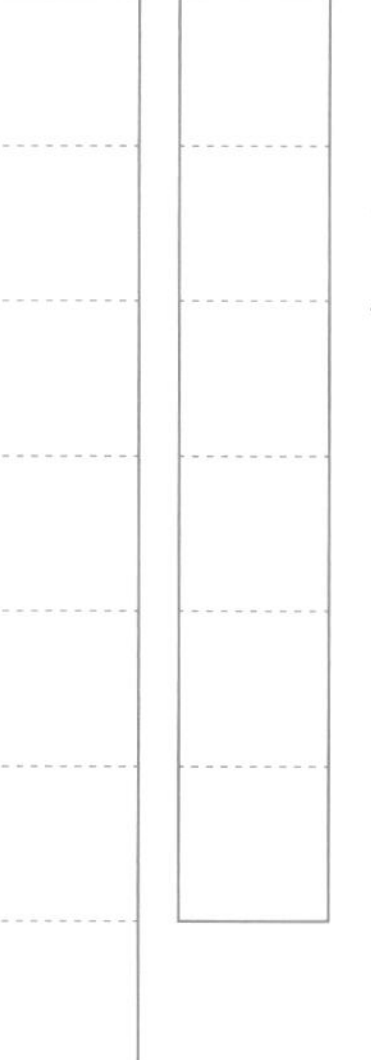

じいちゃんはきせるをみがいている。ジューッと焼けるくさいやにのにおい。

ときどき、じいちゃんの横顔が、へいけがにのように、ぎゅっとゆがむ。ごま塩のひげがかすかにゆれて、ぽっとり、ひざにしずくが落ちる。

＊

母ちゃんのもどってこないノリオの家。

じいちゃんがノリオの雑炊(すい)をたいた。

ぼうっと明るいくどの火の中に、げた作りのじいちゃんの節くれだった手が、ぶるぶるふるえて、まきを入れる。

ぼしゃぼしゃと白くなった、じいちゃんのかみ。

ノリオは、じいちゃんの子になった。たばこくさいじいちゃんにだかれてねた。

また秋

あらしが過ぎた。

川っぷちの雑草のしげみのかげで、こおろぎが昼間も、リリリリと鳴いた。

すすきがまた、銀色の旗をふり、父ちゃんが戦地から帰ってきた。

父ちゃんは小さな箱だった。

じいちゃんが、う、うっと、きせるをかんだ。

川が、さらさらと歌っていた。

＊黒いきれを垂らす…戦争中は空襲(しゅう)に備えて、電灯の光が外にもれないようにしていた。

いぬい とみこ「川とノリオ」より

ヒント　じいちゃんの体の一部について書かれたところに注目しよう。

5 「ノリオは、じいちゃんの子になった。」とありますが、これはどういったことを意味しますか。一つに○をつけましょう。

ア（　）じいちゃんが、ノリオをいっそうかわいがったこと。

イ（　）じいちゃんが、両親のいないノリオの親代わりとなったこと。

ウ（　）ノリオが、じいちゃんに幼児のようにあまえるようになったこと。

エ（　）ノリオはじいちゃんの子になるように、役所から指示されたこと。

6 「また秋」とありますが、秋という季節をよく表す生き物を文章中から書きぬきましょう。

（　　　　）

7 「川が、さらさらと歌っていた。」とありますが、「さらさら」以外に川音を表す言葉を文章中から二つ書きぬきましょう。

（　　　　）（　　　　）

8 ノリオの父ちゃんが戦地で死んだことを表す表現を、文章中から一文で書きぬきましょう。

（　　　　）

ヒント　父ちゃんについて書かれている「また秋」のあとに注意しよう。

川とノリオ
～読書の広場② ひろがる読書の世界

時間 20分
／100
合格 80点
学習日 月 日
教科書 上69～95ページ
答え 14ページ

文章を読んで、答えましょう。　思考・判断・表現

冬

こおりつくような鉛色(なまり)の川。川っぷちを走る空っ風が、ひびにしみる。

電線はヒューンと泣いているが、ノリオの家のあひるっ子は、元気だぞ。

ノリオの家の白い二羽のあひるは、川の中で泳ぎの競争だ。

鉛色の中の生きた二点。

じいちゃんは工場(こうば)へ通っている。弁当を持って、毎日、空っ風の中を。

＊

川っぷちにはもう青いいぬふぐりがさいて、タカオが父ちゃんと自転車で通る。

タカオは自転車の後ろで笑ってたぞ。大きな、たのもしそうな、タカオの父ちゃん。

よく出る

1 「電線はヒューンと泣いている」とありますが、この表現について説明した次の文の（　）にあてはまる言葉を書きましょう。　一つ10点(20点)

電線が風によって（　　　　）様子を、電線を（　　　　）に見立てて表現している。

2 「鉛色の中の生きた二点。」とは、何のことですか。本文中から八字で書きぬきましょう。　10点

3 「空っ風の中を。」とありますが、このあとに言葉を続けるとしたら、どんな言葉が続きますか。文章中から五字で書きぬきましょう。　10点

□□□□□

できたらスゴイ！

4 「タカオが父ちゃんと自転車で通る。」とありますが、これを見たノリオは、どのような気持ちだったと思われますか。（　）にあてはまる言葉を書きましょう。　10点

父ちゃんのいるタカオが（　　　　）。

5 「ノリオの世界はうす青かった。」とありますが、それはなぜですか。文章中から六字で書きぬきましょう。　10点

□□□□□□

ノリオは、川っぷちのかれ草の中で、もうじき来る春を待っている。

また、八月の六日が来る

さらさらとすずしいせの音をたてて、今日もまた川は流れている。

川の底から拾ったびんのかけらを、じいっと目の上に当てていると、ノリオの世界はうす青かった。

ギラギラ照りつける真夏の太陽も、銀色にキラキラ光るだけ。

＊

幾たびめかのあの日がめぐってきた。

まぶしい川のまん中で、母ちゃんを一日中、待ってたあの日。そしてとうとう母ちゃんが、もどってこなかった夏のあの日。

ドド……ンという遠いひびきだけは、ノリオも聞いたあの日の朝、母ちゃんはヒロシマで焼け死んだという。ノリオたちがなんにも知らないまに。

じいちゃんが、母ちゃんを探して歩いた時、暗いヒロシマの町には、死骸から出るりんの火が、幾晩も青く燃えていたという。折り重なってたおれた家々と、折り重なって死んでいる人々の群れ……。子どもを探す母ちゃんと、母ちゃんを探す子どもの声。

そして、ノリオの母ちゃんは、とうとう帰ってこないのだ。

じいちゃんも、ノリオもだまっている。

年寄りすぎたじいちゃんにも、小学二年のノリオにも、何が言えよう。

いぬい とみこ「川とノリオ」より

[　　　　　　] を目の上に当てたから。

よく出る

6 「あの日」とはどのような日ですか。（　）にあてはまる言葉を書きましょう。 一つ10点(20点)

母ちゃんが（　　　　　　）日

で、ヒロシマに（　　　　　　）日。

7 「年寄りすぎたじいちゃんにも、小学二年のノリオにも、何が言えよう。」とありますが、二人の様子を説明したものとしてあてはまるものはどれですか。一つに○をつけましょう。 10点

ア（　）言葉にできないような深い悲しみを感じている。

イ（　）平和な社会を作ることを心の内で決意している。

ウ（　）母ちゃんが生きていることをひそかに信じている。

エ（　）母ちゃんを探しに行けない無力さを感じている。

考えを書こう

8 この文章中から、すぐれた表現を一つ書きぬき、その表現のすぐれた点を説明し、感じたことなどを書きましょう。 10点

ぴったり3

確かめのテスト②

四 表現が読み手にあたえる効果について考えよう

川とノリオ
～ 読書の広場② ひろがる読書の世界

時間 20分

／100

合格 80点

学習日　月　日

教科書 上69～95ページ

答え 15ページ

1 読みがなを書きましょう。 一つ2点(20点)

① 下巻（　　）を読む。

② 今晩（　　）は満月だ。

③ 映画（　　）を見る。

④ 新潟の穀倉（　　）地帯。

⑤ ミスして舌（　　）を出す。

⑥ 座席（　　）をゆずる。

⑦ 的を矢で射（　　）る。

⑧ 野菜を洗（　　）う。

⑨ 砂鉄（　　）を集める。

⑩ くつ下が片方（　　）ぬげる。

2 □に漢字を、〔　〕に漢字と送りがなを書きましょう。 一つ2点(16点)

① シャツを□（せん）濯（たく）する。

② 海に□（いた）る道路。

③ □□（わかもの）に人気。

④ ロケットの□□（はっしゃ）。

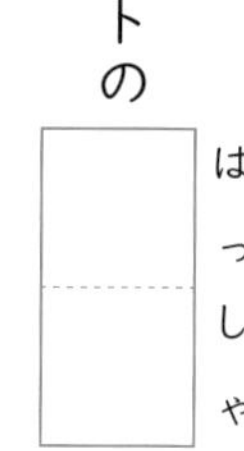

⑤ ハンカチを□（ほ）す。

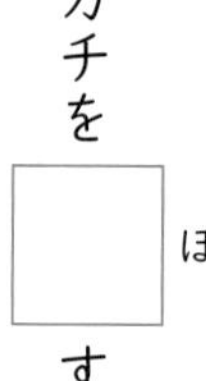

⑥ 暑さで□□（しょくよく）がない。

⑦ 地面に□（あな）をほる。

⑧ たからを〔　　　（さがす）〕。

3 次の（　）にあてはまる言葉を［　］から選んで書きましょう。 一つ3点（12点）

① その川はすずしい音をたてて、（　　　）と休まず流れている。

② （　　　）とおし寄せてくるこわい川。

③ 手が、（　　　）ふるえている。

④ ねこが、こちらを（　　　）見ている。

ザアザア　さらさら　じいっと　ぶるぶる

4 正しい意味に○をつけましょう。 一つ5点（15点）

① 立ちすくむ

ア（　）おそろしさやおどろきで、立ったまま動けないこと。
イ（　）何事にも気を取られず、先に進むこと。

② やつれる

ア（　）病気やストレスなどで、やせおとろえること。
イ（　）病気やストレスなどで、太ること。

③ 空っ風

ア（　）よわくしめっぽい北風。
イ（　）つよくふくかわいた北風。

5 次に示すような場合、最も行った方がいい場所をア〜エの中から一つずつ選びましょう。 一つ4点（16点）

①（　）防災に関する資料を見て、理解を深めたい。
②（　）作家の人生や作品について、くわしく知りたい。
③（　）さまざまな資料から、せんもん的なことを学びたい。
④（　）本を読みたい。地域の歴史に関する資料を見たい。

ア　公共図書館　イ　防災センター
ウ　文学館・記念館　エ　博物館・資料館

6 次の文に使われている表現の工夫を三つ選び、○をつけましょう。 一つ7点（21点）

こおりつくような鉛色の川。

ア（　）色の表現
イ（　）人にたとえた表現
ウ（　）くり返しの表現
エ（　）たとえの表現
オ（　）物の名前や事柄を表す言葉で終わる表現
カ（　）音や様子を表す表現

この本の終わりにある「夏のチャレンジテスト」をやってみよう！

ぴったり1 準備

聞かせて！「とっておき」の話
イナゴ
言葉の文化③「知恵(え)の言葉」を集めよう

めあて
★相手の話を聞くポイントをおさえよう。
★詩ならではの表現を味わおう。
★古くから受けつがれてきた言葉を知ろう。

学習日　月　日
教科書　上96～101ページ
答え　15ページ

かきトリ 新しい漢字

教科書96ページ　班（ハン）10画

101ページ　痛（ツウ・いたい・いたむ・いためる）12画

1 （　）に読みがなを書きましょう。

① はげしい 頭痛。（　　）

② 班長を任される。（　　）

2 □に漢字を、（　）に漢字と送りがなを書きましょう。

① □（はん）ごとに行動する。

② □□（きょうくん）を伝える。

③ 番号を□□（あんき）する。

④ 言葉を（　　）（となえる）。

⑤ 歯が（　　）（いたむ）。

⑥ まきを（　　）（もやす）。

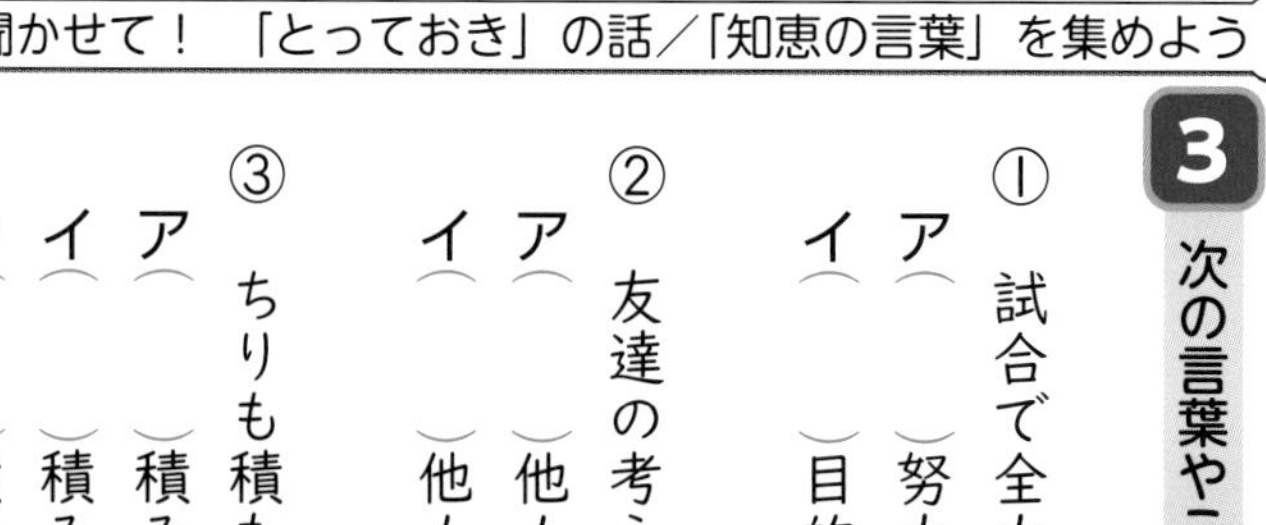

3 次の言葉やことわざの正しい意味に○をつけましょう。

① 試合で全力を出しきって、達成感を得た。
ア（　）努力がむくわれたことで得られる安心感。
イ（　）目的を果たすことによって得られる満足感。

② 友達の考えに共感する。
ア（　）他人の考えなどにそのとおりだと感じること。
イ（　）他人の考えとはちがうと反対すること。

③ ちりも積もれば山となる
ア（　）積み重ねをばかにしてはいけないということ。
イ（　）積み重ねをしてもむだになってしまうこと。
ウ（　）積み重ねた時間は結果として現れること。
エ（　）積み重ねる努力は大変であるということ。

④ 帯に短し たすきに長し
ア（　）帯にもたすきにもなって、十分に役に立つこと。
イ（　）帯にはならないが、たすきにはなるということ。
ウ（　）帯にもたすきにもならず、中と半ぱで役に立たないこと。
エ（　）帯にはなるが、たすきにならないということ。

4 詩を読んで、答えましょう。

イナゴ

まど・みちお

はっぱにとまった
イナゴの目に
一てん
もえている夕やけ

でも　イナゴは
ぼくしか見ていないのだ
エンジンをかけたまま
いつでもにげられるしせいで…

ああ　強い生きものと
よわい生きもののあいだを
川のように流れる
イネのにおい！

(1) この詩の情景について、次の問いに答えましょう。

① 一日のうちのいつごろの情景ですか。それがわかる言葉を詩の中から三字で書きぬきましょう。

□□□

② 「ぼく」と「イナゴ」の関係に○をつけましょう。

ア（　）「ぼく」ははなれた場所にいて「イナゴ」を観察している。

イ（　）「ぼく」と「イナゴ」は間近にいて見合っている。

ウ（　）「ぼく」と「イナゴ」は川をはさんで見合っている。

③ 何のにおいがえがかれていますか。詩の中から書きぬきましょう。

（　　　　）

(2) 「エンジンをかけたまま」とありますが、これについて次の問いに答えましょう。

① 使われている表現技法に○をつけましょう。

ア（　）たとえの表現

イ（　）物の名前や事柄（がら）を表す言葉で終わる表現

ウ（　）言葉の順序を入れかえた表現

② イナゴのどんな様子を表していますか。詩の中の言葉を使って書きましょう。

（　　　　）

(3) ①「強い生きもの」②「よわい生きもの」とは、何をさしますか。詩の中から書きぬきましょう。

①（　　　　）　②（　　　　）

五 てんかいを工夫して物語を書こう

あなたは作家

めあて
★物語を組み立てよう。
★書き出しや情景などの、表現を工夫しよう。

学習日 月 日
教科書 上102～107ページ
答え 16ページ

かきトリ 新しい漢字

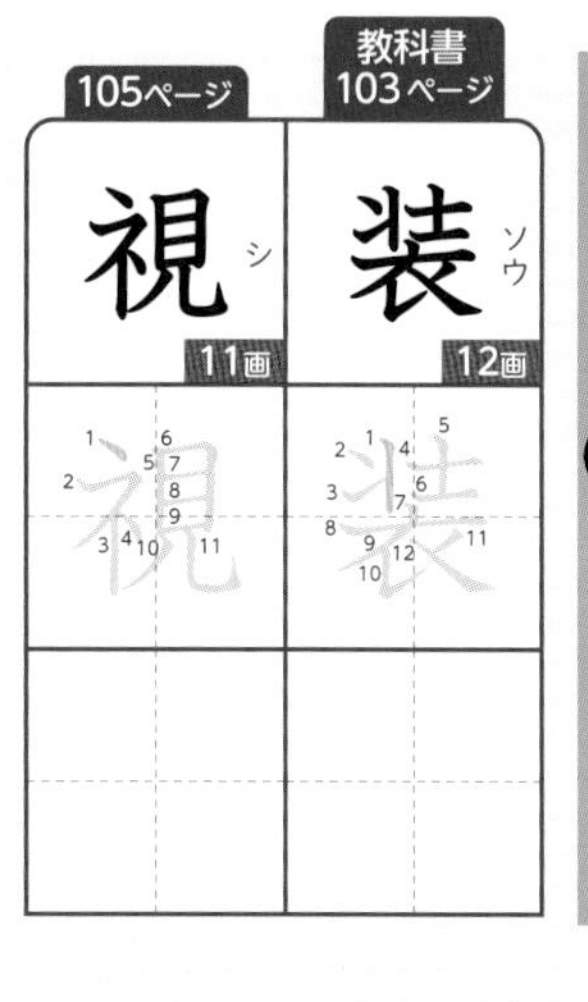
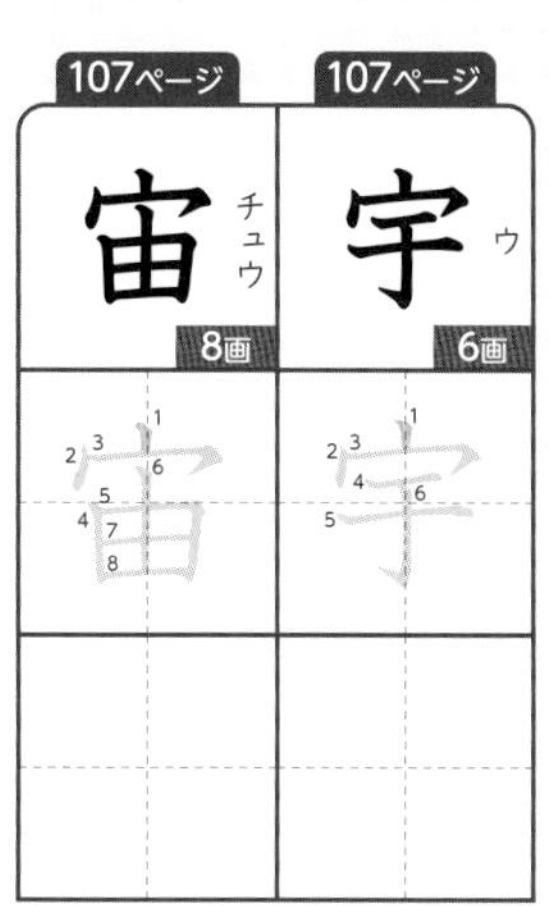
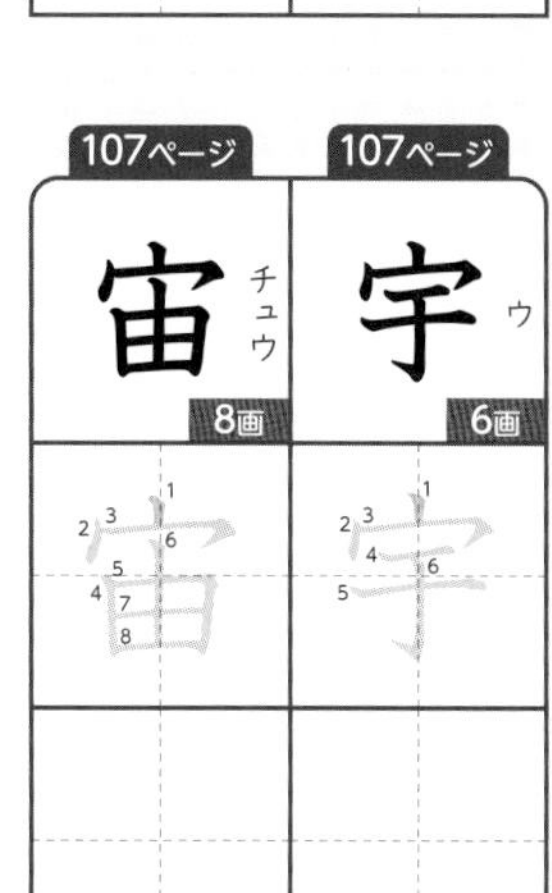
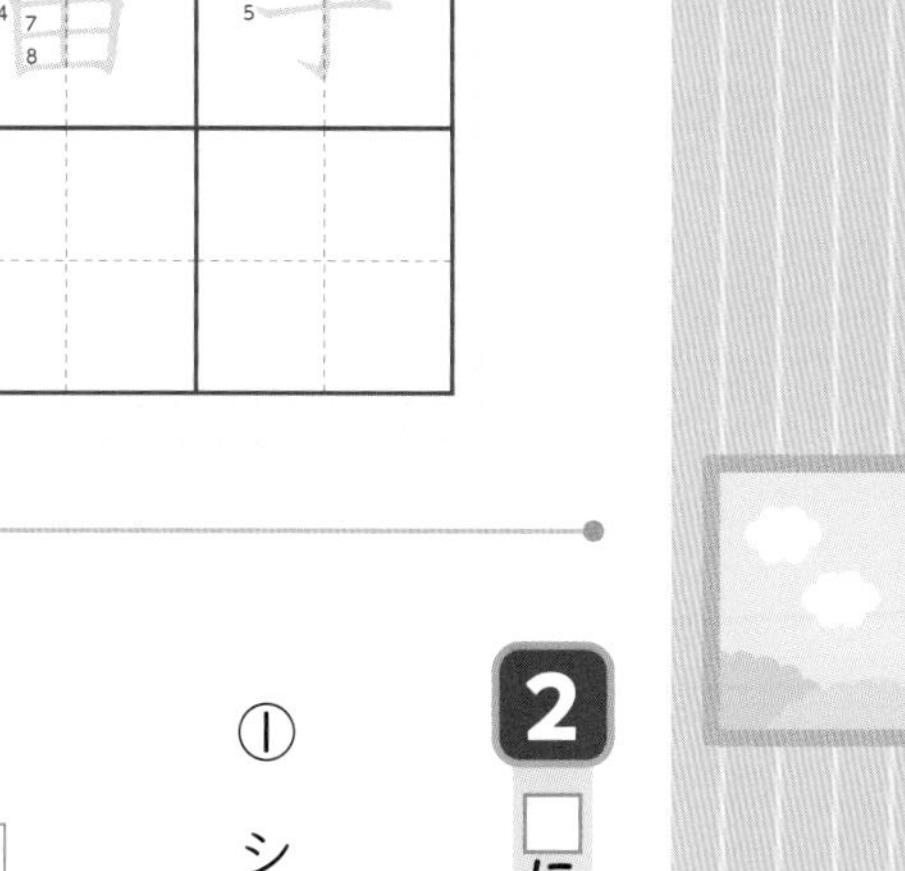

1 （ ）に読みがなを書きましょう。

① 実際（ ）の道具。
② 装本（ ）する。
③ 交差点（ ）
④ 宇宙船（ ）をつくる。
⑤ 視力（ ）検査

2 □に漢字を書きましょう。

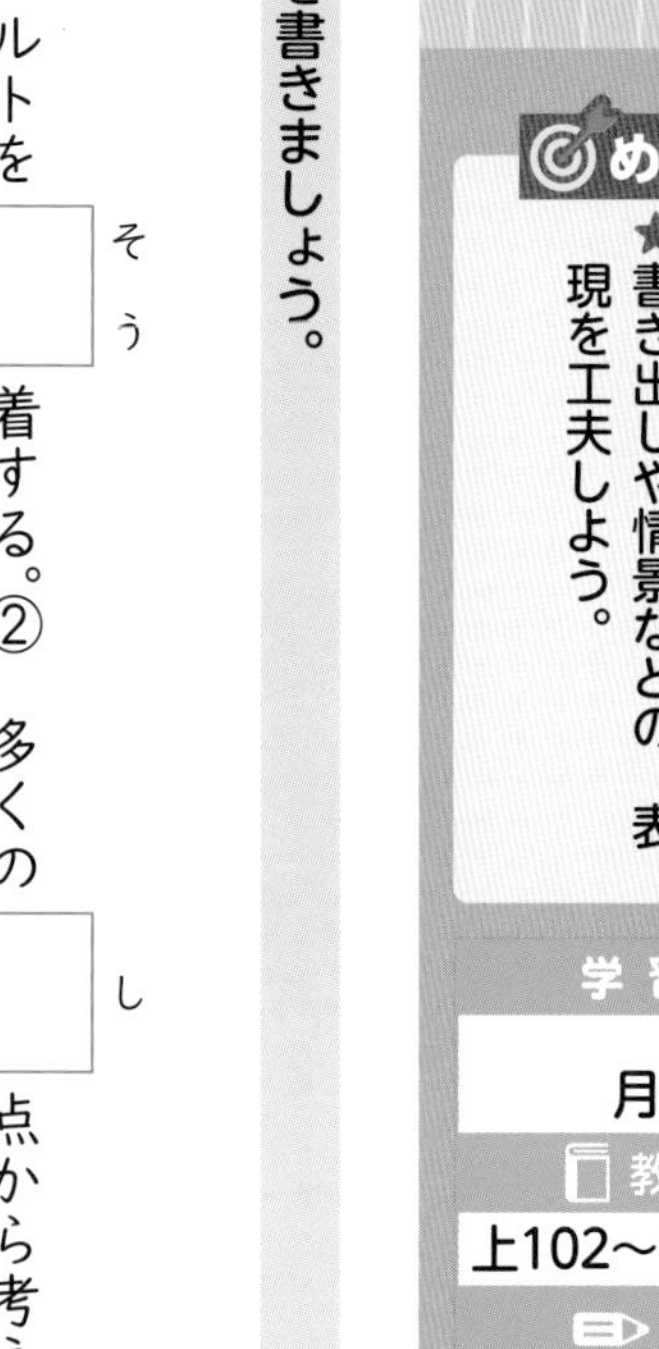

① シートベルトを□（そう）着する。
② 多くの□（し）点から考える。
③ □□（うちゅう）に行ってみたい。
④ 新しい□□（ていあん）。
⑤ □□□□（おうだんほどう）
⑥ □□（そうぞう）上の生き物。
⑦ 物語の□□（ないよう）。
⑧ □□（いしき）を失う。
⑨ ゲームの□□（せってい）。
⑩ 小説の□□（じょうけい）。
⑪ □（さか）さまになる。

3 正しい意味に○をつけましょう。

① 物語の「やま場」をむかえる。
ア（　）物語が始まるところ。
イ（　）人物の心情や行動が大きく変わるところ。

② 時代による文化の変容を調べる。
ア（　）姿や形が変わること。
イ（　）姿や形を変化させること。

③ 情景描写(びょう)を工夫する。
ア（　）物語のシーンの有様をえがくこと。
イ（　）物語のあらすじを考えること。

④ ドラマのてんかいが予想できない。
ア（　）ものごとをしめくくること。
イ（　）ものごとをくりひろげること。

⑤ 小説の設定がおもしろい。
ア（　）あるものごとの条件を作り定めること。
イ（　）あるものごとの条件を変えること。

4 写真から想像を広げて物語を作るときの手順にしたがって、1に続き、（　）に2～5の数字を書き入れましょう。

（1）写真を見て想像を広げる。
（　）物語を作る。
（　）写真から登場人物を選び、人物設定をする。
（　）あらすじを書く。
（　）おおまかなてんかいと構成を考える。

5 教科書104ページの写真を見て、次のような物語のてんかいを考えました。（　）にあてはまる言葉を［　］から選んで、記号を書きましょう。

始まり	●由美(ゆみ)（わたし）は仕事が決まらず落ちこんでいる。 ●風船配りのアルバイトをする。
①（　）	●小さな女の子が泣いている。 ●由美、女の子に気づく。
②（　）	●由美、女の子に近づいて声をかける。 ●女の子、顔をあげて由美を見る。
③（　）	●由美、女の子に風船をあげ、どうしたのかとたずねる。 ●女の子、母親からはぐれて不安で泣いていたと言う。 ●母親がかけつけてきて、女の子は笑顔(えがお)を見せる。 ●女の子、由美に笑顔で「ありがとう」と言って去る。 ●由美、女の子をほほえましく見送る。
結末	●由美、前向きに新しい仕事を探そうと思う。

ア　やま場
イ　できごとのてんかい
ウ　できごとのきっかけ

ぴったり1 準備

五 てんかいを工夫して物語を書こう

言葉の広場③ なぜ、わかり合えなかったのかな？
漢字の広場③ 熟語の使い分け

めあて

★自分の考えを、適切に伝えるための言葉の使い方を考えよう。

★熟語の意味を考えて、正しく使い分けよう。

学習日 月 日

教科書 上108〜114ページ

答え 16ページ

かきトリ 新しい漢字

誤（ゴ・あやまる）14画 教科書111ページ
収（シュウ・おさめる・おさまる）4画 112ページ
冊（サツ）5画 113ページ
推（スイ）11画 113ページ
段（ダン）9画 114ページ

1 （ ）に読みがなを書きましょう。

① 教科書の別冊ドリル。（ ）
② 箱に収める。（ ）
③ 名前を書き誤る。（ ）
④ 事件の推理をする。（ ）

2 □に漢字を書きましょう。

① □（ご）報が広まった。
② 良い作文を□（さっ）子にまとめる。
③ さまざまな□（だん）階がある。
④ 切手□（しゅう）集が好きだ。
⑤ 先生の年れいを□（すい）測する。

なぜ、わかり合えなかったのかな？

3 次の顔文字が伝えようとしている気持ちとして、正しいものを選びましょう。

①（ ）
②（ ）
③（ ）

ア おどろき　イ こまっている　ウ いかり

4 次の言葉を使うときとして、正しいものを□から選んで、記号を書きましょう。

(1)「いいよ」

①「そうしたい。」と言いたいとき

②よい状態であることを伝えたいとき

③（　　）

(2)「すみません」

①（　　）

②感謝の気持ちを伝えたいとき

ア　友達からのさそいを断りたいとき
イ　あやまりたい気持ちを伝えたいとき

5 （　）にあてはまるものを□から選んで、記号を書きましょう。

① 将来起きることを（　　）する。

② この場で起こったことを（　　）する。

③ （　　）できないことが起こった。

ア　推測　　イ　予測

6 □にあてはまるほうの言葉を選び、○をつけましょう。

① うさぎを□に育てる。
ア（　）大事
イ（　）重要

② 人生□が豊富なお年寄りの話を聞く。
ア（　）経験
イ（　）体験

③ 夏休みの過ごし方の理想と□
ア（　）事実
イ（　）現実

④ タイムマシンがあったらと□にふける。
ア（　）空想
イ（　）想像

⑤ 事故の原因を□する。
ア（　）予測
イ（　）推測

⑥ 母親に□を求める。
ア（　）合意
イ（　）同意

⑦ □を選ばず戦う。
ア（　）手段
イ（　）方法

ぴったり3 確かめのテスト

五 てんかいを工夫(ふう)して物語を書こう

あなたは作家 ～漢字の広場③ 熟語の使い分け

時間 20分

／100

合格 80点

学習日 月 日

教科書 上102～114ページ

答え 17ページ

1 読みがなを書きましょう。 一つ2点(18点)

① 誤解（　　）をとく。

② 視力（　　）が悪くなった。

③ 本を探（　　）す。

④ ホテルを改装（　　）する。

⑤ 逆上（　　）がりをする。

⑥ 適切（　　）に伝える。

⑦ 山の景色（　　）をながめる。

⑧ アルミかんを回収（　　）する。

⑨ よい状態（　　）に保つ。

2 □に漢字を、〔　〕に漢字と送りがなを書きましょう。 一つ2点(18点)

① □□（てつぼう）にぶら下がる。

② □□（すいり）小説を読む。

③ □□（かいだん）で転ぶ。

④ 犬の□（か）い主。

⑤ □□（うちゅう）飛行士

⑥ □□（べっさつ）のまんが。

⑦ さそいを〔　　（ことわる）〕。

⑧ 答えを〔　　（あやまる）〕。

⑨ 本だなに〔　　（おさめる）〕。

3 □にあてはまるほうの言葉を選び、○をつけましょう。

一つ4点(20点)

① 茶道は日本の□だ。
ア（　）文明
イ（　）文化

② 決勝の試合に対する□を語る。
ア（　）決意
イ（　）決心

③ みんなで食べ物を□に分ける。
ア（　）公正
イ（　）公平

④ 災害が起きて□な一夜を過ごす。
ア（　）心配
イ（　）不安

⑤ □の夢を語る。
ア（　）未来
イ（　）将来

4 物語を作るとき大切なこととしてあてはまらないものを一つ選び、○をつけましょう。

6点

ア（　）書き出しは読者の興味をひくように工夫する。

イ（　）読みやすいように文末は常に同じにする。

ウ（　）登場人物の会話や動作などはくわしく書く。

エ（　）情景描写（びょう）やたとえなどを用いて表現を工夫する。

5 正しい意味に○をつけましょう。

一つ6点(18点)

① 物語のやま場にさしかかる。
ア（　）最も重要な場面。

イ（　）最後の場面。

② 仕事は円滑（かつ）に進んでいる。
ア（　）物事がなんとか行われること。

イ（　）物事がすらすらと行われること。

③ 相手に答えをうながす。
ア（　）あることをするように働きかける。

イ（　）さそうように話しかける。

6 次の文章の中で、気をつけたほうがよい言葉に、——線を引きましょう。

一つ10点(20点)

①

気に入ったデザインの服を見つけたので買った。そして、それを友達に見せたら、「やばいね！」と言われた。それを聞いた私はショックだった。

②

「今日は夏まつりだね！」

「そうだね！　私は、いま前田さんといっしょに会場に歩いて向かっているよ。もうすぐ着くと思うよ。」

「私も、これから行くよ！」

「何で来るの？」

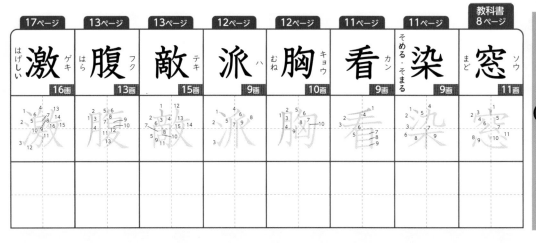

ぴったり1 準備

きつねの窓

一 ファンタジーを読み、自分の考えをまとめよう

安房直子（あわなおこ）

めあて
★ファンタジーの構成を確かめよう。
★「ぼく」の心情の変化をとらえよう。

学習日
月　日

教科書
下7〜29ページ

答え
17ページ

かきトリ　新しい漢字

漢字	教科書	読み	画数
窓	8ページ	ソウ・まど	11画
染	11ページ	そめる・そまる	9画
看	11ページ	カン	9画
胸	12ページ	キョウ・むね	10画
派	12ページ	ハ	9画
敵	13ページ	テキ	15画
腹	13ページ	フク・はら	13画
激	17ページ	ゲキ・はげしい	16画
銭	19ページ	セン	14画
困	20ページ	コン・こまる	7画
忘	24ページ	わすれる	7画
絹	28ページ	きぬ	13画
俵	28ページ	ヒョウ・たわら	10画
株	28ページ	かぶ	10画
骨	28ページ	コツ・ほね	10画
蚕	28ページ	サン・かいこ	10画
沿	28ページ	エン・そう	8画
宅	28ページ	タク	6画

1 （　）に読みがなを書きましょう。

① 看板をかかげる。

② 素敵なぼうしを買う。

③ 空が赤く染まる。

④ もう一銭もない。

⑤ 胸が痛む。

⑥ 反対派の意見。

⑦ 蚕を育てる。

⑧ 米を俵に入れる。

⑨ 骨を折る。

⑩ 宿題を忘れる。

⑪ 自宅に帰る。

⑫ 困ったことになる。

2 □に漢字を、（　）に漢字と送りがなを書きましょう。

① □□□（きぬおりもの）の産地。

② □□□（どうそうかい）を開く。

③ □□（りっぱ）な人物だ。

④ □□（どひょう）に上がる。

⑤ 兄に□（はら）を立てる。

⑥ 風が（　　）（はげしく）ふく。

3 正しい意味に○をつけましょう。

① 休み時間に、友達ととりとめない話をする。

ア（　）要点やまとまりがない。

イ（　）非の打ちどころがない。

② うやうやしくお辞儀をする。

ア（　）大ざっぱで、いいかげんな様子。

イ（　）礼儀正しく、ていねいである様子。

③ とっぴょうしもないことを言う。

ア（　）勢いのない様子。

イ（　）調子はずれな様子。

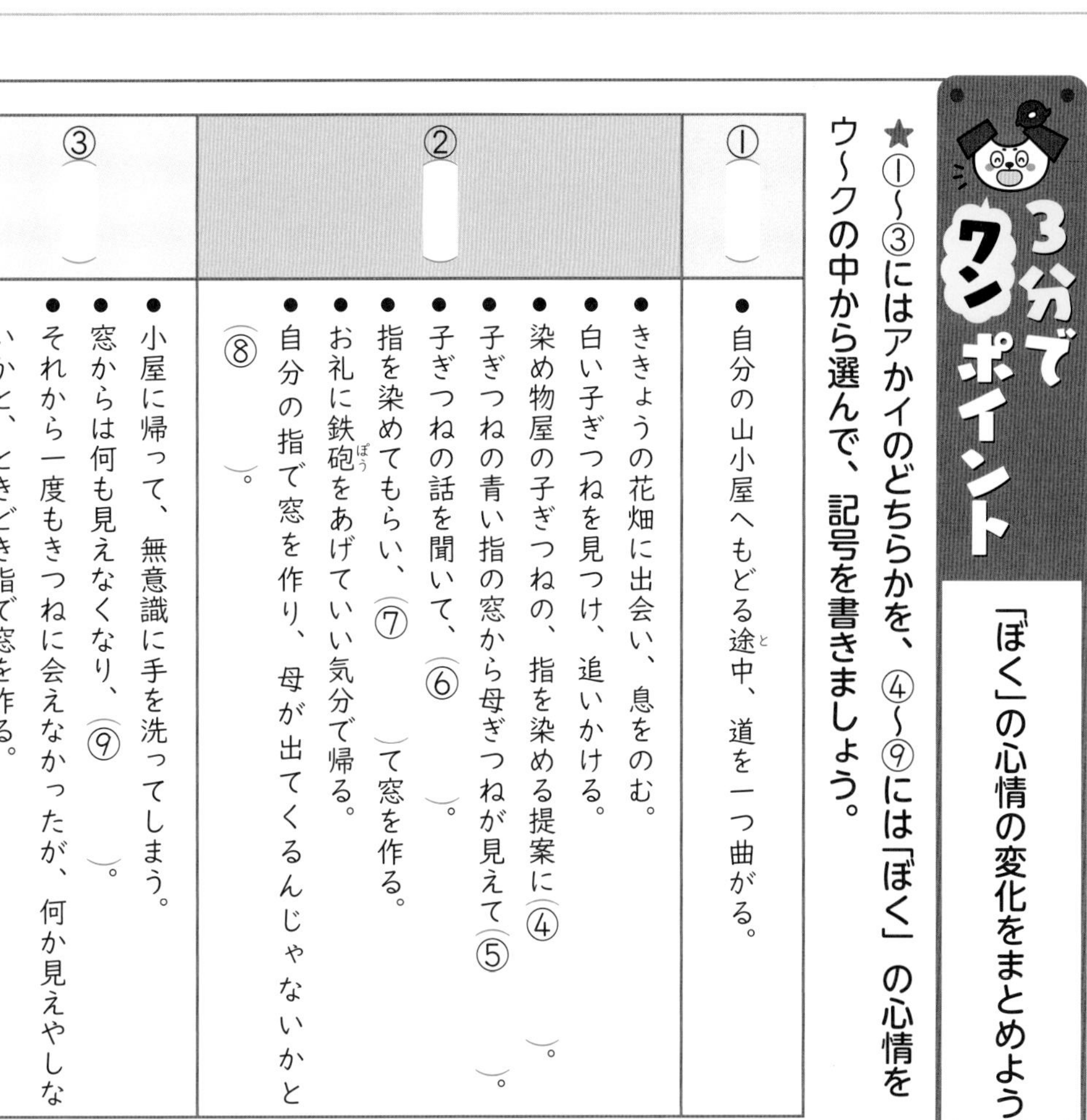

3分でワンポイント 「ぼく」の心情の変化をまとめよう。

★①〜③にはアかイのどちらかを、④〜⑨には「ぼく」の心情をウ〜クの中から選んで、記号を書きましょう。

①（　）	・自分の山小屋へもどる途中、道を一つ曲がる。
②（　）	・ききょうの花畑に出会い、息をのむ。 ・白い子ぎつねを見つけ、追いかける。 ・染め物屋の子ぎつねの、指を染める提案に④（　）。 ・子ぎつねの青い指の窓から母ぎつねが見えて⑤（　）。 ・子ぎつねの話を聞いて、⑥（　）。 ・指を染めてもらい、⑦（　）て窓を作る。 ・お礼に鉄砲をあげていい気分で帰る。 ・自分の指で窓を作り、母が出てくるんじゃないかと⑧（　）。
③（　）	・小屋に帰って、無意識に手を洗ってしまう。 ・窓からは何も見えなくなり、⑨（　）。 ・それから一度もきつねに会えなかったが、何か見えやしないかと、ときどき指で窓を作る。

ア 不思議な世界　イ 日常の世界　ウ むっとする

エ うなだれる　オ 胸をときめかせ　カ 感激する

キ 仰天する　ク 胸がどきどきする

きつねの窓

学習日
月　日
教科書
下7〜29ページ
答え
18ページ

文章を読んで、答えましょう。

「あれ？」

一瞬(しゅん)、ぼくは立ちすくみました。まばたきを、二つばかりしました。ああ、そこは、いつもの見慣れた杉(すぎ)林ではなく、広々とした野原なのでした。それも、一面、青いききょうの花畑なのでした。

ぼくは息をのみました。いったい、自分は、どこをどうまちがえて、いきなりこんな場所にでくわしたのでしょう。だいいち、こんな花畑が、この山にはあったのでしょうか。

〈すぐ引き返すんだ。〉

ぼくは、自分に命令しました。その景色は、あんまり美しすぎました。なんだか、そらおそろしいほどに。

けれど、そこには、いい風がふいていて、ききょうの花畑は、どこまでもどこまでも続いていました。このまま引き返すなんて、なんだかもったいなさすぎます。

「ほんのちょっと休んでいこう。」

ぼくは、そこにこしをおろして、あせをふきました。

と、その時、ぼくの目の前を、ちらりと白いものが走ったのです。ぼくは、がばっと立ち上がりました。ききょうの花がザザーッと一列にゆれて、その白い生き物は、ボールが転げるように走っていきました。

確かに、白ぎつねでした。まだ、ほんの子どもの。ぼくは、鉄砲(ぼう)をかかえると、そのあとを追いました。

1 「まばたきを、二つばかりしました。」とありますが、これは「ぼく」のどんな様子を表していますか。一つに○をつけましょう。

ア（　）思いもよらないような情景におどろく様子。
イ（　）あまりにも美しい情景を見て感動する様子。
ウ（　）きつねに化かされたと思ってこわがる様子。
エ（　）歩きつかれたので少し休もうとする様子。

「立ちすくみました」という、すぐ前の文に注目しよう。

2 「こんな場所」とはどのような場所ですか。次の□にあてはまる言葉を、文章中から九字で書きぬきましょう。

□□□□□□□□□が広がる場所。

3 「そらおそろしいほどに。」とありますが、そらおそろしいほどにどう思ったのですか。一つに○をつけましょう。

ア（　）深い山の中だった。
イ（　）景色が美しかった。
ウ（　）いい風がふいた。
エ（　）休みたかった。

4 「白いものが走った」とありますが、何がどのように走ったのですか。次の□にあてはまる言葉を、文章中から書きぬきましょう。

□□□の□□□□が

　ところが、その速いことといったら、ぼくが必死で走っても、追いつけそうにありません。ダンと一発やってしまえば、それでいいのですが、できれば、ぼくはきつねの巣を見つけたかったのです。そして、そこにいる親ぎつねをしとめたいと思ったのです。けれど、子ぎつねは、ちょっと小高くなった辺りへ来て、いきなり花の中にもぐったと思うと、それっきり姿を消しました。

　ぼくは、ぽかんと立ちすくみました。まるで、昼の月を見失ったような感じです。うまいぐあいに、はぐらかされたと思いました。

　この時、後ろで、

「いらっしゃいまし。」

と、変な声がしました。おどろいてふり向くと、そこには、小さな店があるのでした。入り口に、「染め物　ききょう屋」と、青い字の看板が見えました。そして、その看板の下に、こんの前かけをした子どもの店員が一人、ちょこんと立っていました。ぼくには、すぐわかりました。

〈ははあ、さっきの子ぎつねが化けたんだ。〉

　すると、胸のおくから、おかしさが、くつくつとこみ上げてきました。ふうん、これはひとつ、だまされたふりをして、きつねをつかまえてやろうと、ぼくは思いました。そこで、精いっぱい、あいそ笑いをして、

「少し休ませてくれないかね。」

と言いました。すると、店員に化けた子ぎつねは、にっこり笑って、

「どうぞ、どうぞ。」

と、ぼくを案内しました。


安房（あわ）直子（なおこ）「きつねの窓」より

（　　　　　　）ように走った。

5 「ダンと一発やってしまえば」とはどういうことですか。次の（　）にあてはまる言葉を、文章中から書きぬきましょう。

（　　　）で（　　　）をうつこと。

6 「ぼくは、ぽかんと立ちすくみました。」とありますが、それはどうしてですか。一つに○をつけましょう。

ア（　）親ぎつねをしとめられなかったから。

イ（　）子ぎつねがとつぜん姿を消したから。

ウ（　）昼の月を見失ってしまったから。

エ（　）すぐ近くに小さな店があったから。

7 「ぼくには、すぐわかりました。」とありますが、何がわかったのですか。次の（　）にあてはまる言葉を、文章中から書きぬきましょう。

子ぎつねが（　　　）に（　　　）こと。

ヒント 「ぼく」が見たものと、直後の文に注意しよう。

8 「精いっぱい、あいそ笑いをして」とありますが、「ぼく」がそうしたのはなぜですか。一つに○をつけましょう。

ア（　）おかしくてたまらない気持ちをかくそうと思ったから。

イ（　）不思議な力をもったきつねにおそれを感じたから。

ウ（　）だまされたふりをしてきつねをつかまえたかったから。

エ（　）きつねの店で少し休ませてもらいたかったから。

一 ファンタジーを読み、自分の考えをまとめよう

きつねの窓

学習日　月　日
教科書　下7〜29ページ
答え　18ページ

文章を読んで、答えましょう。


「そうそう、お指をお染めいたしましょう。」

「お指?」

ぼくはむっとしました。

「指なんか染められてたまるかい。」

ところが、きつねは、にっこり笑って、

「ねえ、お客様、指を染めるのは、とても素敵なことなんですよ。」

と言うと、自分の両手を、ぼくの目の前に広げました。

小さい白い両手の、親指と人さし指だけが、青く染まっています。きつねは、その両手を寄せると、青く染められた四本の指で、ひし形の窓を作ってみせました。それから、窓を、ぼくの目の上にかざして、

「ねえ、ちょっと、のぞいてごらんなさい。」

と、楽しそうに言うのです。

「うう?」

ぼくは、気ののらない声を出しました。

「まあ、ちょっとだけ、のぞいてごらんなさい。」

そこで、ぼくは、しぶしぶ窓の中をのぞきました。そして、仰天しました。

指でこしらえた、小さな窓の中には、白いきつねの姿が見えるのでした。それは、みごとな母ぎつねでした。しっぽをゆらりと立てて、じっとすわっています。それは、ちょうど窓の中に、一

1 「お指をお染めいたしましょう。」とありますが、指を染めることを、きつねと「ぼく」はどのように思っていますか。きつねは文章中から五字で書きぬき、「ぼく」は一つに○をつけましょう。

・きつね　□□□□□

・「ぼく」
ア（　）楽しそうだと思っている。

イ（　）きたなそうだと思っている。

ウ（　）いやだと思っている。

エ（　）なんとも思っていない。

2 「ぼく」は、きつねに何と呼ばれていますか。文章中から書きぬきましょう。

（　　　）

3 「小さい白い両手の、親指と人さし指だけが、青く染まっています。」について、次の問いに答えましょう。

(1) 「青く」とありますが、何の色ですか。次の（　）にあてはまる言葉を、文章中から書きぬきましょう。

（　　　）のしるの色。

(2) この指を使って、何を作るのですか。文章中から五字で書きぬきましょう。

ヒント　最後のほうのきつねの言葉に注目しよう。

まいのきつねの絵が、ぴたりとはめこまれたような感じなのです。

「こ、こりゃいったい……。」

ぼくは、あんまりびっくりして、もう声も出ませんでした。きつねは、ぽつりと言いました。

「これ、ぼくの母さんです。」

「……」

「ずうっと前に、ダーンとやられたんです。」

「ダーンと？　鉄砲（ぼう）で？」

「そう。鉄砲で。」

きつねは、ぱらりと両手を下ろして、うつむきました。これで、自分の正体がばれてしまったことも気づかずに、話し続けました。

「それでもぼく、もう一度母さんに会いたいと思ったんです。死んだ母さんの姿を、一回でも見たいと思ったんです。これ、人情っていうものでしょ。」

なんだか悲しい話になってきたと思いながら、ぼくは、うんうんとうなずきました。

「そしたらね、やっぱりこんな秋の日に、風がザザーッてふいて、ききょうの花が声をそろえて言ったんです。あなたの指をお染めなさい。それで窓を作りなさいって。ぼくは、ききょうの花をどっさりつんで、その花のしるで、ぼくの指を染めたんです。そうしたら、ほうら、ねっ。」

きつねは、両手をのばして、また、窓を作ってみせました。

「ぼくはもう、さびしくなくなりました。この窓から、いつでも、母さんの姿を見ることができるんだから。」

ぼくは、すっかり感激して、何度もうなずきました。


安房（あわ）直子（なおこ）「きつねの窓」より

4 「仰天しました。」とありますが、「ぼく」が仰天したのはなぜですか。一つに○をつけましょう。

ア（　）指で作ったのに、本当の窓みたいだったから。

イ（　）窓の中に、母ぎつねの絵がはめてあったから。

ウ（　）窓の中に、母ぎつねと子ぎつねの姿が見えたから。

エ（　）窓の中に、母ぎつねの姿が見えたから。

5 「ダーンとやられた」とはどういうことですか。次の（　）にあてはまる言葉を、文章中から書きぬきましょう。

（　　　）でうたれて（　　　）ということ。

6 「人情っていうものでしょ。」とありますが、きつねはどのようなことを「人情」と言っているのですか。一つに○をつけましょう。

ア（　）きつねが作った窓の中を「ぼく」が見てくれること。

イ（　）自分の正体がきつねだとばれても、話を続けること。

ウ（　）死んだ母さんに、もう一度会いたいと思ったこと。

エ（　）母さんを見るために指を染めることにしたこと。

7 「ぼくはもう、さびしくなくなりました。」とありますが、その理由が書かれた一文を文章中から探し、初めの五字を書きぬきましょう。

理由は「〜から」という形で書かれているよ。

言葉の文化④ 言葉は時代とともに

めあて
★古い時代の名作にふれよう。
★言葉の変化を学ぼう。

学習日 月 日
教科書 下30～37ページ
答え 19ページ

1 次は、昔のひらがなの使い方について説明した文章です。正しいほうに○、まちがっているほうに×をつけましょう。

昔は、例えば、「思う」を「思ふ」、「くれない」を「くれなゐ」と書いていた。このような現代とは異なるひらがなの使い方を、{ア（　）歴史的仮名づかい／イ（　）旧字体}という。

2 ①②の作品について、□にあてはまるものを□から選んで、記号を書きましょう。

① 淡海(あふみ)の海夕波千鳥汝(な)が鳴けば心もしのに古(いにしへ)思ほゆ

② 柿(かき)くへば鐘(かね)が鳴るなり法隆寺(ほふりゆう)

①は、八世紀に作られた歌集『（　）』にある。作者は（　）。
②は、明治(めいじ)時代の文学者（　）の（　）である。

ア 枕草子(まくらのそうし)　イ 万葉集(まんようしゅう)　ウ 山部赤人(やまべのあかひと)
エ 柿本人麻呂(かきのもとのひとまろ)　オ 正岡子規(まさおかしき)　カ 夏目漱石(なつめそうせき)
キ 短歌　ク 俳句

3 次の正岡子規の作品の意味を、□のア～ウから選び、記号を書きましょう。

① 瓶(かめ)にさす藤(ふぢ)の花ぶさみじかければたゝみの上にとゞかざりけり

② いくたびも雪の深さを尋(たづ)ねけり

③ くれなゐの二尺伸びたる薔薇(ばら)の芽の針やはらかに春雨(はるさめ)のふる

ア 赤い色の二尺〔＝約六十センチメートル〕に伸びた薔薇の新芽の、そのやわらかいとげに、春雨がしっとりと降っている。

イ 机の花瓶(かびん)にさした藤は、垂れている花ぶさが少し短いので、たたみの上には届かないでいることだ。

ウ 朝からしんしんと雪が降るので、病気で寝(ね)ている私は、何度も家族に雪の深さをたずねたことである。

①（　）　②（　）　③（　）

4 次の作品や作家について、（　）にあてはまる言葉を書きましょう。作品名は［　］から選んで、〔　〕に記号を書きましょう。

① 『万葉集』
（　　　）世紀に作られた、現存する最も古い歌集。

② 正岡子規
（　　　）時代の文学者。
（　　　）と（　　　）のかくしんに情熱を注いだ。

③ 夏目漱石
（　　　）時代を代表する文学者。
作品に『〔　〕』『〔　〕』『三四郎(さんしろう)』などがある。

④ 芥川龍之介(あくたがわりゅうのすけ)
（　　　）時代を代表する文学者。
作品に『杜子春(とししゅん)』『〔　〕』『〔　〕』などがある。

ア 蜘蛛(くも)の糸
イ 坊(ぼ)っちゃん
ウ トロッコ
エ 吾輩(わがはい)は猫(ねこ)である

5 同じものでも、昔と今で言い方がちがうものがあります。同じものを――線で結びましょう。

昔の言い方	今の言い方
ちゃぶ台	カレンダー
矢立(やたて)	テーブル
暦(こよみ)	カップ
戸	筆箱
湯飲み	ドア

時間 20分　／100　合格80点

学習日　月　日

教科書 下7〜37ページ　答え 20ページ

文章を読んで、答えましょう。　思考・判断・表現

「あいにく、お金が全然ないんだ。だけど、品物なら、なんでもやるよ。帽子でも、上着でも、セーターでも、マフラーでも。」

すると、きつねはこう言いました。

「そんなら、鉄砲をください。」

「鉄砲？　そりゃちょっと……。」

困るなと、ぼくは思いました。が、たった今手に入れた、素敵な窓のことを思った時、鉄砲は、少しもおしくなくなりました。

「ようし、やろう。」

ぼくは、気前よく、鉄砲をきつねにやりました。

「毎度、ありがとうございます。」

きつねは、ぺこっとお辞儀をして、鉄砲を受け取ると、おみやげになめこなんかくれました。

「今夜のおつゆにしてください。」

なめこは、ちゃんと、ポリぶくろに入れてありました。

ぼくは、きつねに帰りの道をききました。すると、なんのことはない、この店の裏側が杉林だというのです。林の中を二百メートルほど歩いたら、ぼくの小屋に出るのだと、きつねは言いました。ぼくは、かれにお礼を言うと、言われたとおり、店の裏手へ回りました。すると、そこには、見慣れた杉林がありました。秋の日がきらきらとこぼれて、林の中は暖かく静かでした。

「ふうん。」

1 「鉄砲をください。」とありますが、きつねはどうして鉄砲を求めたと思われますか。一つに○をつけましょう。　10点

ア（　）衣服より鉄砲のほうが高価だと思ったから。
イ（　）山をあらす「ぼく」を困らせたいと思ったから。
ウ（　）人間にうたれる動物を少しでも減らしたかったから。
エ（　）自分が鉄砲を使って他の動物をとりたかったから。

2 「ぼくは、とても感心しました。」とありますが、何に感心したのですか。□にあてはまる言葉を書きましょう。　10点

□、それをきつねが知っていたこと。

（　　　　）

よく出る

3 「また両手で窓を作りました。」について、次の問いに答えましょう。

① 窓の中には何が見えましたか。見えたもの全てに○をつけましょう。　完答15点

ア（　）細かい霧雨。
イ（　）なつかしい家の庭。
ウ（　）かっぽう着を着た母の姿。
エ（　）庭から家の中へ入る「ぼく」の姿。

できたらスゴイ!

② 窓の中のできごとが書かれているのはどこまでですか。できごとが書かれた最後の一文を、文章中から書きぬきましょう。　15点

ぼくは、とても感心しました。すっかり知りつくしているつもりだったこの山にも、こんなひみつの道があったのでした。そして、あんなすばらしい花畑と、親切なきつねの店と……、すっかりいい気分になって、ぼくは、ふんふんと鼻歌を歌いました。そして、歩きながら、また両手で窓を作りました。

すると、今度は、窓の中に雨が降っています。細かい霧雨が音もなく。

そして、そのおくに、ぼんやりと、なつかしい庭が見えてきました。庭に面して、古い縁側があります。その下に、子どもの長靴が放り出されて、雨にぬれています。

〈あれは、ぼくのだ。〉

ぼくは、とっさにそう思いました。すると、胸がどきどきしてきました。ぼくの母が、今にも長靴を片づけに出てくるのじゃないかと思ったからです。かっぽう着を着て、白い手ぬぐいをかぶって。

「まあ、だめじゃないの、出しっぱなしで。」

そんな声まで聞こえてきそうです。庭には、母の作っている小さい菜園があって、青じそがひとかたまり、やっぱり雨にぬれています。ああ、あの葉をつみに、母は庭に出てこないのでしょうか……。

家の中は、すこうし明るいのです。電気がついているのです。ラジオの音楽に混じって、二人の子どもの笑い声が、とぎれとぎれに聞こえます。あれはぼくの声、もう一つは死んだ妹の声……。

フーッと、大きなため息をついて、ぼくは両手を下ろしました。なんだか、とてもせつなくなりました。子どものころの、ぼくの家は焼けたのです。あの庭は、今はもう、ないのです。

それにしても、ぼくは全く素敵な指をもちました。この指はいつまでも大切にしたいと思いながら、ぼくは、林の道を歩いていきました。

安房直子「きつねの窓」より

できたらスゴイ！ よく出る

4 「あれ」がさす内容を、文章中から六字で書きぬきましょう。 10点

5 「胸がどきどきしてきました。」とありますが、このときの「ぼく」の気持ちを、二十字以上三十字以内で説明しましょう。 15点

6 両手で窓を作ると見えるものは、どういうものだといえますか。一つに○をつけましょう。 10点

ア（　）心に残ってはいるが、忘れてしまいたいと思うもの。

イ（　）これから先、ぜひこうなってほしいと思うもの。

ウ（　）今はもうないが、もう一度見たいと思うもの。

エ（　）心の中で何度も思いえがいたことがあるもの。

考えを書こう

7 文章中にえがかれている窓をもつことを、あなたはどう思いますか。理由をふくめて書きましょう。 15点

時間 20分
／100
合格 80点
学習日 月 日
教科書 下7〜37ページ
答え 21ページ

1 読みがなを書きましょう。 一つ2点(20点)

① 近くの 派出所。（　　）
② ファンが 激増 する。（　　）
③ 金銭 をやり取りする。（　　）
④ 銀行の 窓口 に行く。（　　）
⑤ 正体 がばれる。（　　）
⑥ 養蚕業 を営む。（　　）
⑦ 小さい 菜園。（　　）
⑧ 米俵 を持ち上げる。（　　）
⑨ 株主 になる。（　　）
⑩ 夕日に 染 まる海。（　　）

2 □に漢字を、〔　〕に漢字と送りがなを書きましょう。 一つ2点(20点)

① 魚の □(ほね) を取る。
② □□(まんぷく) になる。
③ 川に □(そ) って歩く。
④ □□(たくち) を開発する。
⑤ □□(きぬいと) でぬう。
⑥ 祖母を □□(かんびょう) する。
⑦ とても □□(こんなん) な事業。
⑧ □□(どきょう) がある。
⑨ 返答に〔　　(こまる)　　〕。
⑩ 宿題を〔　　(わすれる)　　〕。

3 次の言葉の意味を［　］から一つずつ選び、記号を書きましょう。　一つ2点(10点)

① 息をのむ（　　）　② 立ちすくむ（　　）

③ ときめく（　　）　④ とっさ（　　）

⑤ うなだれる（　　）

ア がっかりして力なくうつむく。
イ 期待などでどきどきする。
ウ ごくわずかな時間。
エ びっくりして息をとめる。
オ おどろきなどで立ったまま動けなくなる。

4 次の歴史的仮名(かな)づかいで書かれた言葉を、現代の書き方に書きかえましょう。　一つ2点(10点)

① ぢしん（　　）　② てふてふ（　　）

③ きうり（　　）　④ 言ふ（　　）

⑤ こゑ（　　）

5 文章を読んで、答えましょう。

親譲(ゆづ)(ズ)りの無鉄砲(てつぱう)(テッポウ)で小供(こども)の時から損ばかりして居(ゐ)(イ)る。小学校に居る時分(じぶん)学校の二階から飛び降りて一週間程腰(ほどこし)を抜(ぬ)かした事がある。なぜそんな無闇(むやみ)をしたと聞く人があるかも知れぬ。別段深い理由でもない。新築の二階から首を出して居たら、同級生の一人が冗談(じやうだん)(ジョウ)に、いくら威張(ゐば)(イ)つて(ツ)も、そこから飛び降りる事は出来(でき)まい。弱虫やーい(ア)。と囃(はや)したからである。

（夏目(なつめ) 漱石(そうせき)『坊(ぼつ)ちやん』）

(1) 「小供」を、現代ではどのように書きますか。漢字で答えましょう。　10点

（　　）

(2) 「知れぬ。」を、同じ意味の別の言い方に直すと、どうなりますか。□にあてはまる言葉を、ひらがな二字で書きましょう。　10点

知れ□□

(3) 「主人公（坊っちゃん）」がどんな人物であるかを、わかりやすくまとめて表現している一文を、文章から書きぬきましょう。　20点

［　　　　　　］

ぴったり1 準備

二 説得力のある文章を書こう

十二歳(さい)の主張

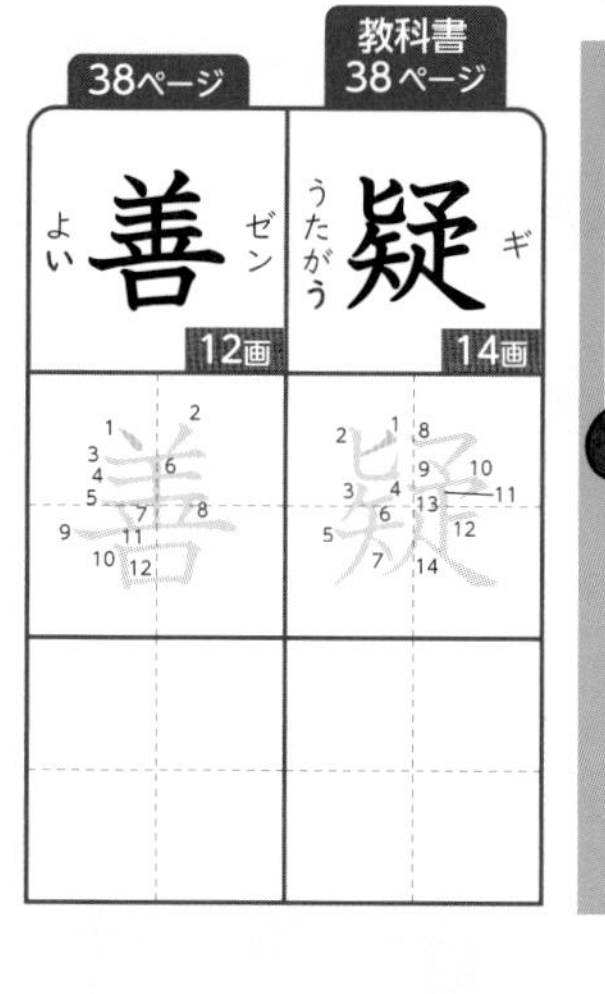

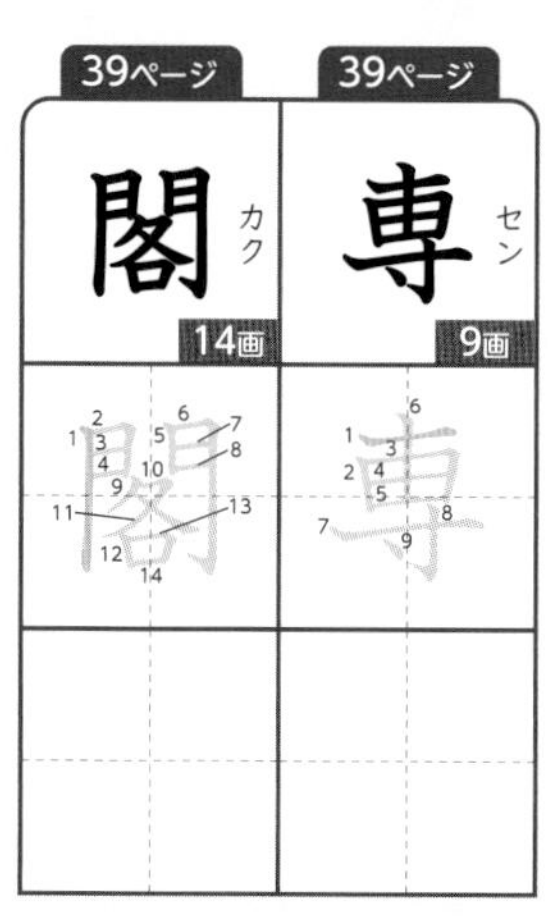

かきトリ 新しい漢字

1 （　）に読みがなを書きましょう。

① 質疑（　　）応答の時間。
② 善良（　　）な人。
③ 専業（　　）農家の友人。
④ 予算が閣議（　　）決定される。
⑤ 文章を推（　　）敲(こう)する。
⑥ 母を説得（　　）する。

2 □に漢字を、（　）に漢字と送りがなを書きましょう。

① □□（ぜんい）にあふれる。
② □□（かっか）に仕える。
③ □□（てきせつ）な行動。
④ 主張の□□（りゆう）。
⑤ 課題を□□（ていき）する。
⑥ 意見を伝える□□（きかい）。
⑦ 昆(こん)虫の研究□□（しりょう）。
⑧ □□（めいかく）に伝える。
⑨ 耳を（　　）（うたがう）。
⑩ （　　）（よい）行い。

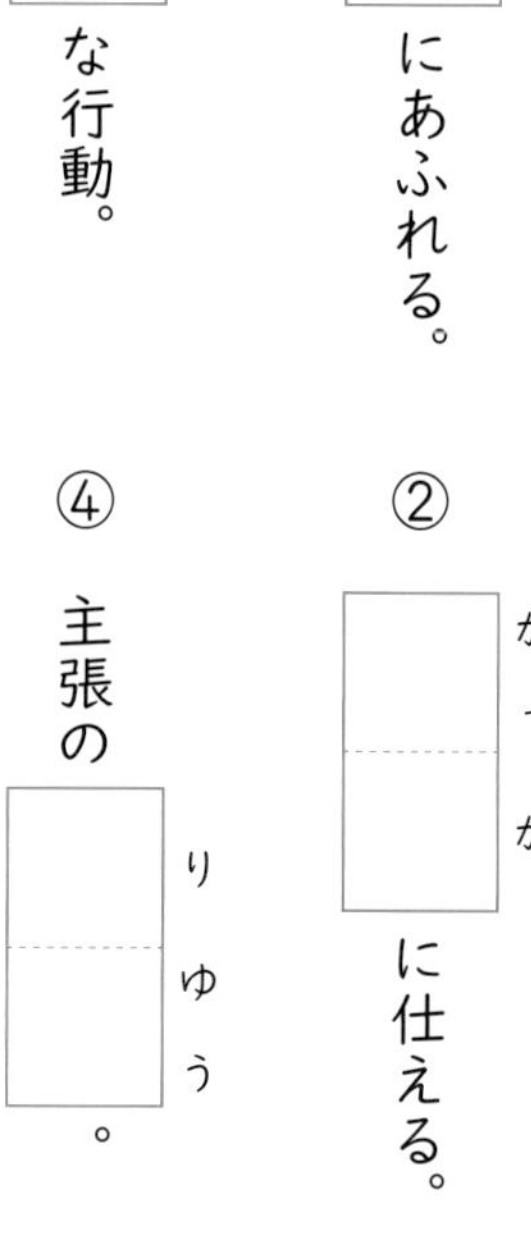

めあて
★説得力をもたせた文章の書き方を学ぼう。

学習日　月　日
教科書 下38～43ページ
答え 21ページ

3 正しい意味に○をつけましょう。

① 他の事例を探す。

ア（　）例外となる事実。

イ（　）例となる事実。

② 問題を提起する。

ア（　）問題を話題に出すこと。

イ（　）問題を解決すること。

③ 一貫した主張。

ア（　）初めから終わりまで変えずに通すこと。

イ（　）一つだけあること。

4 取材をして説得力をもたせた意見文を書くとき、注意することをア～エの中から選び、○をつけましょう。

ア（　）自分の意見に説得力をもたせるためには、自分の意見への自信が大切であり、ほかの立場からの考えや意見は重要ではない。

イ（　）自分の意見に説得力をもたせるためには、多くの情報にふれるよりも、一つの情報を深く調べて取材することが大切である。

ウ（　）自分の意見に説得力をもたせるためには、いろいろな立場からの見方や考え方をふまえて広い情報にふれることに気をつける。

エ（　）自分の意見に説得力をもたせるためには、自分が興味をもつことが大切であり、好みの人に取材するとよい。

5 文章を大きく三つの部分に分けて意見文を書くとき、どのような文章の分け方をしますか。表の①～③には、あてはまる言葉を書きましょう。④～⑥には、あてはまる文を［　］から選び、記号を書きましょう。

①（　　）	［始め］	④（　）
②（　　）	［中］	⑤（　）
③（　　）	［終わり］	⑥（　）

ア　意見やその根拠（きょ）、具体例を書き、事実を明らかにするための部分

イ　まとめの意見を述べ、自分の主張を明らかにするための部分

ウ　課題を提起し、自分の意見や立場を明らかにするための部分

ぴったり1 準備

二 説得力のある文章を書こう

漢字の広場④ 音(おん)を表す部分

めあて
★漢字の音を表す部分について学ぼう。

学習日 月 日

教科書 下44～45ページ

答え 22ページ

かきトリ 新しい漢字

教科書45ページ	45ページ	45ページ	45ページ	45ページ	45ページ	45ページ
縮 シュク ちぢむ・ちぢまる・ちぢめる ちぢれる・ちぢらす 17画	頂 チョウ いただく いただき 11画	庁 チョウ 5画	枚 マイ 8画	泉 セン いずみ 9画	批 ヒ 7画	詞 シ 12画

45ページ	45ページ	45ページ	45ページ	45ページ	45ページ
誌 シ 14画	創 ソウ つくる 12画	忠 チュウ 8画	誠 セイ 13画	延 エン のびる・のべる のばす 8画	済 サイ すむ・すます 11画

1 （　）に読みがなを書きましょう。

① 図を 縮小（　） する。

② 山頂（　） にたどりつく。

③ 県庁（　） 所在地を覚える。

④ 資料の 枚数（　） を数える。

⑤ 活力の 源泉（　）。

⑥ 学説の 批判（　）。

2 □に漢字を、（　）に漢字と送りがなを書きましょう。

① 天地 □□（そうぞう）

② □□（せいい） を見せる。

③ 試合時間を □□（えんちょう） する。

④ □□（きゅうさい） 制度がある。

⑤ 首を（　　）（ちぢめる）。

⑥ しめきりを（　　）（のばす）。

3 次の二つの漢字を組み合わせてできる漢字を一つずつ□に書き入れ、できた漢字の音読み(おん)を（　）にかたかなで書きましょう。

例 水＋青→清（セイ）

① 食＋反→□（　）

② 田＋丁→□（　）

③ 化＋貝→□（　）

④ 木＋各→□（　）

⑤ 水＋可→□（　）

⑥ 心＋非→□（　）

⑦ 言＋方→□（　）

4 次の□にあてはまる漢字を下の（　）の中から選んで書き入れ、熟語を完成させましょう。

① 学□　思□　温□　（考・厚・校）

② □神　□活　□流　（生・清・精）

③ □断　□罪　□復　（反・判・犯）

④ 心□　□身　□人　（親・新・身）

⑤ 有□　□確　共□　（鳴・名・明）

⑥ □康　□種　□物　（犬・見・健）

⑦ □住　資□　□力　（財・材・在）

時間 20分　　／100　合格 80点

学習日　　月　　日
教科書 下38〜45ページ
答え 22ページ

1 次は夏川さんの意見文の一部です。文章を読んで、答えましょう。　思考・判断・表現

本論

しかし、インターネットには注意しなければならないこともある。それは、正しくない情報がのっていたり、相手が見えないために、トラブルに巻きこまれたりする可能性があることだ。

そこで、私はインターネットを使う際のルールを、「利用するとき」と「発信するとき」に分けて考えてみた。「利用するとき」には、インターネットにのっている情報をすぐに信じないようにすることだ。情報の発信源や根拠はなんなのか、どのような目的で書かれたものなのかなどを、よく確かめるようにしたい。また、「発信するとき」には、自分が書いた文章を相手がどう受け止めるかについて、よく考えてから発信するようにすることが重要ではないだろうか。令和二年度の「インターネットの利用内容」の「コミュニケーション」の利用率を見ると、小学生は四十一・六パーセントであるのに対し、中学生では七十七・二パーセントにもなっている。これから、私たちが発信する側になる機会が増えることを考えると、大変重要なことだといえるだろう。また、むやみに自分や友達の個人情報を発信しないことも大切である。

「十二歳の主張」より

(1) 夏川さんが述べている「インターネットを使う際のルール」をまとめました。□にあてはまる言葉を、文章中から書きぬきましょう。　一つ10点(40点)

・インターネットには［　　　　］も
のっているので、利用するときは、情報の［　　　］や
根拠、［　　　　　　］で書かれたのか
を確かめる。

・「発信するとき」は、［　　　　　］
［　　　　］についてよく考える。

考えを書こう

(2) 「令和二年度の『インターネットの……にもなっている。」とありますが、夏川さんはこのように書くことで、本論の述べ方としてどのような工夫をしていますか。説明しましょう。　15点

2 読みがなを書きましょう。　一つ2点(12点)

① 温泉（　　）に入る。

② 内閣（　　）総理大臣

③ 短縮（　　）授業

④ 創刊（　　）号を買う。

⑤ 経済（　　）問題を考える。

⑥ 写真を一枚（　　）とる。

3 □に漢字を、（　）に漢字と送りがなを書きましょう。　一つ2点(8点)

① □□□（せんもんか）の意見。

② □□（けんちょう）所在地

③ □□（ひはん）を受ける。

④ 提出期限が（　　）（のびる）。

4 □に入る漢字を下の〔　〕から選んで書きましょう。　完答一つ3点(9点)

① ア □語を学ぶ。　イ □画を見る。　〔英・映〕

② ア □康な体。　イ □設現場　〔健・建〕

③ ア □路を作る。　イ □入する。　〔道・導〕

5 次の漢字と同じ音（おん）を表す部分をもつ漢字を、□から一つずつ選んで□に書き入れ、音を表す部分を（　）に書きましょう。　完答一つ4点(16点)

例 晴…静（青）

① 故…□（　　）

② 績…□（　　）

③ 校…□（　　）

④ 想…□（　　）

飯　固　効　相　積

ふりかえり　1(2)が分からないときは、65ページの5にもどってかくにんしてみよう。

三 自分の経験と重ねて読み、考えを広げよう

あなたはどう感じる？
ぼくの世界、君の世界

西研（にし けん）

めあて

★「自分」と「他の人」の感じ方について考えてみよう。

★筆者による論の進め方を確かめながら、文章を読もう。

学習日
月　日
教科書
下47〜61ページ
答え
23ページ

かきトリ 新しい漢字

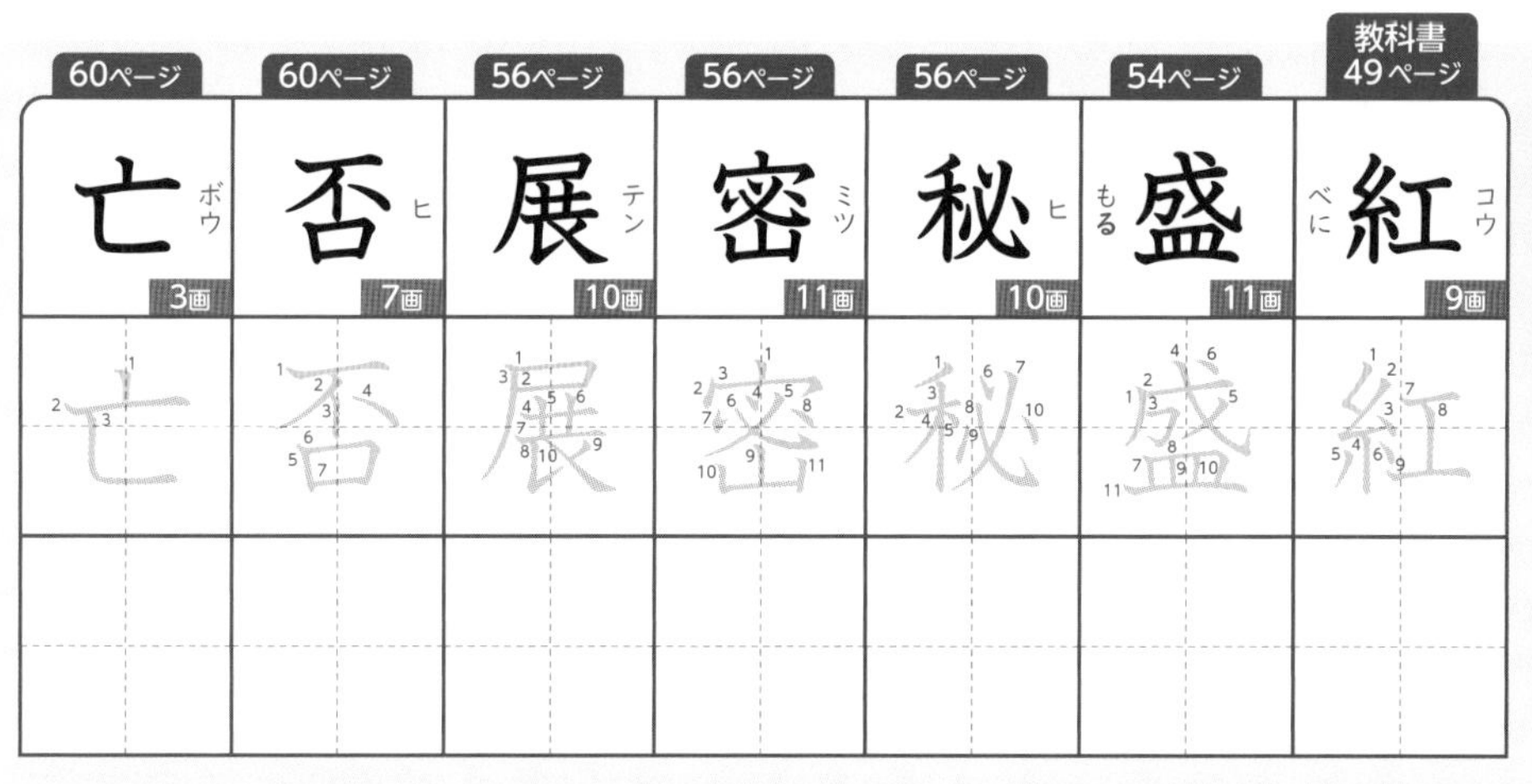

紅	盛	秘	密	展	否	亡
教科書49ページ	54ページ	56ページ	56ページ	56ページ	60ページ	60ページ
コウ べに	もる	ヒ	ミツ	テン	ヒ	ボウ
9画	11画	10画	11画	10画	7画	3画

宗	系	仁	聖	尺	肺	臓
60ページ	60ページ	60ページ	60ページ	60ページ	60ページ	60ページ
シュウ	ケイ	ジン	セイ	シャク	ハイ	ゾウ
8画	7画	4画	13画	4画	9画	19画

律	衆	胃	腸
60ページ	60ページ	60ページ	60ページ
リツ	シュウ	イ	チョウ
9画	12画	9画	13画

1 （　）に読みがなを書きましょう。

① 真面目（　）な話をする。

② 紅茶（　）を飲む。

③ 同じ系統（　）の色だ。

④ 聖火（　）ランナー

⑤ 仁義（　）を重んじる。

⑥ 尺度（　）を測る。

⑦ 肺臓（　）を悪くする。

⑧ 大都市に発展（　）する。

2 □に漢字を書きましょう。

① [いちょう]が弱い。

② [ひみつ]を守る。

③ 意見を[ひてい]する。

④ 大[も]りの白米。

⑤ [ほうりつ]にしたがう。

⑥ 世界の[しゅうきょう]。

3 正しい意味に○をつけましょう。

① あくまでも、わたし個人の意見だ。

ア（　）あるはんい内に限定して。

イ（　）きっと。たぶん。

② つまらない話でも作り笑いをした。

ア（　）うれしくもおかしくもないのに笑うこと。

イ（　）口をとじたまま声をこもらせて笑うこと。

③ 言葉のはしばしに喜びがあふれている。

ア（　）全て。全体。

イ（　）あちこち。ちょっとした部分。

3分でワンポイント

文章の構成をとらえ、論の進め方を理解しよう。

★①～③にあてはまる言葉を□の中から選んで、記号を書きましょう。

始め

自分が見ている世界と（①　　）が見ている世界は同じか？

中

① あまみや痛みのような感覚は共通か？ ← 感じていることが同じであるとは証明できない。

② 私たちは永遠に理解し合えないのか？ ← それなりに（②　　）を伝え合っている。

終わり

「自分だけの（③　　）がある」からこそ、人は心を伝え合うために努力する。

ア 他の人　イ 心の世界　ウ 心

ぼくの世界、君の世界

学習日　月　日
教科書 下50〜61ページ
答え 23ページ

1 文章を読んで、答えましょう。

例えば、あまみや痛みのような感覚は、全ての人に共通しているといえるか、という問題がある。

君と友達が、同じチョコレートを食べるとする。チョコレートを口に入れると、君は独特の香りとあまみ、そして苦みを感じる。君が、「あまいね。」と言うと、友達も「うん、あまいね。」と言って、にっこりする。でも、君の感じているあまみと、友達が感じているあまみが同じだ、と言いきれるだろうか。

まず、君よりも友達のほうがずっとあまく感じているかもしれない、というようなことが考えられる。つまり、あまみの「程度」がずいぶんちがっているかもしれない、ということだ。

また、もっと極端（たん）なことも想像できる。実は、それぞれが、全くちがった感覚を口の中に感じていて、ただ「あまい」という言葉だけが共通している、ということも考えられるのである。

1 「あまみや痛みのような感覚は、全ての人に共通しているといえるか」とありますが、「あまみ」「痛み」について説明している段落（「あまみ」は三つ）の、それぞれ初めの五字を書きぬきましょう。

「あまみ」…□□□□□　□□□□□　□□□□□

「痛み」……□□□□□

2 「君が、『あまいね。』と言うと、友達も『うん、あまいね。』と言って、にっこりする。」とありますが、これについて筆者はどのように考えていますか。□にあてはまる言葉を文章中から書きぬきましょう。

・二人が感じているあまみの□□がちがうかもしれない。

・「あまい」という□□だけが同じで、二人は全くちがった□□を感じているのかもしれない。

ヒント　あとの二つの段落に注目しよう。

痛みについても、同じようなことがいえる。友達が、「おなかが痛いよ。」と言った時、君は、自分が腹痛を起こした時の感覚を思い出して、「ああ、痛そうだなあ。大変だなあ。」と思う。でも、それは、あくまでも「自分」が経験してきた痛みの感覚でしかない。自分がこれまでに感じてきた痛みと、友達が感じている痛みが同じであるとは、証明できないのだ。自分が、他人の中に入りこんで、その人が見たり、感じたりしていることをそのまま体験できれば別だが、もちろんそんなことはだれにもできない。

こんなふうに考え始めると、小学生のころのぼくが心細くなったように、なんとなく不安になってくる人もいるかもしれない。自分の感じていることと、他の人の感じていることが同じであるという保証はどこにもない、と思うと、独りぼっちで置き去りにされたような気持ちがしてくるかもしれない。

西研（にしけん）「ぼくの世界、君の世界」より

3 「それ」は何をさしますか。一つに○をつけましょう。

ア（　）痛みもあまみと同じようなことがいえるかという疑問。
イ（　）友達が言った「おなかが痛い。」という言葉。
ウ（　）自分が思い出した腹痛の感覚。
エ（　）「大変だなあ。」と友達に話しかけたこと。

4 「そんなこと」とは、どんなことですか。「すること。」につながる形で、文章中から四十字以内で探し、始めと終わりの五字を書きぬきましょう。

□□□□□ 〜 □□□□□ すること。

5 「なんとなく不安になってくる」とありますが、これはどのような気持ちですか。同じ段落中から二十字で探し、始めの五字を書きぬきましょう。

□□□□□

ヒント　このあとの、似た気持ちが書かれている部分に着目しよう。

6 この文章で筆者が言いたいことは何ですか。一つに○をつけましょう。

ア（　）自分と他人の感覚はほぼ同じである。
イ（　）自分と他人の感覚は同じであるとは言いきれない。
ウ（　）自分と他人の感覚は必ずちがうものである。
エ（　）他人とちがう、自分なりの感覚をみがこう。

ぴったり1 準備

三 自分の経験と重ねて読み、考えを広げよう

「うれしさ」って何？——哲学対話をしよう
読書の広場③ 「読書タイムライン」を作って交流しよう

めあて
★考えを伝え合うための工夫をとらえよう。
★自分の読書体験をふり返ろう。

学習日　月　日
教科書 下62〜69ページ
答え 24ページ

かきトリ　新しい漢字

1 □に読みがなを書きましょう。

① 目標を 達成 する。
② 生き物の 分類。
③ 読書の 歴史。
④ 初めての 体験。

2 □に漢字を書きましょう。

① □（なわ）とびをする。
② □□□（たんじょうび）

「うれしさ」って何？

3 正しい意味に○をつけましょう。

① お礼を言われると、てれくさい。
ア（　）気はずかしい。
イ（　）いやな気分になる。

② 相手の考えと自分の考えを、比較する。
ア（　）二つ以上のものを比べること。
イ（　）二つ以上のものをまとめること。

③ 夢中で走る。
ア（　）ものごとに興味がないこと。
イ（　）ものごとに熱中すること。

④ ある本を参考にする。
ア（　）自分の考えと他の考えを比べること。
イ（　）自分の考えを決める手がかりにすること。

4 次は、伝え合う努力について説明した文章です。（　）にあてはまる言葉を［　］から選んで書きましょう。同じ言葉を二度使ってかまいません。

伝え合うためには言葉を（　　　）話します。これは自分の（　　　）が相手に伝わるようにするためです。また、相手に（　　　）話を聞きます。これは相手の（　　　）をとらえられるようにするためです。

感じ方　　たずねながら　　意識して

相手の考えを聞きながら、自分の考えをまとめて伝えるよ。

5 次は、哲学対話について説明した文章です。（　）にあてはまる言葉を［　］から選び、記号を書きましょう。同じ記号を二度使ってもかまいません。

哲学対話とは、「〇〇とは、（　）」を話し合って考えることをいう。哲学対話を進めるときは、「〇〇」というテーマについて、一人一人の（　）を言葉にし、（　）しながら話し合う。出された（　）を同じような種類に（　）し、名前をつける。そして感想を交流する。

ア　体験や考え　　イ　質問　　ウ　分類
エ　それぞれにとってどういうことか
オ　そもそもどういうことか

「読書タイムライン」を作って交流しよう

6 「読書タイムライン」を作ってこれまで読んだ本をふり返るとき、正しい順番になるように数字を書きましょう。

（　）「自分を読書好きに変えてくれた本」のようなテーマを決めて、三冊の本を選ぶ。

（　）自分の「読書タイムライン」をふり返って、どんな変化があったか、これからどんな本を読んでみたいかなどを考える。

（　）「読書タイムライン」と選んだ三冊を、他の人と見せ合って意見を交かんする。

（　）「読書タイムライン」をえがいて、これまでの小学校の六年間で読んできた本をふり返る。

ぴったり1 準備

三 自分の経験と重ねて読み、考えを広げよう

言葉の広場④ その場にふさわしい言い方

紙風船

めあて

★尊敬語・謙譲語（けんじょうご）について学び、場面に応じた言葉づかいを考えよう。
★自分の経験と重ねて詩を読もう。

学習日 月 日

教科書 下70〜74ページ

答え 24ページ

かきトリ 新しい漢字

教科書71ページ	71ページ	72ページ
敬 ケイ うやまう 12画	担 タン 8画	閉 ヘイ とじる・しめる しまる 11画

72ページ	72ページ	73ページ
承 ショウ 8画	拝 ハイ おがむ 8画	尊 ソン たっとい・とうとい たっとぶ・とうとぶ 12画

1 □に読みがなを書きましょう。

① 日の出を拝む。（　）
② 門を閉める。（　）
③ 両親を敬う。（　）
④ 担任の先生。（　）
⑤ 承知しました。（　）
⑥ 尊い命。（　）

2 □に漢字を書きましょう。

① 両親に［けい］語を使う。
② ［はい］見します。
③ 意見を［そん］重する。
④ 近くのカフェが［へい］店した。

その場にふさわしい言い方

3 場面に合っている、正しい言葉を使っているものに○をつけましょう。

① 知らない人に質問に答えてもらいたい時
ア（　）質問に答えてくれない？
イ（　）質問に答えてくださいませんか？
ウ（　）質問に答えてくれないっすか？

② 観光ガイドとして案内する時
ア（　）こちらまでご案内します。
イ（　）こっちまで案内します。
ウ（　）こちらまで案内してみます。

4 詩を読んで、答えましょう。

紙風船

黒田（くろだ）　三郎（さぶろう）

落ちてきたら
今度は
もっと高く
もっともっと高く
何度でも
打ち上げよう
美しい
願いごとのように

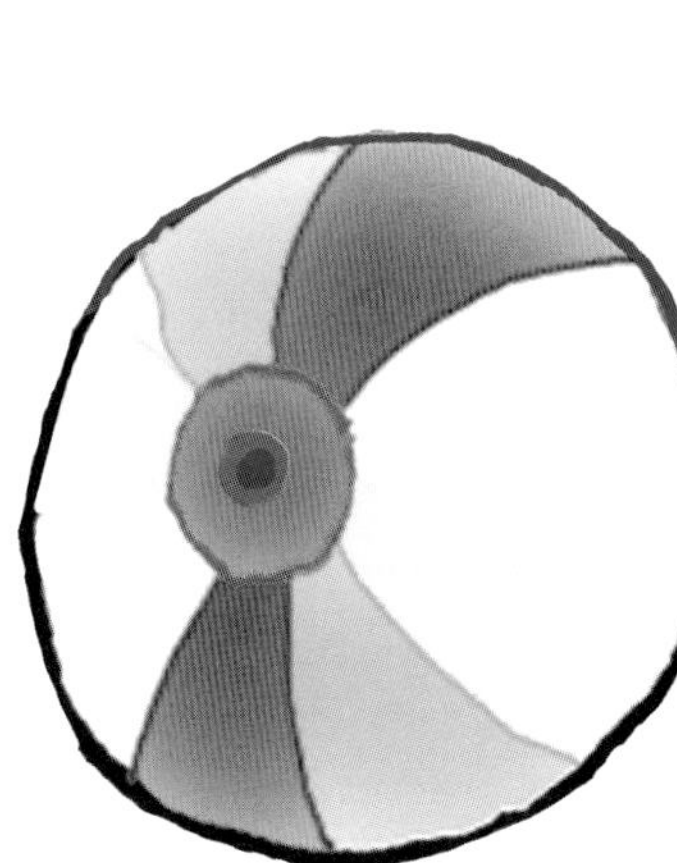

(1) 「何度でも／打ち上げよう／美しい／願いごとのように」は、言葉の順序がふつうの文とちがっています。言葉の順序がふつうの文と同じになるように書きましょう。

（　　　　　　　　　　）

(2) 詩の中でくり返されている言葉を二つ、三字と二字で書きぬきましょう。

・□□□　・□□

(3) 言葉をくり返すことによって、どのような効果がありますか。二つに○をつけましょう。

ア（　）リズムを感じさせる。

イ（　）余韻（いん）を生む。

ウ（　）強調する。

エ（　）イメージをあざやかにする。

(4) この詩の中で、「紙風船」にたとえられているものは何ですか。

（　　　　　　　　　　）

(5) この詩についての説明としてふさわしいものはどれですか。一つに○をつけましょう。

ア（　）紙風船を打ち上げることに夢中になるうちに、願いごとがかなわなかった悲しみが消えていく様子がえがかれている。

イ（　）紙風船がどこまでも高く上がっていくことによって、美しい願いごとがどんどんかなっていくことを表現している。

ウ（　）美しい願いごとをかなえることをあきらめないすがたが、紙風船を何度でも打ち上げようとする様子に重ねられている。

ぴったり3 確かめのテスト①

三 自分の経験と重ねて読み、考えを広げよう

あなたはどう感じる？～紙風船

時間 20分　／100　合格 80点

学習日　月　日

教科書 下47～74ページ

答え 25ページ

文章を読んで、答えましょう。　思考・判断・表現

例えば、君と友達が、好きなアニメについて夢中になって話しているとしよう。君が、「あの登場人物は、こういうところがかっこいいよね。」と言うと、友達も、「そうそう、それにこういうところもいいよ。」と言葉を返してくる。君が、「前回の話はおもしろかったよね。」と言えば、友達は、「あそこがよかったよね。」と返してくるだろう。そのように、二人で「言葉のキャッチボール」をしている時、君は、友達が、君と同じようにこのアニメが大好きで、うれしくて気持ちをはずませていることを、疑いはしないだろう。

もちろん、相手がうれしがっているふりをしている可能性もあるが、二人で夢中になって話をして盛り上がっている時に、そのような疑いをもつことはない。疑いをもつとしたら、作り笑いの表情が見えたり、言葉のはしばしから、「あれ、変だな。無理しているみたいだ。」と感じたりした時だけだ。

また、言葉のキャッチボールをしていると、自分と相手が同じように感じているところだけでなく、それぞれの感じ方のちがいに気づかされることもある。

しかし、これは、おたがいがわかり合えない、ということではない。むしろ、おたがいのちがいがわかった、ということなのだ。だから、もう少し相手の気持ちを知りたくなったら、「どうして？」とか「どんな感じ？」というふうにたずねてみればいい。たずね

1 『言葉のキャッチボール』とありますが、これについて次の問いに答えましょう。　10点

① 「言葉のキャッチボール」とは、どういったことですか。一つに○をつけましょう。

ア（　）自分が言ったことを相手が賛成してくれること。

イ（　）話しかけたら相手がすぐに返事をくれること。

ウ（　）ある話題について相手と気持ちよく話し合うこと。

② 「言葉のキャッチボール」をしていると、どんなことに気づかされますか。それを説明した次の文の㋐・㋑に、あてはまる言葉を書きましょう。　一つ10点(20点)

・自分が［㋐］ことや、その反対に、自分が［㋑］こと。

㋐（　　　）

㋑（　　　）

できたらスゴイ！

2 「そのような疑い」とは、どのような疑いですか。文章中の言葉を使って書きましょう。　15点

（　　　）

3 「おたがいの気持ちの細かいところもわかっていく。」とありますが、どうすることでわかっていくのですか。ここより前の部分の言葉を使って、三十字以内で書きましょう。　15点

合うことで、私たちは少しずつ、おたがいの気持ちの細かいところもわかっていく。

おたがいの心を百パーセント理解し合うことは不可能だとしても、言葉や表情をやりとりすることによって、私たちは、それなりに心を伝えたり、受け取ったりしているのである。

ぼくは今、あの「うす暗い電球事件」のことを、「自分には、自分だけの心の世界がある」という気づきから生まれてきたものだろうと思っている。

私たちは、幼い時には、そういうことを特に意識していない。しかし、成長し、自立していくなかで、しだいに、親や周りの人々からは見えない心の世界や秘密をもつようになり、そのことを意識するようになる。そして同時に、他の人もまた、周りからは見えない、その人なりの心の世界をもっていることにも、少しずつ気づいていく。そういう気づきが、ある時、「自分が感じていることと、他の人が感じていることが同じであるという保証はどこにもない。」という思いに発展していったのにちがいない。

西研(にしけん)「ぼくの世界、君の世界」より

よく出る

4 「『自分が感じていることと、他の人が感じていることが同じであるという保証はどこにもない。』という思い」は、何に気づくことで生まれるのですか。それを説明した次の文の□にあてはまる言葉を書きましょう。 15点

・自分も他の人も□に気づくこと。

（　　　　）

5 文章の内容にあてはまらないものを一つ選び、○をつけましょう。 15点

ア（　）相手に作り笑いの表情が見えると、本当は楽しくないのではないかと疑いをもつ。

イ（　）信らいする相手なら、完全に理解し合うことも可能だ。

ウ（　）言葉や表情をやりとりすることで、心を伝え合う。

エ（　）幼い時には自分と相手のちがいを意識しない。

考えを書こう

6 あなたは、「自分だけの心の世界がある」ことを、どのような時に感じますか。その経験を書きましょう。 10点

あなたはどう感じる？
～紙風船

時間 20分

／100

合格 80点

学習日　月　日

教科書 下47～74ページ

答え 26ページ

1 読みがなを書きましょう。　一つ2点（20点）

① 口紅をぬる。（　　）

② 太陽系（　　）

③ 規律をまもる。（　　）

④ 聖地じゅんれい（　　）

⑤ アメリカ合衆国（　　）

⑥ 神秘的な景色。（　　）

⑦ 議案を否決する。（　　）

⑧ 胃カメラ（　　）

⑨ 尺八という楽器。（　　）

⑩ 担任の先生はやさしい。（　　）

2 □に漢字を書きましょう。　一つ2点（20点）

① 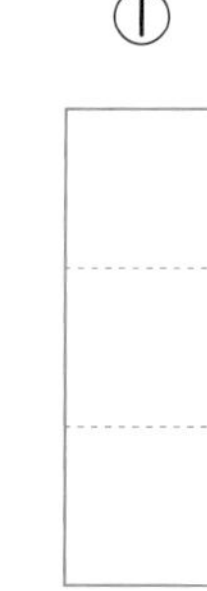（はいかつりょう）

② 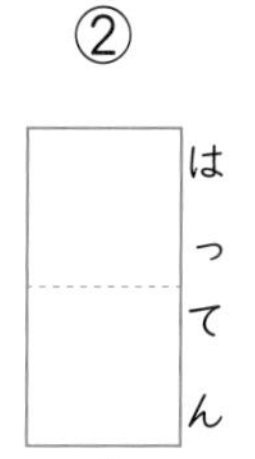（はってん）する国々。

③ 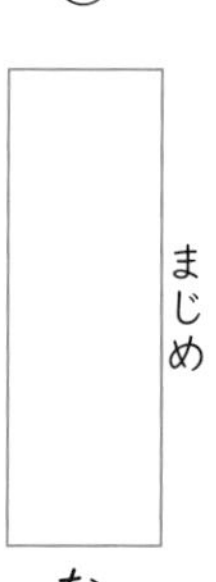（まじめ）な性格。

④ 有名人が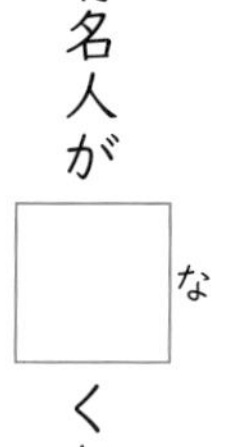（な）くなる。

⑤ 土を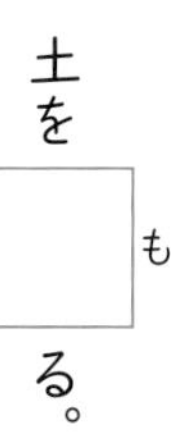（も）る。

⑥ 大会を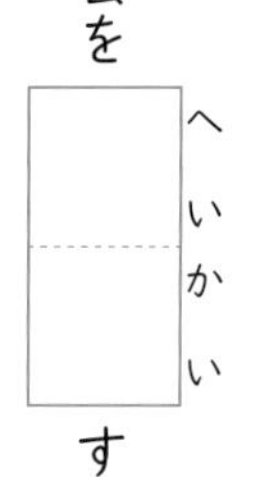（へいかい）する。

⑦ □□（じんぎ）を重んじる。

⑧ 意見を□□（そんちょう）する。

⑨ いろいろな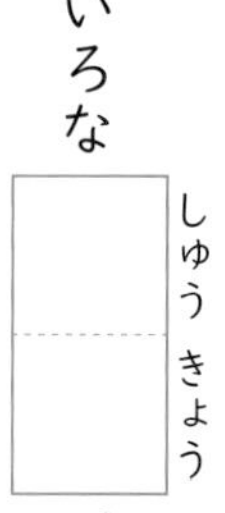（しゅうきょう）。

⑩ 動物には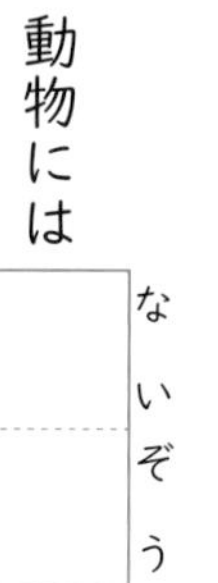（ないぞう）がある。

3 ――線の言葉の使い方が正しいほうに○をつけましょう。

一つ4点(12点)

① ア（　）少しも面白くないけれど作り笑いをする。
　 イ（　）逆転勝利したので作り笑いをする。

② ア（　）このケーキのおいしさは保証するよ。
　 イ（　）借りた自転車をこわしてしまい、保証した。

③ ア（　）言葉のはしばしから気持ちがわからない。
　 イ（　）言葉のはしばしに決意が表れている。

4 （　）にあてはまる言葉を［　］から選んで書きましょう。

一つ4点(12点)

① 旅行に連れていくというのは、（　　　）、合格したらという話だ。

② （　　　）、あの子はぼくのことが好きなのかもしれない。

③ 遠りょするのではなく、（　　　）、積極的に発言してほしい。

［むしろ　あくまでも　ひょっとしたら］

5 場面に合う正しい言葉を使っているものに、○をつけましょう。

一つ6点(12点)

① 観光ガイドとして案内する時
　 ア（　）こちらまでご案内します。
　 イ（　）こっちまで案内します。
　 ウ（　）こちらまで案内しています。

② 知らない人とぶつかってしまった時
　 ア（　）ごめん。
　 イ（　）すみません。
　 ウ（　）すいません。

6 ――線の言葉を、［　］の中の言葉を使って改まった言い方に書きかえましょう。

一つ8点(24点)

① 荷物が届(とど)いたら、お知らせください。
（　　　）

② あなたの考えは、わかりました。
（　　　）

③ これより、生徒総会を始めます。
（　　　）

［承知　開会　解散　一報］

四 筆者の書き方の工夫を見つけよう

「迷う」

日高(ひだか) 敏隆(としたか)

めあて
★文章の表現の特徴をとらえよう。

学習日 月 日
教科書 下75〜85ページ
答え 26ページ

かきトリ 新しい漢字

教科書81ページ

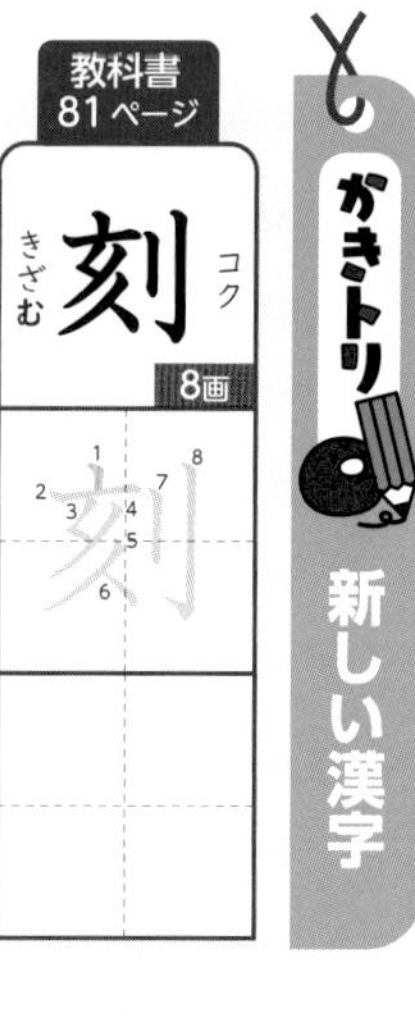

1 □に読みがなを書きましょう。

① 思う存分遊ぶ。（　　）
② この問題は簡単だ。（　　）
③ 深刻なやみ。（　　）
④ 棒を拾う。（　　）
⑤ 地らいを探知する。（　　）
⑥ 思いの外難しい。（　　）
⑦ 家の真横にある。（　　）
⑧ ねこを飼う。（　　）
⑨ 兄の妻。（　　）
⑩ 味気ない人生。（　　）

2 □に漢字を、（　）に漢字と送りがなを書きましょう。

① とても□□（くうふく）だ。
② □□（きけん）ながけ。
③ □□（ふくざつ）な道。
④ □□（かいがん）にある家。
⑤ □□（ぎもん）を解決する。
⑥ 宿題を□□（ていしゅつ）する。
⑦ 漢字の□□（しけん）。
⑧ 小鳥の（むれ）。
⑨ まちがいを（さがす）。
⑩ 時を（きざむ）。

3 正しい意味に○をつけましょう。

① ひとしきり笑う。
ア（　）しばらくの間。
イ（　）ずっと。

② がけくずれのためうかいする。
ア（　）まっすぐ進む。
イ（　）回り道をする。

③ でたらめなことを言う。
ア（　）いい加減なこと。
イ（　）難しいこと。

④ 食べ物がなく、うえに苦しむ。
ア（　）ひどくおなかが空くこと。
イ（　）病気のこと。

⑤ 味気ない人生を送る。
ア（　）おもしろいこと。
イ（　）つまらないこと。

⑥ 切実な願い。
ア（　）悲しく感じるさま。
イ（　）心に強く感じるさま。

文章の特徴をとらえよう。

★①～③にあてはまる言葉を［　］の中から選んで、記号を書きましょう。

「迷う」のいろいろな例

- 迷いこんできたネコのマヨちゃん
- メニュー選びに迷うフランス人
- 漢字の書き取り試験で正しい字の形に迷う
- 道に迷って困りはてる
- 道に迷わないアリなどの虫たち
- えさをとりに行くべきか迷うカモメの妻

①（　　）に迷って決断を下してもさらに迷ったり、②（　　）になり落ちこんでしまうこともある。

迷いのない人生は味気ない。③（　　）がわからないから迷うという人もいるが、③（　　）がすべてわかると、生きていく楽しみがなくなってしまうのではないか。

ア 先のこと　イ 深刻　ウ よくない結果

四 筆者の書き方の工夫を見つけよう

「迷う」

文章を読んで、答えましょう。

思考・判断・表現

　鳥の世界にも事故はよく起きる。妻がじっと巣にすわって待っているのに、いつになっても夫が帰ってこない。もしかすると、どこかで事故にあって、帰ってこられないのかもしれない。それでも妻はじっと待っている。ひなを残して自分も巣をはなれてしまったら、それこそひなが危険にさらされるからだ。事実、どうやらキツネがそこらをうろついているようだし、カラスの群れも近くを飛び回っている。巣をはなれてはいけない。

　けれど、妻はしだいにおなかがすいてくる。ひなたちだって、もう空腹だ。えさの魚をとってきてやらなくては。しかし、依然として夫は帰ってこない。カラスの群れは姿を消したけれど、キツネはまだ近くをうろついている。だが、だんだん夕暮れがせまってくる。

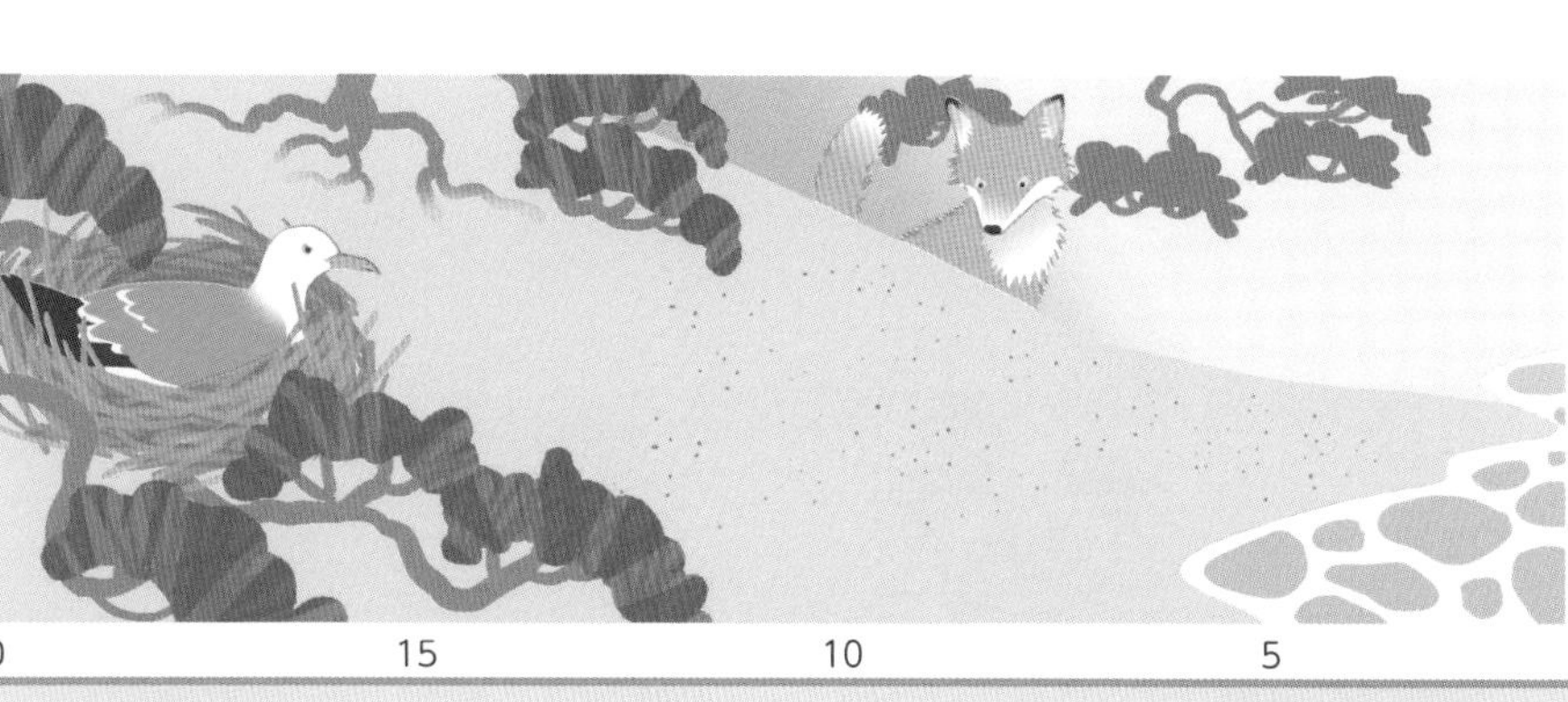

時間20分

／100

合格80点

学習日

月　日

教科書 下75～85ページ

答え 27ページ

1 「妻はじっと待っている。」とありますが、妻のカモメは何を待っているのですか。　10点

（　　　　　　　　　　）

よく出る

2 「妻は大いに迷う。」について、次の問いに答えましょう。

① 何と何とで迷うのですか。次の□にあてはまる言葉を、十字以上十五字以内で書きましょう。　10点

□か、巣をはなれてえさをとりに行くかで迷う。

② 迷っている気持ちをよく表している二十字以内の一文を、文章中から書きぬきましょう。　10点

3 「それ」とは何をさしますか。□にあてはまる言葉を文章中から書きぬきましょう。　一つ5点(10点)

□ことにした□。

暗くなったら、えさをとりには行かれない。妻は大いに迷う。

このまま巣にすわっていたら、自分もひなもうえてしまう。巣をはなれたら、ひながキツネにおそわれるかもしれない。いったい、どうしたらよいのだろう。

ついに妻は決断する。彼女は思いきって飛びたち、急いでえさをとりに行く。だが、キツネの危険があまりに大きかったら、彼女はうえにたえるほうを選ぶだろう。迷いの中で、彼女が何を根拠にある決断を下すのか、それは簡単にわかることではない。

深刻に迷った末に決断を下しても、まだ迷うということもあるし、決断を下した結果が思いの外よくなくて、落ちこんでしまうこともある。

それでもやっぱり、迷いのない人生なんて味気ないだろう。

先のことがわからないから、どうしてよいか迷ってしまうのだ、という人もいる。けれども、本当に先のことがみなわかっていたら、生きていく楽しみなんかなくなって、何かをしようとする気も、うせてしまうのではないだろうか。

日高敏隆『迷う』より

できたらスゴイ！

4 「先のことがわからないから、どうしてよいか迷ってしまう」とありますが、先のことがわからないことにはどういったよい点があると筆者は考えていますか。「先のことがわからないので、」に続く形で書きましょう。 10点

先のことがわからないので、

5 この文章を二つに分けるとすると、後半はどこからですか。後半の初めの五字を書きぬきましょう。 10点

6 文章の内容に合うものには○、合わないものには×をつけましょう。 一つ5点(30点)

ア（ ）鳥に起きる事故の多くは、人間が関わっている。

イ（ ）巣にひなだけでいると他の動物にねらわれやすい。

ウ（ ）鳥は迷っても、常にえさを得ることを最優先する。

エ（ ）鳥も人間も迷うという点においては同じである。

オ（ ）迷った末に決断した場合でも後悔することはある。

カ（ ）迷うからこそ人生はおもしろいともいえる。

考えを書こう

7 あなたはどういうときに迷い、どのような決断をした経験がありますか。決断した根拠もふくめて具体的に書きましょう。 10点

ぴったり1 準備

五 伝えたいことを明確にして書こう

六年間の思い出をつづろう ――卒業文集

めあて
★伝えたいことがわかるような文章の書き方を学ぼう。

学習日 月 日
教科書 下86〜89ページ
答え 28ページ

教科書89ページ
優 ユウ 17画
89ページ
吸 キュウ す(う) 6画

1 （ ）に読みがなを書きましょう。

① 宿題を 優先 する。（ ）
② 息を 吸 う。（ ）
③ 魚の 骨 をとりのぞく。（ ）
④ 新しい 内閣 がうまれる。（ ）
⑤ 授業を 短縮 する。（ ）
⑥ 温泉 に行く。（ ）

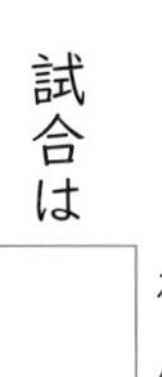

2 □に漢字を、（ ）に漢字と送りがなを書きましょう。

① 水を □□（きゅうしゅう） する。
② □□（えんどう） から、おうえんする。
③ （うたがい） がある。
④ □□（ひはん） 的に考える。
⑤ 間を （ちぢめる）。
⑥ 彼（かれ）は （やさしい）。
⑦ 文の □□（じゅんじょ）。
⑧ □□（しょうらい） の夢。
⑨ □□（そんけい） する人。
⑩ 車の □□（ざせき）。
⑪ 試合は □□（えんちょう） 戦になった。

3 正しい意味に○をつけましょう。

① 文章を推敲する。

ア（　）文章をよくしようと、何度も考えること。

イ（　）文章をよくしようと、全く別の内容に変えること。

② 座右のめいを書く。

ア（　）自分がよりどころとしている言葉。

イ（　）昔の人が言った名言。

③ 朝の空気はすがすがしい。

ア（　）気分が悪いこと。

イ（　）気分が良いこと。

④ 達成感を味わう。

ア（　）物事を成しとげたときに得られる満足感。

イ（　）物事に取り組むときに感じる不安。

4 ア〜エの卒業文集を書く作業を、正しい順番に並びかえましょう。

（　　→　　→　　→　　）

ア　文章の構成を考える。
イ　文章を書く。
ウ　書く事柄を決める。
エ　推敲する。

5 文章を書くときの表現の工夫の例です。（　）にあてはまる言葉を［　］から選び、記号を書きましょう。

① その時の様子や（　　）にぴったりな言葉を選ぶ。

② 何かに（　　）。

③ 言葉や文の（　　）を変える。

ア　たとえる
イ　気持ち
ウ　順序

6 次は、飼育係をした思い出について書かれた文章です。正しい順番になるように数字を書き入れましょう。

（　）にわとりが苦手なのに、飼育係になってしまった。

（　）それで自分でも興味を持ち始め、よく観察するようになった。

（　）すると、意外と人になつくし、一羽一羽に性格のちがいもあることがわかった。

（　）なぜ苦手なのかというと、にわとりは、何を考えているかわからないからこわいのだ。

（　）にわとりは、何を考えているかわからないこともあるけど、もうこわくない。

（　）いやいや世話をしている私に、同じ係の岩田さんがにわとりについていろいろと教えてくれた。

ぴったり1 準備

五 伝えたいことを明確にして書こう

言葉と私たち
漢字の広場⑤ 同じ訓をもつ漢字

めあて
★言葉と私たちの関係や、言葉を学ぶ意味について考えよう。
★文の意味から、適切な漢字を判断して使い分けよう。

学習日 月 日

教科書 下90〜93ページ

答え 28ページ

かきトリ 新しい漢字

漢字	読み	画数	教科書
就	シュウ	12画	教科書92ページ
値	チ・ね	10画	92ページ
憲	ケン	16画	92ページ
納	ノウ・おさめる・おさまる	10画	92ページ
盟	メイ	13画	93ページ
革	カク	9画	93ページ
揮	キ	12画	93ページ
卵	たまご	7画	93ページ
寸	スン	3画	93ページ
鋼	コウ	16画	93ページ
供	キョウ・そなえる・とも	8画	93ページ

1 （ ）に読みがなを書きましょう。

① 就職活動をする。（ ）

② 指揮者になりたい。（ ）

③ 鉄鋼業がさかんな町。（ ）

④ 服の寸法を測る。（ ）

⑤ 税金を納める。（ ）

2 □に漢字を書きましょう。

① □（たまご）を割る。

② □□（けんぽう）は大事だ。

③ 証拠（こ）を□□（ていきょう）する。

④ 数学で□（あたい）を求める。

⑤ 学校を□□（かいかく）する。

⑥ □□（どうめい）を結ぶ。

3 正しい意味に○をつけましょう。

① 作業を効率的に進める。
ア（　）むだがない様子。
イ（　）急いで行う様子。

② 物事を論理的に考える。
ア（　）感覚でとらえて考える様子。
イ（　）筋道を立てて考える様子。

③ 先人の言葉を教訓とする。
ア（　）信じてたよりにするもの。
イ（　）教えさとすもの。

④ コミュニケーションを分断する。
ア（　）つながっているものを切りはなすこと。
イ（　）始まろうとしているものを止めること。

⑤ 食欲は健康状態の指標となる。
ア（　）目指すゴール。
イ（　）判断する基準。

⑥ 二つの商品に差異はない。
ア（　）きょり。
イ（　）ちがい。

4 次の□にあてはまる漢字を書きましょう。

① さす
・北の方角を□す。
・話に水を□す。

② たつ
・人との関係を□つ。
・勢いよくいすから□つ。

③ おさめる
・王が国を□める。
・医学を□める。

④ のぞむ
・合格することを□む。
・窓から海を□む。

⑤ うつす
・ノートを□す。
・鏡に□す。

⑥ やぶれる
・布が□れる。
・試合に□れる。

六年間の思い出をつづろう
〜漢字の広場⑤ 同じ訓をもつ漢字

時間 20分 　／100 　合格80点

学習日 　月　日
教科書 下86〜93ページ
答え 29ページ

1 読みがなを書きましょう。　一つ2点(12点)

① たなに収納（　）する。
② 革命（　）を起こす。
③ 憲法（　）記念日
④ との様のお供（　）をする。
⑤ 学校を優先（　）する。
⑥ 薬を吸入（　）する。

2 □に漢字を書きましょう。　一つ2点(8点)

① 銀行に□□（しゅうしょく）する。
② スポーツ□□（れんめい）
③ □□（かち）のある敗北。
④ お墓に花を□（そな）える。

3 次の□に漢字を書きましょう。　一つ4点(24点)

あける
① びんのふたを□ける。
② ご老人のために席を□ける。
③ 除夜のかねが鳴って、年が□ける。

つとめる
① 貿易会社に□める。
② 中川さんが、議長を□める。
③ 両親の説得に□める。

4 卒業文集を書く時の進め方について書いた文章の（　）にあてはまるものを、□の中から選んで、記号を書きましょう。　一つ8点(24点)

・書く（①　）を決める。
・文の（②　）を考える。
・文を書く。
・文を（③　）する。
・友達と読み合う。

ア 推敲（すいこう）　イ 事柄（ことがら）　ウ 構成

5 文章を読んで、答えましょう。 思考・判断・表現

　宇宙飛行において、安全で、効率的に仕事を進めるために、飛行士どうしや地上との交信、文書による連絡の際には、論理的な表現を使うことを心がけています。打ち上げや着陸、船外活動などのあわただしい作業時や、気があせりがちな緊急事態発生時にも、論理的な思考が役に立ちます。本を読むことで、宇宙の仕事で不可欠な論理的な考え方の基礎を、学ぶことができたと思います。

　世の中にはすばらしいこと、貴重な情報がたくさんありますが、そうしたことに直接出会い、体験する機会は、そう多くはありません。読書によって、先人や著者のもつさまざまなかちある知識や考え、教訓を吸収して、人生の糧とすることができます。それが、新しい事実を発見したり、新たな考えを導き出したりするきっかけになると思います。

（若田 光一「言葉と私たち」より）

できたらスゴイ！

(1)「論理的な表現を使うことを心がけています。」とありますが、それはなぜだと思いますか。一つに○をつけましょう。 6点

ア（　）安全で、効率的に仕事を進められるから。
イ（　）あらかじめ決められた表現だから。
ウ（　）論理的に考えることで楽しくすごせるから。
エ（　）論理的な表現が好きだから。

よく出る

(2)「人生の糧」とはどういうものですか。一つに○をつけましょう。 6点

ア（　）人生をお金持ちにしてくれるもの。
イ（　）人生を豊かにしてくれるもの。
ウ（　）人生を気楽にしてくれるもの。
エ（　）人生を複雑にしてくれるもの。

考えを書こう

(3) 論理的な思考はどのようにして身につくと思いますか。あなたの考えを書きましょう。 20点

ぴったり1 準備

六 伝記を読んで、生き方について自分の考えをまとめよう

津田梅子(つだうめこ)——未来をきりひらく「人」への思い

髙橋(たかはし) 裕子(ゆうこ)

めあて

★伝記の人物がどのような考えで、どのようなことをしたのかを読み取ろう。

学習日 月 日

教科書 下95〜113ページ

答え 29ページ

かきトリ 新しい漢字

教科書96ページ	96ページ	99ページ	106ページ
幕 マク・バク 13画	訳 ヤク わけ 11画	机 つくえ 6画	翌 ヨク 11画

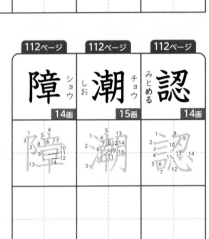

112ページ	112ページ	112ページ
認 みとめる 14画	潮 チョウ しお 15画	障 ショウ 14画

「潮」は「満ち潮」のように、海の水に関わる言葉に使うよ。同じ読みの「塩」とまちがえないようにしよう!

1 （ ）に読みがなを書きましょう。

① ロボットが故障する。（ ）

② 学問の自由を認める。（ ）

③ 海が引き潮になる。（ ）

④ 訳を話してください。（ ）

⑤ 大会が開幕する。（ ）

2 □に漢字を書きましょう。

① □□(ばくふ)について学ぶ。

② 人権が□□(ほしょう)されている。

③ □(つくえ)の上に何かがある。

④ □□(よくじつ)、学校を休んだ。

⑤ □□□(さいこうちょう)に達する。

⑥ 英語の□□(つうやく)をする。

3 正しい意味に○をつけましょう。

① 無為に時間を過ごさないようにする。
ア（　）何もしないでぶらぶらすること。
イ（　）適当な生き方をすること。

② 時代の潮流に乗る。
ア（　）時代のはやり。
イ（　）時代の動き。

③ この仕事は私にとって天職だ。
ア（　）もっとも変えたい仕事。
イ（　）もっとも合う仕事。

④ またたくまの出来事。
ア（　）長いあいだ。
イ（　）きわめて短い時間。

⑤ 志高く生きていきたい。
ア（　）心に決めた目標。
イ（　）人生。

⑥ 天真らんまんな子どもたち。
ア（　）荒々しいこと。
イ（　）純真で素直なこと。

3分でワンポイント　文章の内容をとらえよう。

★次の年表の①～③にあてはまる言葉を［　］の中から選んで、記号を書きましょう。

年	できごと
一八七一	日本で初めての（①　　）の一人として、六歳でアメリカへ旅立つ。
一八八二	アメリカ留学から日本へ帰国したが、アメリカで学んだ成果を役立てる場所がつくられていなかった。日本の女性が自由に教育を受けられるようにしたいと考える。
一八八五	華族女学校の教師になるが、学ぶことの楽しさを伝えられないと感じる。
一八八九～一八九一	再びアメリカに留学し、大学で英文学と歴史学、生物学を学ぶ。日本の女性がアメリカに留学できるよう（②　　）を計画する。
一八九九	フローレンス＝ナイチンゲールに出会い、すみれの花束をもらう。自分の理想の学校を創るという覚悟を決める。
一九〇〇	英語教師を育てるための（③　　）を創立した。（③）は生徒が十人の小さな学校だったが、第二次世界大戦後に正式な「大学」となった。

ア　奨学金制度　　イ　女子英学塾　　ウ　女子留学生

六　伝記を読んで、生き方について自分の考えをまとめよう

津田梅子（つだうめこ）――未来をきりひらく「人」への思い

学習日　月　日
教科書 下95〜113ページ
答え 30ページ

文章を読んで、答えましょう。

　十年以上アメリカで学んできたのだから、得られた成果を社会に役立てたい。しかし、男子留学生とは異なり、帰国後の女子留学生を活躍（やく）させる場を政府はつくっていなかった。当時の日本社会では、女性が高等教育を受けて仕事をもつ必要はないと思われていたのだ。女性の地位があまりにも低い、と梅子はなげいた。

（この状況（きょう）をなんとか変えていきたい。そのためには、女性も自由に教育を受けることができるようにしないと。）

　帰国して三年がたったころ、梅子は華族女学校（かぞくじょがっこう）の英語の教師となることができた。国費留学生としての責任を感じていた梅子は、三年も時間がかかったが、政府に採用されたことをうれしく思った。

　しかし、華族女学校の生徒たち

1 「この状況」とはどのような状況ですか。（　）に合う言葉を文章中から書きぬきましょう。

・女子の（　　）が活躍できる場がない。

・社会では女性が（　　）を受けたり（　　）をもったりする必要はないと思われている。

・女性の（　　）がとても低い。

2 「このままここで教師をしていても、学ぶことの楽しさを伝えることはできない気がする」とありますが、梅子が授業を行っているときの生徒がおかれた環境（かん）がわかる一文をぬき出し、初めと終わりの五字を書きぬきましょう。

□□□□□ ～ □□□□□

3 「不安が大きくなっていった」とありますが、梅子の不安が大きくなったきっかけは何ですか。一つに○をつけましょう。

ア（　）英語の指導が難しかったから。

イ（　）生徒が裕福な家のむすめばかりだったから。

は裕福な家のむすめばかりで、学校に通うことはお稽古ごとと同じであるようだった。

「あなたの意見はどうですか。」

梅子が授業で呼びかけても、生徒たちは下を向くばかりだった。

（このままここで教師をしていても、学ぶことの楽しさを伝えることはできない気がする。）

梅子の中で不安が大きくなっていった。

華族女学校で働き始めて三年後の一八八八（明治二十一）年、アリス＝ベーコンが、華族女学校の教師として招かれ来日した。アリスと梅子は、留学中からの知り合いで、仲がよかった。

ある日、梅子はかかえていた思いをアリスにうち明けた。

「教育は私の天職だと思っているの。だから、学ぶことの楽しさを伝えられるすぐれた教師になりたい。そのために、アメリカの大学でもっと学びたい。」

高橋裕子「津田梅子　――未来をきりひらく『人』への思い」より

ウ（　）梅子が生徒に呼びかけても皆答えないから。

エ（　）梅子が国費留学生だったから。

4 「かかえていた思い」とありますが、梅子は何をしたいと思っていますか。文章中の言葉を使って書きましょう。

（　　　　　　　　　　）

アリスに話している梅子の言葉に注目しよう。

5 梅子の考える自由な教育として、あてはまらないものに一つ○をつけましょう。

ア（　）裕福な女性が活躍できるような教育。

イ（　）女性でも高等教育を受けることができる教育。

ウ（　）卒業した後も仕事につくことができる教育。

エ（　）生徒が活発に発言できるような教育。

6 梅子は教育を通してどのようなことを伝えたいと考えていますか。文章中から書きぬきましょう。

（　　　　　　　　　　）

梅子が何度か言っている言葉に注目しよう。

六 伝記を読んで、生き方について自分の考えをまとめよう

津田梅子 ——未来をきりひらく「人」への思い

文章を読んで、答えましょう。

一八九二（明治二十五）年、ブリンマー大学での三年の留学を終え、梅子は再び華族女学校の教壇に立った。

教授としての安定した収入や地位は保証されていた。しかし、それらを手放しても、女性が高等教育を受けられる学校を創りたい、という思いがどんどん大きくふくらんでいった。心の中でずっと温めてきた夢だったのだ。社会にこうけんできる自立した女性を、日本でも育てたい。これまで自分にあたえられてきた特別な機会は、そのためにあったのではないか。

ちょうどそのようなことを考えているときに、梅子のもとにあるいらいがあった。アメリカで開かれる「万国婦人クラブ連合大会」で、日本代表として講演をしてくれないか、というものだった。

1 「心の中でずっと温めてきた夢」とありますが、梅子が持ち続けていた夢とは何ですか。文章中から書きぬきましょう。

（　　　　　　　　　　）

2 「特別な機会」とありますが、具体例を（　）に合うように文章中から書きぬきましょう。

・（　　　　　　）に三年間留学する。

・再び（　　　　　　）の教授になる。

3 「そのようなこと」とありますが、具体的に何のことですか。文章中の言葉を使って書きましょう。

（　　　　　　　　　　）

4 「中でも、フローレンス＝ナイチンゲールとの出会いは特別だった。」とありますが、ナイチンゲールとの会話の内容が書かれてい

学習日
月　日
教科書
下95～113ページ
答え
30ページ

一八九八（明治三十一）年、大会に参加した梅子は、アメリカやヨーロッパの女性たちと交流した。さらにイギリスの女性たちから招待を受け、翌年にはオックスフォード大学で講義を聞いた。梅子は、イギリスで出会った多くの女性リーダーたちから、なんだか勇気づけられる思いがした。

中でも、フローレンス＝ナイチンゲールとの出会いは特別だった。梅子は、日本では女性に高等教育は必要ないと言われていることを話した。

「四十年ほど前までは、イギリスもそうでした。あなたが道をきりひらいていけば、あとに続く人が現れるでしょう。」

そう告げたナイチンゲールは、別れぎわ、梅子にすみれの花束をおくった。

（自分の前にも、こうして道をきりひらいてきた女性がいる。私もこのような女性に続きたい。志があれば、きっと道はひらけるはず。）

梅子はそう確信しながら、もらった花をおし花にして、大切に日本に持ち帰った。花束はナイチンゲールから受け取ったバトンのように感じられた。

髙橋（たかはし）裕子（ゆうこ）「津田梅子 ――未来をきりひらく『人』への思い」より

るひとつづきの三文の、始めの五字を書きぬきましょう。

――線部のすぐあとの文章に注目しよう。

5 「花束はナイチンゲールから受け取ったバトンのように感じられた。」とありますが、この文から読み取れる梅子の心情として、正しくないものはどれですか。一つに○をつけましょう。

ア（　）意見を押し付けられ、腹が立つ気持ち。
イ（　）応援（えん）を受け、がんばろうと思う気持ち。
ウ（　）先人がいることを知り、勇気づけられる気持ち。
エ（　）自分と同じような志を持っている人がおり、うれしい気持ち。

第五段落からの交流の様子に注目しよう。

6 文章全体から読み取れる、梅子の生き方として正しいものはどれですか。一つに○をつけましょう。

ア（　）自分の生活の安定のために生きる生き方。
イ（　）アメリカやヨーロッパの女性たちのようになる生き方。
ウ（　）日本の女性の教育のために努力し続ける生き方。
エ（　）自分の地位を守るための生き方。

ぴったり1 準備

六 伝記を読んで、生き方について自分の考えをまとめよう

言葉の広場⑤ 日本語の文字
漢字の広場⑥ さまざまな読み方

3分でまとめ

めあて
★日本語の文字の使い分け方を知ろう。
★漢字のさまざまな読み方を知ろう。

学習日 月 日
教科書 下114～122ページ
答え 31ページ

かきトリ 新しい漢字

教科書116ページ	119ページ	120ページ	120ページ
宝 ホウ たから 8画	著 チョ 11画	従 ジュウ したがう したがえる 10画	劇 ゲキ 15画

120ページ	120ページ	120ページ
乳 ニュウ ちち 8画	朗 ロウ 10画	覧 ラン 17画

1 （　）に読みがなを書きましょう。

① 貴族の秘宝。（　）
② ヤギの乳をしぼる。（　）
③ この本の著者。（　）
④ 多くの人を従える。（　）

2 □に漢字を書きましょう。

① □（ちょめい）な方の講演会に行く。
② □（たから）を手に入れる。
③ □（げき）を見に行く。
④ □（ぎゅうにゅう）を買い忘れた。
⑤ 授業の□（いちらんひょう）。
⑥ 詩を□（ろうどく）する。

日本語の文字／さまざまな読み方

3 正しい意味に○をつけましょう。

① 従者を連れて外に出る。
ア（　）付き従う人。
イ（　）自分が従っている人。

② 象形文字（しょうけい）について学ぶ。
ア（　）物の形をかたどってできたもの。
イ（　）数字や位置を示す文字。

③ 舞台（ぶ）の上手を見る。
ア（　）客席から見て、舞台の右の方のこと。
イ（　）人と比べてすぐれていること。

4 次の説明にあてはまる日本語の文字の種類として、正しいものを選び、記号を書きましょう。

①（　）日本語の一音一音を表すために作られた、漢字をくずして書かれた文字。

②（　）外来語や鳴き声、ものの音を表す言葉を書くための文字。

③（　）音や意味を表す、中国で誕生した文字。

ア 漢字　イ 片仮名（かたかな）　ウ 平仮名

5 次は、さまざまな漢字の読み方について説明した文です。（　）にあてはまる言葉を□から選んで書きましょう。

① 上手は「かみて」「うわて」といったように、（　）によって読み方が変わる言葉です。

② 景色「けしき」や河原「かわら」は、漢字の（　）どおりではなく、特別な読み方をする言葉です。

③「降」のように、「おーりる」「おーろす」「ふーる」と複数の（　）がある漢字もあります。

音や訓　訓　意味

6（　）に読みがなを書きましょう。

① もの知り 博士（　）

② 下手（　）の横好き。

③ 遊園地で 迷子（　）になる。

④ 顔が 真っ青（　）になる。

⑤ 眼鏡（　）をかける。

7 次の――線の読みを、送りがなもふくめて（　）に書きましょう。

①
・冷めたお茶。（　）
・冷たいゼリー。（　）
・冷えたすいか。（　）

②
・幸せな時間。（　）
・不幸中の幸い。（　）

津田梅子――未来をきりひらく「人」への思い
～漢字の広場⑥ さまざまな読み方

時間 20分　／100　合格 80点

学習日　月　日

教科書 下95～122ページ　答え 32ページ

文章を読んで、答えましょう。　思考・判断・表現

日本から海をわたるたびに、梅子は自分を見つめ直してきた。そして今回の旅を経て、いよいよ覚悟が決まった。華族女学校をやめ、自分の学校を創るのだ。国のお金で留学させてもらったのだから、国立の学校で働き、恩返しすることが期待されているのだろう。しかし梅子は、自分が信じる理想の教育にもとづいた学校を創ることで、さらに大きく社会に恩返しができると信じていた。アメリカやイギリスで吸収してきたことを十分に生かしていくために、理想の学校を創って前進していくべきだ。

梅子は、自分の学校を創設するための募金活動を始めた。アメリカで、トマス先生や奨学金制度を作った時の支援者たちが、再び募金活動に賛同してくれた。父や捨松、繁子、アリスも協力をおしまなかった。

一九〇〇（明治三十三）年九月十四日、梅子は「女子英学塾」を創立した。英語教師を育てるための、生徒わずか十人の小さな学校だった。開校式で、梅子はあいさつをした。

「真の教育には、立派な校舎や教材よりももっと大切なことがあ

1 「いよいよ覚悟が決まった」とありますが、どういうことを言っているのですか。文章中の言葉を使って書きましょう。　10点

（　　　　　）

2 梅子は、自分に期待されている恩返しとは、どのようなことだと感じていますか。　10点

（　　　　　）

3 梅子は真の教育に大切なことは何だと考えていますか。（　）にあてはまる言葉を書きぬきましょう。　一つ10点（20点）

教師と生徒、両方の（　　　　　）が大切であり、

生徒が（　　　　　）を持つことを重視した。

よく出る

4 梅子は卒業した生徒のどのような点を「ほこらしく思った」のですか。一つに○をつけましょう。　10点

ア（　）卒業生たちも自分の学校を創った点。

イ（　）卒業生たちが英語で社会を変えていこうとした点。

ウ（　）卒業生たちが教師として人の役に立っている点。

ります。それは、教師と生徒、両方の熱意です。」

梅子は、ただ講義を聞くのではなく、生徒が自分の考えを持つことを重視した。梅子の熱意に応えようと、生徒も、みな真剣だった。

開校から十三年が過ぎた一九一三（大正二）年の卒業式の日、梅子は卒業生に英語で語りかけた。

「多くを得た人は、社会にそれをお返ししなくてはなりません。人生を無為にせず、広く社会にはたらきかけることのできる、多くの人の役に立つ人になってください。」

梅子は、自分の学校で学び、卒業していく女性たちが、全国の学校で教師として活躍することをほこらしく思った。

一九二九（昭和四）年、梅子は六十四歳でこの世を去った。

梅子の最後の日記にはたった一行、英語で「昨夜はあらし」と書かれていた。困難な状況の中でも前へ前へと進み続けた、梅子の人生を表しているようだった。

第二次世界大戦後、梅子の学校は正式な「大学」となる。そのために力をつくしたのは、梅子が作った奨学金制度で学んだ女性たちだった。

梅子の教育への思い、そして未来をきりひらく「人」への思いは、百年以上の時を経て、今も私たちに受けつがれている。

髙橋裕子「津田梅子 ――未来をきりひらく『人』への思い」より

5 梅子の人生に関して、どういうことがいえますか。一つに○をつけましょう。 10点

ア（　）国のために働き、教育に関わり続けることで教師としての人生をまっとうした。

イ（　）どんな困難な状況でも女性の教育のために力を注ぎ、学校や奨学金制度を創ることで社会に恩返しをしようとした。

ウ（　）人に何かを教えることを好み、自分の理想の学校を創ることで熱意のある生徒を世に送りだした。

できたらスゴイ！

6 「梅子の教育への思い」について、梅子は自身の学校で教育を受けた生徒に対し、どのようなことを呼びかけましたか。 20点

考えを書こう

7 あなたが直面したことのある「困難な状況」とは何ですか。また、その時、あなたはどのようにその状況をきりぬけましたか。 20点

ぴったり3 確かめのテスト②

六 伝記を読んで、生き方について自分の考えをまとめよう

津田梅子(つだうめこ)――未来をきりひらく「人」への思い ～漢字の広場⑥ さまざまな読み方

時間 20分

/100

合格 80点

学習日 月 日

教科書 下95～122ページ

答え 33ページ

1 読みがなを書きましょう。 一つ2点(20点)

① 言い訳はしない。（　　）

② 牧場で牛の乳をしぼる。（　　）

③ 窓辺に机を置く。（　　）

④ 演劇部に入りたい。（　　）

⑤ 著名人と会う。（　　）

⑥ 翌日はテストだ。（　　）

⑦ 早朝に満潮になる。（　　）

⑧ 明朗快活な若者。（　　）

⑨ 彼(かれ)のほうが一枚上手だ。（　　）

⑩ 舞(ぶ)台の下手に行く。（　　）

2 □に漢字を、（　）に漢字と送りがなを書きましょう。 一つ2点(20点)

① □(めがね)をかける。

② 自分の罪を□(みと)める。

③ 車が□□(こしょう)する。

④ □(まいご)になる。

⑤ □□(ばくふ)が倒(たお)れる。

⑥ □□□(いちらんひょう)を作る。

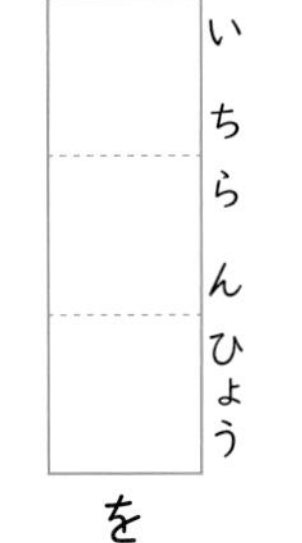

⑦ 顔が□(まっさお)になる。

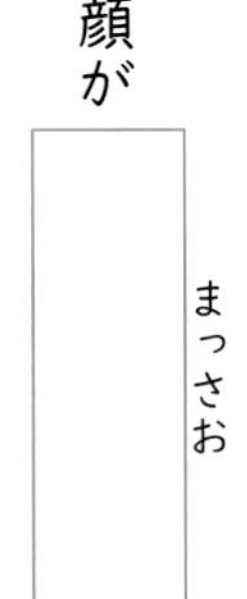

⑧ □□(ほうもつ)庫に入る。

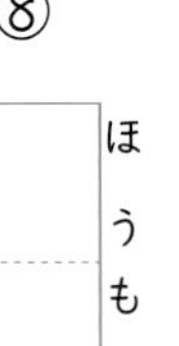

⑨ 新鮮(せん)な□(しみず)を飲む。

⑩ 命令に（したがう）。

3 次の漢字の成り立ちを、あとの[　]から一つずつ選び、記号を書きましょう。 一つ2点(10点)

① 下(　)　② 味(　)　③ 岩(　)
④ 月(　)　⑤ 本(　)

ア 象形文字　イ 指事文字
ウ 会意文字　エ 形声文字

4 次の漢字からつくられた、平仮名と片仮名を書きましょう。 完答一つ5点(10点)

① 加…平仮名(　)　片仮名(　)
② 仁…平仮名(　)　片仮名(　)

5 ――線の言葉の使い方が正しいほうに○をつけましょう。 一つ4点(16点)

①
ア(　)兄はまたたくまに徒競走で勝利した。
イ(　)兄のまたたくまは速い。

②
ア(　)掃除が終わらず、ほこらしげな様子だ。
イ(　)妹はテストで満点を取って、ほこらしげな顔をしている。

③
ア(　)毎日、研究に明け暮れていた。
イ(　)彼は、明け暮れてぼうぜんとしていた。

④
ア(　)これは実話にもとづいた話だ。
イ(　)友達は気分が悪くなりもとづいた。

6 それぞれの漢字の読み方として、正しくないものに○をつけましょう。 一つ8点(24点)

① 通
ア(　)子どもがたくさん通(とお)る。
イ(　)車の通行(とおこう)が多い。
ウ(　)毎日学校へ通(かよ)う。

② 降
ア(　)電車から降(お)りるときは気をつけましょう。
イ(　)今日は雪が降(ふ)っている。
ウ(　)バスから降車(おうしゃ)する。

③ 角
ア(　)右の角(かど)を曲がったところにケーキの店がある。
イ(　)大きな紙を四角(しかど)に切り分けた。
ウ(　)サイの角(つの)はとても大きく、迫力がある。

出会った言葉をふり返ろう

時間 20分　／100　合格 80点

学習日　月　日

教科書 下123～126ページ　答え 33ページ

1 次は「卒業式で自分におくりたい言葉」として、北原さんが書いた文章です。文章を読んで、答えましょう。　思考・判断・表現

> 仲間に信じてもらいたいなら、まずは、仲間を信じること。
>
> 友
>
> 「友達」の本当の意味を知ったのは、六年生の九月です。委員会活動で思いどおりに進められなかった時に、友達から「もっとたよってよ。」と言われ、はっとしました。友達だからこそ、自分の弱いところも見せていいんだと、その時感じました。
>
> 一緒（しょ）に笑い、泣き、たくさんの思い出を友達とつくりました。出会えたことに「ありがとう。」を伝えたいと思います。
>
> 「出会った言葉をふり返ろう」より

(1) 北原さんが、「仲間に信じてもらいたいなら、まずは、仲間を信じること。」という言葉を選んだきっかけは、どのようなことでしたか。次の言葉に続けて書きましょう。　25点

委員会活動の時に、

（　　　　）

(2) 「『友達』の本当の意味を知った」とありますが、北原さんは「友達」について、どう感じましたか。二十四字で書きぬきましょう。　25点

(3) 「卒業式で自分におくりたい言葉」として、あなたはどんな言葉を選びますか。①に選んだ言葉を書き、②に選んだ理由を書きましょう。　①20点②30点（50点）

例 ① 七転び八起き
② 失敗してもめげずに、また立ち上がってちょう戦する強さを大切にしたいから。

①（　　　　）

②（　　　　）

この本の終わりにある「春のチャレンジテスト」をやってみよう！

この本の終わりにある「学力診断（しんだん）テスト」をやってみよう！

準備 70~71ページ

あなたはどう感じる？／ぼくの世界、君の世界

かきトリ 新しい漢字
教科書49ページ 紅 コウ べに 9画
54ページ 盛 セイ も(る) 11画
56ページ 秘 ヒ 10画
56ページ 密 ミツ 11画
56ページ 展 テン 10画
60ページ 否 ヒ 7画
60ページ 亡 ボウ 3画
60ページ 宗 シュウ 8画
60ページ 系 ケイ 7画
60ページ 仁 ジン 4画
60ページ 聖 セイ 13画
60ページ 尺 シャク 4画
60ページ 肺 ハイ 9画
60ページ 臓 ゾウ 19画
60ページ 律 リツ 9画
60ページ 衆 シュウ 12画
60ページ 胃 イ 9画
60ページ 腸 チョウ 13画

1 □に読みがなを書きましょう。

① 真面目（まじめ）な話をする。 ② 紅茶（こうちゃ）を飲む。
③ 同じ系統（けいとう）の色だ。 ④ 聖火（せいか）ランナー
⑤ 仁義（じんぎ）を重んじる。 ⑥ 尺度（しゃくど）を測る。
⑦ 肺臓（はいぞう）を悪くする。 ⑧ 大都市に発展（はってん）する。

2 □に漢字を書きましょう。

① 胃腸（いちょう）が弱い。 ② 秘密（ひみつ）を守る。
③ 意見を否定（ひてい）する。 ④ 大盛（も）りの白米。
⑤ 法律（ほうりつ）にしたがう。 ⑥ 世界の宗教（しゅうきょう）。

ぼくの世界、君の世界

3 正しい意味に○をつけましょう。

① あくまでも、わたし個人の意見だ。
ア（○）あるはんい内に限定して。
イ（　）きっと。たぶん。

② つまらない話でも作り笑いをした。
ア（○）うれしくもおかしくもないのに笑うこと。
イ（　）口をとじたまま声をこもらせて笑うこと。

③ 言葉のはしばしに喜びがあふれている。
ア（　）全て。全体。
イ（○）あちこち。ちょっとした部分。

3分でワンポイント 文章の構成をとらえ、論の進め方を理解しよう。

★①～③にあてはまる言葉を□の中から選んで、記号を書きましょう。

始め
自分が見ている世界と①（ア）が見ている世界は同じか？
↓
中
① あまみや痛みのような感覚は共通か？
← 感じていることが同じであるとは証明できない。
② 私たちは永遠に理解し合えないのか？
← それなりに②（ウ）を伝え合っている。
↓
終わり
「自分だけの③（イ）がある」からこそ、人は心を伝え合うために努力する。

ア 他の人　イ 心の世界　ウ 心

練習 72~73ページ

ぼくの世界、君の世界

文章を読んで、答えましょう。

例えば、あまみや痛みのような感覚は、全ての人に共通しているといえるか、という問題がある。

君と友達が、同じチョコレートを食べるとする。チョコレートを口に入れると、君は独特の香りとあまみ、そして苦みを感じる。君が、「あまいね。」と言うと、友達も「うん、あまいね。」と言って、にっこりする。でも、君の感じているあまみと、友達が感じているあまみが同じだ、と言いきれるだろうか。

まず、君よりも友達のほうがずっとあまく感じているかもしれない、というようなことが考えられる。つまり、あまみの「程度」がずいぶんちがっているかもしれない、ということだ。

また、もっと極端なことも想像できる。実は、それぞれが、全くちがった感覚を口の中に感じていて、ただ「あまい」という言葉だけが共通している、ということも考えられるのである。

痛みについても、同じようなことがいえる。友達が、「おなかが痛いよ。」と言った時、君は、自分が腹痛を起こした時の感覚を思い出して、「ああ、痛そうだなあ。大変だなあ。」と思う。でも、それは、あくまでも「自分」が経験してきた痛みの感覚でしかない。自分がこれまでに感じてきた痛みと、友達が感じている痛みが同じであるとは、証明できないのだ。自分が、他人の中に入りこんで、その人が見たり、感じたりしていることをそのまま体験できれば別だが、もちろんそんなことはだれにもできない。

こんなふうに考え始めると、小学生のころのぼくが心細くなったように、なんとなく不安になってくる人もいるかもしれない。自分の感じていることと、他の人の感じていることが同じであるという保証はどこにもない、と思うと、独りぼっちで置き去りにされたような気持ちがしてくるかもしれない。

西研「ぼくの世界、君の世界」より

❶「あまみや痛みのような感覚は、全ての人に共通しているといえるか」とありますが、「あまみ」「痛み」について説明している段落（「あまみ」は三つ）の、それぞれ初めの五字を書きぬきましょう。

「あまみ」…君と友達が／まず、君よ／また、もっ
「痛み」……痛みについ
※順番はちがっていてもよい。

❷「君が、『あまいね。』と言うと、友達も『うん、あまいね。』と言って、にっこりする。」とありますが、これについて筆者はどのように考えていますか。□にあてはまる言葉を文章中から書きぬきましょう。

・二人が感じているあまみの 程度 がちがうかもしれない。
・「あまい」という 言葉 だけが同じで、二人は全くちがった 感覚 を感じているのかもしれない。

ヒント あとの二つの段落に注目しよう。

❸「それ」は何をさしますか。一つに○をつけましょう。

ア（　）痛みもあまみと同じようなことがいえるかという疑問。
イ（　）友達が言った「おなかが痛い。」という言葉。
ウ（○）自分が思い出した腹痛の感覚。
エ（　）「大変だなあ。」と友達に話しかけたこと。

❹「そんなこと」とは、どんなことですか。「すること。」につながる形で、文章中から四十字以内で探し、始めと終わりの五字を書きぬきましょう。

自分が、他 ～ のまま体験 すること。

❺「なんとなく不安になってくる」とありますが、これはどのような気持ちですか。同じ段落中から二十字で探し、始めの五字を書きぬきましょう。

独りぼっち

❻ この文章で筆者が言いたいことは何ですか。一つに○をつけましょう。

ヒント このあとの、似た気持ちが書かれている部分に着目しよう。

ア（　）自分と他人の感覚はほぼ同じである。
イ（○）自分と他人の感覚は同じであるとは言いきれない。
ウ（　）自分と他人の感覚は必ずちがうものである。
エ（　）他人とちがう、自分なりの感覚をみがこう。

---

1 ①「真面目（まじめ）」は、特別な読み方をする言葉です。覚えておきましょう。

⑤「仁義」とは、社会で必要とされる道徳のことです。

⑦「肺臓」は、生物の器官である肺の別の言い方のことです。

2 ①「胃」と「腸」は、どちらも消化に関係する内臓です。

③「否」の上の形に気をつけて書きましょう。

⑤「律」を「健」や「建」とまちがえないように気をつけましょう。

3分でワンポイント

「ぼくの世界、君の世界」（西研（にしけん））では、文章内で筆者がどのような論じ方をしているかを読み取りましょう。

筆者は始めに「自分と他人が見ている世界は同じか？」という大きな問いを立てています。文章の中ごろで大きな問いにつながる小さな問いとその答えを述べ、終わりに「自分だけの心の世界があるから、人は心を伝えあう努力をする」という大きな問いの答えを述べています。

❶ ――線のあとを確かめましょう。4行目から「あまみ」について、22行目から「痛み」について説明しています。

❷ 二人の感じ方が同じとは言いきれないことが、あとの二段落で説明されています。

❸ ――線のあとの『自分』が経験してきた痛みの感覚でしかない」という言葉につながる内容を読み取ります。

❹ ――線の前から探しましょう。31行目から33行目に、答えとなる部分があります。

❺ 他人が感じていることが、自分と同じでないと知ったときの気持ちなので、「独りぼっちで置き去りにされたような気持ち」が適切です。

❻ ア「ほぼ同じ」、ウ「必ずちがう」わけではないので、あやまりです。

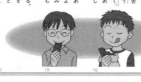

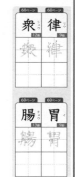

準備 74~75ページ
「うれしさ」って何？／「読書タイムライン」を作って交流しよう

新しい漢字
教科書63ページ 誕（タン）15画

1 □に読みがなを書きましょう。
① 目標を達成する。（たっせい）
② 生き物の分類。（ぶんるい）
③ 読書の歴史。（れきし）
④ 初めての体験。（たいけん）

2 □に漢字を書きましょう。
① 縄（なわ）とびをする。
② 誕生日（たんじょうび）

3 正しい意味に○をつけましょう。「うれしさ」って何？
① お礼を言われると、てれくさい。
ア（○）気はずかしい。

イ（ ）いやな気分になる。
② 相手の考えと自分の考えを、比較する。
ア（○）二つ以上のものを比べること。

イ（ ）二つ以上のものをまとめること。
③ 夢中で走る。
ア（ ）ものごとに興味がないこと。

イ（○）ものごとに熱中すること。
④ ある本を参考にする。
ア（ ）自分の考えと他の考えを比べること。

イ（○）自分の考えを決める手がかりにすること。

4 次は、伝え合う努力について説明した文章です。□にあてはまる言葉を□から選んで書きましょう。同じ言葉を二度使ってもかまいません。
伝え合うためには言葉を（意識して）話します。これは自分の（感じ方）が相手に伝わるようにするためです。また、相手に（たずねながら）話を聞きます。これは相手の（感じ方）をとらえられるようにするためです。

感じ方　たずねながら　意識して

相手の考えを聞きながら、自分の考えをまとめて伝えるよ。

5 次は、哲学対話について説明した文章です。□にあてはまる言葉を□から選び、記号を書きましょう。同じ記号を二度使ってもかまいません。
哲学対話とは、「〇〇とは、（オ）」を話し合って考えることをいう。哲学対話を進めるときは、「〇〇」というテーマについて、一人一人の（ア）を言葉にし、（イ）しながら話し合う。出された（ア）を同じような種類に（ウ）し、名前をつける。そして感想を交流する。

ア 体験や考え　イ 質問　ウ 分類
エ それぞれにとってどういうことか
オ そもそもどういうことか

6 「読書タイムライン」を作ってこれまで読んだ本をふり返るとき、正しい順番になるように数字を書きましょう。「読書タイムライン」を作って交流しよう
（2）「自分を読書好きに変えてくれた本」のようなテーマを決めて、三冊の本を選ぶ。
（4）自分の「読書タイムライン」をふり返って、どんな変化があったか、これからどんな本を読んでみたいかなどを考える。
（3）「読書タイムライン」と選んだ三冊を、他の人と見せ合って意見を交わしあう。
（1）「読書タイムライン」をえがいて、これまでの小学校の六年間で読んだ本をふり返る。

準備 76~77ページ
その場にふさわしい言い方／紙風船

新しい漢字

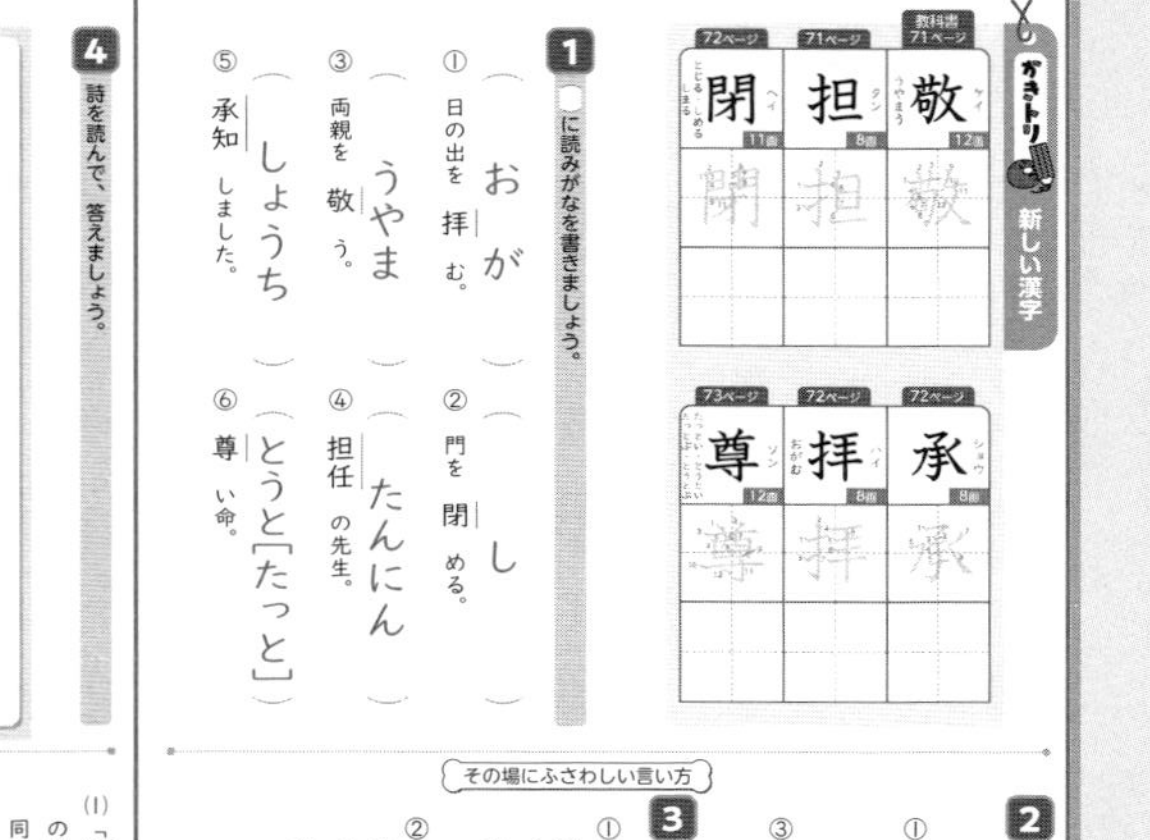

教科書71ページ 敬（ケイ・うやまう）12画　71ページ 担（タン）8画　72ページ 閉（ヘイ・とじる・しめる）11画
72ページ 承（ショウ）8画　72ページ 拝（ハイ・おがむ）8画　73ページ 尊（ソン・たっとい・とうとい）12画

1 □に読みがなを書きましょう。
① 日の出を拝む。（おが）
② 門を閉める。（し）
③ 両親を敬う。（うやま）
④ 担任の先生。（たんにん）
⑤ 承知しました。（しょうち）
⑥ 尊い命。（とうと[たっと]）

2 □に漢字を書きましょう。
① 両親に敬語を使う。
② 拝見します。
③ 意見を尊重する。
④ 近くのカフェが閉店した。

3 場面に合っている、正しい言葉を使っているものに○をつけましょう。その場にふさわしい言い方
① 知らない人に質問に答えてもらいたい時
ア（ ）質問に答えてくれない？

イ（○）質問に答えてくださいませんか？

ウ（ ）質問に答えてくれないっすか？
② 観光ガイドとして案内する時
ア（○）こちらまでご案内します。

イ（ ）こっちまで案内します。

ウ（ ）こちらまで案内してみます。

4 詩を読んで、答えましょう。

紙風船　黒田三郎

落ちてきたら
今度は
もっと高く
もっともっと高く
何度でも
打ち上げよう
美しい
願いごとのように

(1) 「何度でも／打ち上げよう／美しい／願いごとのように」は、言葉の順序がふつうの文とちがっています。言葉の順序がふつうの文と同じになるように書きましょう。
（美しい願いごとのように何度でも打ち上げよう）
(2) 詩の中でくり返されている言葉を二つ、三字と二字で書きぬきましょう。
（もっと）（高く）
(3) 言葉をくり返すことによって、どのような効果がありますか。二つに○をつけましょう。
ア（○）リズムを感じさせる。

イ（ ）余韻を生む。

ウ（○）強調する。

エ（ ）イメージをあざやかにする。
(4) この詩の中で、「紙風船」にたとえられているものは何ですか。
（美しい）願いごと）
(5) この詩についての説明としてふさわしいものはどれですか。一つに○をつけましょう。
ア（ ）紙風船を打ち上げることに夢中になるうちに、願いごとがかなわなかった悲しみが消えていく様子がえがかれている。

イ（ ）紙風船がどこまでも高く上がっていく様子によって、美しい願いごとがどんどんかなっていくことを表現している。

ウ（○）美しい願いごとをかなえることをあきらめないすがたが、紙風船を何度でも打ち上げようとする様子に重ねられている。

---

2 ②「誕」は、ごんべんに「延長」の「延」です。

3 ②二つのものを比べることを「比較」といいます。二つのものをまとめることは「総括（かつ）」などの言葉が当てはまります。

4 何かについて伝え合うために、どのようなことが重要なのか確かめましょう。

5 「哲学（てつ）」とは、世界や人生の中のすべての物事の真理を、深く考察する学問のことです。ここでは「真理」とは「そもそもどういうことか」に当たります。

6 「読書タイムライン」を作ったときの流れをふり返りましょう。
「読書タイムライン」について他の人と意見を交かんしたあとに、自分のものをふり返って、これからの自分の読書について考えます。

1 ①「拝む」は、神仏などに手を合わせ、頭を下げていのることです。
⑥「尊い」は「とうとい」「たっとい」のどちらでも正解です。

2 ②「拝」の横線の数に気をつけて書きましょう。
③「尊重」とは、尊いものとして大事にあつかうという意味です。

3 ①アとウは丁寧（ていねい）な言い方ではないので、ふさわしくありません。
②イ「こっち」は「こちら」のくだけた言い方なのでふさわしくありません。ウ「してみます」は何かをしようとところみる場合の言い方のため、ふさわしくありません。

4 (1)ふつうの文と言葉の順序を変え、感動を表したり意味を強めたりしています。
(2)二回以上使われている言葉を探します。
(4)「紙風船」と「美しい願いごと」を、高く打ち上げようといっています。
(5)落ちてくる「紙風船」を何度でも打ち上げるように、「美しい願いごと」を何度でも高くかかげようと伝えている詩です。

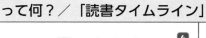

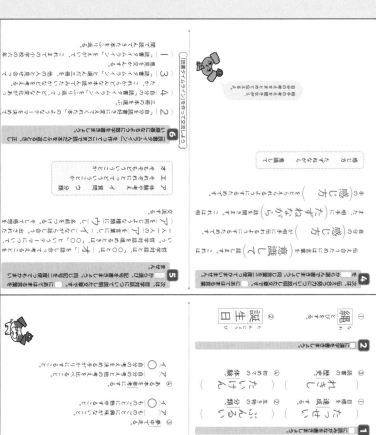

確かめのテスト① 78〜79ページ

あなたはどう感じる？ 〜 紙風船

おうちのかたへ

答えにつまずいたときは、答えやすい小さな発問を重ねていくとよいでしょう。「AかBかなら、どちら？」「もし〜ならどう？」などの聞き方で質問しましょう。

文章を読んで、答えましょう。　思考・判断・表現

例えば、君と友達が、好きなアニメについて夢中になって話しているとしよう。君が、「あの登場人物は、こういうところがかっこいいよね。」と言うと、友達も、「そうそう、それにこういうところもいいよ。」と言葉を返してくる。君が、「前回の話はおもしろかったよね。」と言えば、友達は、「あそこがよかったよね。」と返してくるだろう。そのように、二人で「言葉のキャッチボール」をしている時、君は、友達が、君と同じようにこのアニメが大好きで、うれしくて気持ちをはずませていることを、疑いはしないだろう。

もちろん、相手がうれしがっているふりをしている可能性もあるが、二人で夢中になって話をして盛り上がっている時に、そのような疑いをもつことはない。疑いをもつとしたら、作り笑いの表情が見えたり、言葉のはしばしから、「あれ、変だな。無理しているみたいだ。」と感じたりした時だけだ。

また、言葉のキャッチボールをしていると、自分と相手が同じように感じているところだけでなく、それぞれの感じ方のちがいに気づかされることもある。

しかし、これは、おたがいがわかり合えない、ということではない。むしろ、おたがいのちがいがわかった、ということなのだ。だから、もう少し相手の気持ちを知りたくなったら、「どうして？」とか「どんな感じ？」というふうにたずねてみればいい。たずね合うことで、私たちは少しずつ、おたがいの気持ちの細かいところもわかっていく。

おたがいの心を百パーセント理解し合うことは不可能だとしても、言葉や表情をやりとりすることによって、私たちは、それなりに心を伝えたり、受け取ったりしているのである。

ぼくは今、あの「うす暗い電球事件」のことを、「自分には、自分だけの心の世界がある」という気づきから生まれてきたものだろうと思っている。

私たちは、幼い時には、そういうことを特に意識していない。しかし、成長し、自立していくなかで、しだいに、親や周りの人々からは見えない心の世界や秘密をもつようになり、そのことを意識するようになる。そして同時に、他の人もまた、周りからは見えない、その人なりの心の世界をもっていることにも、少しずつ気づいていく。そういう気づきが、ある時、「自分が感じていることと、他の人が感じていることが同じであるという保証はどこにもない。」という思いに発展していったのにちがいない。

西研「ぼくの世界、君の世界」より

1 「『言葉のキャッチボール』」とありますが、これについて次の問いに答えましょう。　10点

① 「言葉のキャッチボール」とは、どういったことですか。一つに○をつけましょう。

ア（　）自分が言ったことを相手が賛成してくれること。
イ（　）話しかけたら相手がすぐに返事をくれること。
ウ（○）ある話題について相手と気持ちよく話し合うこと。

② 「言葉のキャッチボール」をしていると、どんなことに気づかされますか。それを説明した次の文の㋐・㋑に、あてはまる言葉を書きましょう。　一つ10点（20点）

・自分が［㋐］ことや、その反対に、自分が［㋑］こと。

㋐（例 相手と同じように感じている）
㋑（例 相手とちがう感じ方をしている）

2 できたらスゴイ！　「そのような疑い」とは、どのような疑いですか。文章中の言葉を使って書きましょう。　15点

（例 相手がうれしがっているふりをしているかもしれないという疑い。）

3 「おたがいの気持ちの細かいところもわかっていく。」とありますが、どうすることでわかっていくのですか。ここより前の部分の言葉を使って、三十字以内で書きましょう。　15点

例 「どうして？」「どんな感じ？」というふうにたずね合うこと。

4 よく出る　「『自分が感じていることと、他の人が感じていることが同じであるという保証はどこにもない。』という思い」は、何に気づくことで生まれるのですか。それを説明した次の文の［　］にあてはまる言葉を書きましょう。　15点

・自分も他の人も［　］に気づくこと。

（例 自分だけの心の世界をもっていること）

5 文章の内容にあてはまらないものを一つ選び、○をつけましょう。　15点

ア（　）相手に作り笑いの表情が見えると、本当は楽しくないのではないかと疑いをもつ。
イ（○）信らいする相手なら、完全に理解し合うことも可能だ。
ウ（　）言葉や表情をやりとりすることで、心を伝え合う。
エ（　）幼い時には自分と相手のちがいを意識しない。

6 考えて書こう　あなたは、「自分だけの心の世界がある」ことを、どのような時に感じますか。その経験を書きましょう。　10点

（例 クラスに好きな子がいることを、いつもいっしょにいて何でも言い合っていた友達にも話さなかった時。）

---

1 ①「言葉のキャッチボール」とは、たがいに共感し合いながら言葉をかわすことです。
②二つあとの段落に、「言葉のキャッチボールをしていると、……気づかされる」と説明されています。

2 「その」よりも前に注目して内容をとらえ、文末が「疑い。」となるようにまとめましょう。

3 ――線をふくむ文は、「たずね合うことで……わかっていく」という文です。どのようにたずね合うのかをふくめて答えましょう。

4 ――線の直前に「そういう気づき」とあります。どのような気づきなのかを、「気づき」「気づく」という言葉に注意して読み取りましょう。

5 「おたがいの心を百パーセント理解し合うことは不可能」とあるので、イはあやまりです。

6 今自分の心の中だけでとどめておいた経験や、自分の気持ちを理解してもらえなかった経験などを思い出しましょう。そんな経験が書いてあれば正解です。

例2 妹といっしょに映画を見に行き、自分はとてもおもしろい映画だと思ったのに、妹はつまらなかったと話していた時。

確かめのテスト② 80〜81ページ

あなたはどう感じる？ 〜 紙風船

1 読みがなを書きましょう。（一つ2点〔20点〕）

① 口紅をぬる。（くちべに）
② 太陽系（けい）
③ 規律をまもる。（きりつ）
④ 聖地じゅんれい（せいち）
⑤ アメリカ合衆国（がっしゅうこく）
⑥ 神秘的な景色。（しんぴ）
⑦ 議案を否決する。（ひけつ）
⑧ 胃カメラ（い）
⑨ 尺八という楽器。（しゃくはち）
⑩ 担任の先生はやさしい。（たんにん）

2 □に漢字を書きましょう。（一つ2点〔20点〕）

① 肺活量
② 発展する国々。
③ 真面目な性格。
④ 有名人が亡くなる。
⑤ 土を盛る。
⑥ 大会を閉会する。
⑦ 仁義を重んじる。
⑧ 意見を尊重する。
⑨ いろいろな宗教。
⑩ 動物には内臓がある。

3 ――線の言葉の使い方が正しいほうに○をつけましょう。（一つ4点〔12点〕）

① ア（○）少しも面白くないけれど作り笑いをする。 イ（　）逆転勝利したので作り笑いをする。
② ア（○）このケーキのおいしさは保証するよ。 イ（　）借りた自転車をこわしてしまい、保証した。
③ ア（　）言葉のはしばしから気持ちがわからない。 イ（○）言葉のはしばしに決意が表れている。

4 （　）にあてはまる言葉を□から選んで書きましょう。（一つ4点〔12点〕）

① 旅行に連れていくというのは、（あくまでも）合格したらという話だ。
② （ひょっとしたら）、あの子はぼくのことが好きなのかもしれない。
③ 遠りょするのではなく、（むしろ）、積極的に発言してほしい。

むしろ　あくまでも　ひょっとしたら

5 場面に合う正しい言葉を使っているものに、○をつけましょう。（一つ6点〔12点〕）

① 観光ガイドとして案内する時
ア（○）こちらまでご案内します。
イ（　）こっちまで案内します。
ウ（　）こちらまで案内していきます。

② 知らない人とぶつかってしまった時
ア（　）ごめん。
イ（○）すみません。
ウ（　）すいません。

6 ――線の言葉を、□の中の言葉を使って改まった言い方に書きかえましょう。（一つ8点〔24点〕）

① 荷物が届いたら、知らせてください。（例 ご一報ください）
② あなたの考えは、わかりました。（例 承知しました）
③ これより、生徒総会を始めます。（例 開会します）

承知　開会　解散　一報

準備 82〜83ページ

「迷う」

新しい漢字　教科書81ページ　刻（コク・きざむ）8画

1 読みがなを書きましょう。

① 思う存分遊ぶ。（ぞんぶん）
② この問題は簡単だ。（かんたん）
③ 深刻なやみ。（しんこく）
④ 棒を拾う。（ぼう）
⑤ 地らいを探知する。（たんち）
⑥ 思いの外難しい。（ほか）
⑦ 家の真横にある。（まよこ）
⑧ ねこを飼う。（か）
⑨ 兄の妻。（つま）
⑩ 味気ない人生。（あじけ）

2 □に漢字を、□に漢字と送りがなを書きましょう。

① とても空腹だ。
② 危険ながけ。
③ 複雑な道。
④ 海岸にある家。
⑤ 疑問を解決する。
⑥ 宿題を提出する。
⑦ 漢字の試験。
⑧ 小鳥の群れ。
⑨ まちがいを探す。
⑩ 時を刻む。

3 正しい意味に○をつけましょう。

① ひとしきり笑う。 ア（○）しばらくの間。 イ（　）ずっと。
② がけくずれのためうかいする。 ア（　）まっすぐ進む。 イ（○）回り道をする。
③ でたらめなことを言う。 ア（○）いい加減なこと。 イ（　）難しいこと。
④ 食べ物がなく、うえに苦しむ。 ア（○）ひどくおなかが空くこと。 イ（　）病気のこと。
⑤ 味気ない人生を送る。 ア（　）おもしろいこと。 イ（○）つまらないこと。
⑥ 切実な願い。 ア（　）悲しく感じるさま。 イ（○）心に強く感じるさま。

3分でワンポイント　文章の特徴をとらえよう。

★①〜③にあてはまる言葉を□の中から選んで、記号を書きましょう。

「迷う」のいろいろな例
- 迷いこんできたネコのマヨちゃん
- メニュー選びに迷うフランス人
- 漢字の書き取り試験で正しい字の形に迷う
- 道に迷って困りはてる
- 道に迷わないアリなどの虫たち
- えさをとりに行くべきか迷うカモメの妻

→ ①イ に迷って決断を下してもさらに迷ったり、②ウ になり落ちこんでしまうこともある。

→ 迷いのない人生は味気ない。③ア がわからないから迷うという人もいるが、③ア がすべてわかると、生きていく楽しみがなくなってしまうのではないか。

ア 先のこと　イ 深刻　ウ よくない結果

---

3 ②「保証」とは、だいじょうぶであるとして責任を持つという意味です。同じ読み方の「保障」は状態が悪くならないように保護すると言う意味です。

4 ①「合格したら」という仮の話をしているので、（　）には「あくまでも」が入ります。
②「好きなのかもしれない」という確実ではない話をしているので、（　）には「ひょっとしたら」が入ります。
③（　）の前後で、反対の内容を言っています。そのため、（　）には「むしろ」が入ります。

5 ①「こっち」は「こちら」という言葉がくだけた表現なので、適切であるとは言えません。
②アは友達どうしなどの親しい人に使う言い方です。また「すいません」は、「すみません」を言いやすくした話し言葉であり、かしこまるべき場面で使う表現ではありません。

6 漢語（漢字を音読みする言葉）を使うことで、より改まった言い方になります。
②「承知いたしました」でも正解です。
③「開会いたします」でも正解です。

1 ①「存分」とは、思い通りという意味です。
⑤「探知」とは、かくされているものを探して知るという意味です。

2 ①「腹」を「復」や「複」と書きまちがえないように気をつけましょう。
②「険」を「検」と書きまちがえないように気をつけましょう。
⑤「疑問」とは、知らないことやわからないことに興味を持ってたずねることです。「疑」の右側の形に気をつけましょう。

3分でワンポイント

『迷う』（日高敏隆）は、エッセイです。エッセイとは、筆者が物事やできごとを通して、自分のものの見方や考え方、感じたことなどを読者に伝わるように書いた文章のことです。

この文章では、筆者がいろいろな「迷う」の例をあげて、自分の考えを読者に伝えています。このような文章の特徴をとらえましょう。

確かめのテスト

84〜85ページ

「迷う」

おうちのかたへ

随筆（エッセイ）は、文章を通して筆者がどのようなことを伝えようとしているのか考えながら読むようにしましょう。

また、読者に印象的に伝えるために、書き方を工夫している場合もあります。その場合はどのような工夫があるかもおさえましょう。

文章を読んで、答えましょう。　思考・判断・表現

鳥の世界にも事故はよく起きる。妻がじっと巣にすわって待っているのに、いつになっても夫が帰ってこない。もしかすると、どこかで事故にあって、帰ってこられないのかもしれない。それでも妻はじっと待っている。ひなを残して自分も巣をはなれてしまったら、それこそひなが危険にさらされるからだ。事実、どうやらキツネがそこらをうろついているようだし、カラスの群れも近くを飛び回っている。巣をはなれてはいけない。

けれど、妻はしだいにおなかがすいてくる。ひなたちだって、もう空腹だ。えさの魚をとってきてやらなくては。しかし、依然として夫は帰ってこない。カラスの群れは姿を消したけれど、キツネはまだ近くをうろついている。だが、だんだん夕暮れがせまってくる。

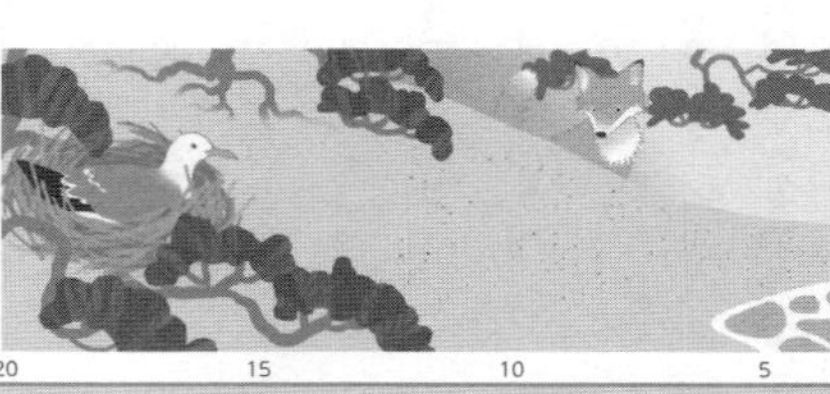

暗くなったら、えさをとりには行かれない。妻は大いに迷う。

このまま巣にすわっていたら、自分もひなもうえてしまう。巣をはなれたら、ひながキツネにおそわれるかもしれない。いったい、どうしたらよいのだろう。

ついに妻は決断する。彼女は思いきって飛びたち、急いでえさをとりに行く。だが、キツネの危険があまりに大きかったら、彼女はうえにたえるほうを選ぶだろう。迷いの中で、彼女が何を根拠に決断を下すのか。それは簡単にわかることではない。

深刻に迷った末に決断を下しても、まだ迷うということもあるし、決断を下した結果が思いの外よくなくて、落ちこんでしまうこともある。

それでもやっぱり、迷いのない人生なんて味気ないだろう。先のことがわからないから、どうしてよいか迷ってしまうのだ、という人もいる。けれども、本当に先のことがみなわかっていたら、生きていく楽しみなんかなくなって、何かをしようとする気も、うせてしまうのではないだろうか。

日高敏隆『迷う』より

1 「妻はじっと待っている。」とありますが、妻のカモメは何を待っているのですか。　10点

（例 夫が（えさをもって）帰ってくること。）

2 よく出る 「妻は大いに迷う。」について、次の問いに答えましょう。

① 何と何とで迷うのですか。次の□にあてはまる言葉を、十字以上十五字以内で書きましょう。　10点

□か、巣をはなれてえさをとりに行くかで迷う。

例 このまま巣にいてひなを守る

② 迷っている気持ちをよく表している二十字以内の一文を、文章中から書きぬきましょう。　10点

いったい、どうしたらよいのだろう。

3 「それ」とは何をさしますか。□にあてはまる言葉を文章中から書きぬきましょう。　一つ5点（10点）

決断を下すことにした根拠。

4 できたらスゴイ！ 「先のことがわからないから、どうしてよいか迷ってしまう」とありますが、先のことがわからないことにはどういったよい点があると筆者は考えていますか。「先のことがわからないので、」に続く形で書きましょう。　10点

先のことがわからないので、

（例 生きていく楽しみが生まれ、何かをしようとする気もおこる。）

5 この文章を二つに分けるとすると、後半はどこからですか。後半の初めの五字を書きぬきましょう。　10点

深刻に迷っ

6 文章の内容に合うものには○、合わないものには×をつけましょう。　一つ5点（30点）

ア（×）鳥に起きる事故の多くは、人間が関わっている。
イ（○）巣にひなだけでいると他の動物にねらわれやすい。
ウ（×）鳥は迷っても、常にえさを得ることを最優先する。
エ（○）鳥も人間も迷うという点においては同じである。
オ（○）迷った末に決断した場合でも後悔することはある。
カ（○）迷うからこそ人生はおもしろいともいえる。

7 考えを書こう あなたはどういうときに迷い、どのような決断をした経験がありますか。決断した根拠もふくめて具体的に書きましょう。　10点

（例 しょうぎ部に入るか、じゅうどう部に入るか迷い、強くなりたいと思ったので、じゅうどう部に入ることを決断した。）

---

1 3行目に「いつになっても夫が帰ってこない」とあるので、夫のことを待っているとわかります。

2 ①「巣にいてひなを守る」という内容が書けていたら正解です。

3 指示語の内容は、直前からとらえるのが原則です。直前部分に着目して、「簡単にわかることではない」のは何かを考えます。

4 文章の最後に、先のことがわかっている場合のよくない点が述べられています。その反対の内容を書きましょう。

5 前半はカモメの妻が迷う様子、後半は迷うことに対する筆者の考えが述べられています。

6 アは「人間が関わっている」、ウは「常にえさを得ることを最優先する」という部分があやまりです。

7 「何と何とで迷ったか」「結局、どう決断したか」「そのように決断した根拠（理由）」の三つが書けていれば正解です。

例2 学級委員を引き受けるかどうかで迷ったが、小学校最後のクラスを楽しいクラスにしたいと思ったので、引き受ける決断をした。

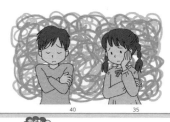

準備 86~87ページ
六年間の思い出をつづろう　――卒業文集

かきトリ 新しい漢字

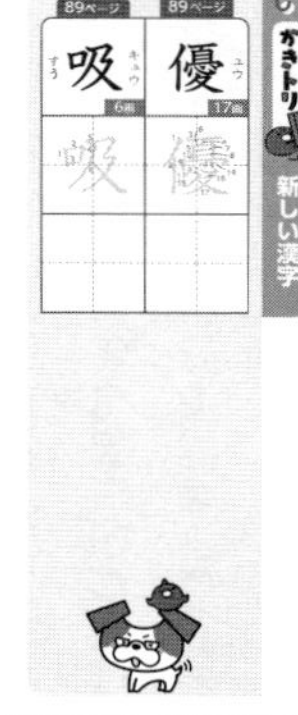

教科書89ページ

優	吸
17画	6画

1 □に読みがなを書きましょう。

① 宿題を優先する。（ゆうせん）
② 息を吸う。（す）
③ 魚の骨をとりのぞく。（ほね）
④ 新しい内閣がうまれる。（ないかく）
⑤ 授業を短縮する。（たんしゅく）
⑥ 温泉に行く。（おんせん）

2 □に漢字と送りがなを書きましょう。

① 水を吸収する。
② 沿道から、おうえんする。
③ 疑いがある。
④ 批判的に考える。
⑤ 間を縮める。
⑥ 彼は優しい。
⑦ 文の順序。
⑧ 将来の夢。
⑨ 尊敬する人。
⑩ 車の座席。
⑪ 試合は延長戦になった。

3 正しい意味に○をつけましょう。

① 文章を推敲する。
ア（○）文章をよくしようと、何度も考えること。
イ（　）文章をよくしようと、全く別の内容に変えること。
② 座右のめいを書く。
ア（○）自分がよりどころとしている言葉。
イ（　）昔の人が言った名言。
③ 朝の空気はすがすがしい。
ア（　）気分が悪いこと。
イ（○）気分が良いこと。
④ 達成感を味わう。
ア（○）物事を成しとげたときに得られる満足感。
イ（　）物事に取り組むときに感じる不安。

4 ア～エの卒業文集を書く作業を、正しい順番に並びかえましょう。

（ウ→ア→イ→エ）

ア　文章の構成を考える。
イ　文章を書く。
ウ　書く事柄を決める。
エ　推敲する。

5 文章を書くときの表現の工夫の例です。□にあてはまる言葉を□から選び、記号を書きましょう。

① その時の様子や（イ）にぴったりな言葉を選ぶ。
② 何かに（ア）。
③ 言葉や文の（ウ）を変える。

ア　たとえる
イ　気持ち
ウ　順序

6 次は、飼育係をした思い出について書かれた文章です。正しい順番になるように数字を書き入れましょう。

（1）にわとりが苦手なのに、飼育係になってしまった。
（4）それで自分でも興味を持ち始め、よく観察するようになった。
（5）すると、意外と人になつくし、一羽一羽に性格のちがいもあることがわかった。
（2）なぜ苦手なのかというと、にわとりは、何を考えているかわからないからこわいのだ。
（6）にわとりは、何を考えているかわからないこともあるけど、もうこわくない。
（3）いやいや世話をしている私に、同じ係の岩田さんがにわとりについていろいろと教えてくれた。

準備 88~89ページ
言葉と私たち／同じ訓をもつ漢字

かきトリ 新しい漢字

教科書92ページ

就	値	憲	納	盟	革
12画	10画	16画	10画	13画	9画

揮	卵	寸	鋼	供
12画	7画	3画	16画	8画

1 □に読みがなを書きましょう。

① 就職活動をする。（しゅうしょく）
② 指揮者になりたい。（しきしゃ）
③ 鉄鋼業がさかんな町。（てっこう）
④ 服の寸法を測る。（すんぽう）
⑤ 税金を納める。（おさ）

2 □に漢字を書きましょう。

① 卵を割る。
② 憲法は大事だ。
③ 証拠を提供する。
④ 数学で値を求める。
⑤ 学校を改革する。
⑥ 同盟を結ぶ。

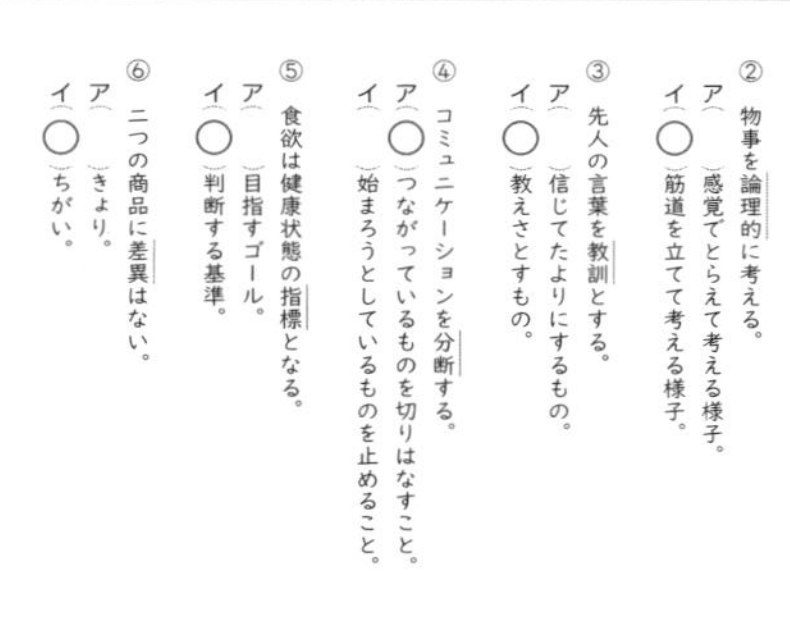

言葉と私たち

3 正しい意味に○をつけましょう。

① 作業を効率的に進める。
ア（○）むだがない様子。
イ（　）急いで行う様子。
② 物事を論理的に考える。
ア（　）感覚でとらえて考える様子。
イ（○）筋道を立てて考える様子。
③ 先人の言葉を教訓とする。
ア（　）信じてたよりにするもの。
イ（○）教えさとすもの。
④ コミュニケーションを分断する。
ア（○）つながっているものを切りはなすこと。
イ（　）始まろうとしているものを止めること。
⑤ 食欲は健康状態の指標となる。
ア（　）目指すゴール。
イ（○）判断する基準。
⑥ 二つの商品に差異はない。
ア（　）きょり。
イ（○）ちがい。

同じ訓をもつ漢字

4 次の□にあてはまる漢字を書きましょう。

① さす
・北の方角を指す。
・話に水を差す。
② たつ
・人との関係を絶つ。
・勢いよくいすから立つ。
③ おさめる
・王が国を治める。
・医学を修める。
④ のぞむ
・合格することを望む。
・窓から海を臨む。
⑤ うつす
・ノートを写す。
・鏡に映す。
⑥ やぶれる
・布が破れる。
・試合に敗れる。

2 ②「沿道」は、道ばたのことをいいます。⑥「優しい」は人やものの性質に対して用います。同じ読み方である「易しい」は、問題や課題の難易度を表現する時に用います。

3 ①推敲は中国の昔の話からできた言葉です。詩のある部分で、「推す」と「敲く」のどちらを使うか迷ったというエピソードに由来しています。

4 文章を書く時には、このような順番を心がけましょう。文章を書いたあとに友達と読み合うのもよいでしょう。

5 ①その時の様子や自分の気持ちに最も合っていると思う言葉を探すことで、読む人に自分が言いたいことが伝わりやすくなります。
②比喩などを用いて、わかりやすく伝えましょう。
③読む人に印象付けるために、言葉や文の順序を変えることがあります。

6 この文章では1番に「にわとりが苦手だ」と述べ、2番ににわとりが苦手な理由を述べ、最後の6番に「にわとりは、何を考えているかわからないこともあるけど、もうこわくない。」と述べて、対比させています。始めと終わりを対比させることで、にわとりに対する心情の変化を、読み手の印象に残るようにしています。

1 ④「寸法」とは、ものの長さのことを言います。

2 ①「卵」は七画で書きます。注意して覚えましょう。

3 ①「効率的」とは、むだがなく、使った力に対してはかどりぐあいがよいことをいいます。
⑤「指標」とは、物事の見当をつけるための、基準のことをいいます。この文は、食欲が健康状態を表す、目印になるということです。

4 ①方向や特定のものを示す時に「指す」を用います。「差す」は、「日が差す」や「水を差す」のように、「現れる・入れる」という意味の時に使われます。
④「臨む」は、その場所や機会に居合わせるという意味があります。「臨時」や「臨海」などの言葉があります。

確かめのテスト　90~91ページ

六年間の思い出をつづろう ～ 漢字の広場⑤　同じ訓をもつ漢字

1 読みがなを書きましょう。　一つ2点(12点)

① たなに 収納 する。（しゅうのう）
② 革命 を起こす。（かくめい）
③ 憲法 記念日（けんぽう）
④ との様のお 供 をする。（とも）
⑤ 学校を 優先 する。（ゆうせん）
⑥ 薬を 吸入 する。（きゅうにゅう）

2 □に漢字を書きましょう。　一つ2点(8点)

① 銀行に 就職（しゅうしょく）する。
② スポーツ 連盟（れんめい）
③ 価値（かち）のある敗北。
④ お墓に花を 供（そな）える。

3 次の□に漢字を書きましょう。　一つ4点(24点)

あける
① びんのふたを 開 ける。
② ご老人のために席を 空 ける。
③ 除夜のかねが鳴って、年が 明 ける。

つとめる
① 貿易会社に 勤 める。
② 中川さんが、議長を 務 める。
③ 両親の説得に 努 める。

4 卒業文集を書く時の進め方について書いた文章の（　）にあてはまるものを、□の中から選んで、記号を書きましょう。　一つ8点(24点)

・書く（①イ）を決める。
・文の（②ウ）を考える。
・文を書く。
・文を（③ア）する。
・友達と読み合う。

ア 推敲　イ 事柄　ウ 構成

5 文章を読んで、答えましょう。　思考・判断・表現

宇宙飛行において、安全で、効率的に仕事を進めるために、飛行士どうしや地上との交信、文書による連絡の際には、論理的な表現を使うことを心がけています。打ち上げや着陸、船外活動など のあわただしい作業時や、気があせりがちな緊急事態発生時にも、論理的な思考が役に立ちます。本を読むことで、宇宙の仕事で不可欠な論理的な考え方の基礎を、学ぶことができたと思います。

世の中にはすばらしいこと、貴重な情報がたくさんありますが、そうしたことに直接出会い、体験する機会は、そう多くはありません。読書によって、先人や著者のもつさまざまなかちある知識や考え、教訓を吸収して、人生の糧とすることができます。それが、新しい事実を発見したり、新たな考えを導き出したりするきっかけになると思います。

（若田 光一「言葉と私たち」より）

できたらスゴイ！
(1) 「論理的な表現を使うことを心がけています。」とありますが、それはなぜだと思いますか。一つに○をつけましょう。　6点

ア（○）安全で、効率的に仕事を進められるから。
イ（　）あらかじめ決められた表現だから。
ウ（　）論理的に考えることで楽しくすごせるから。
エ（　）論理的な表現が好きだから。

よく出る
(2) 「人生の糧」とはどういうものですか。一つに○をつけましょう。　6点

ア（　）人生をお金持ちにしてくれるもの。
イ（○）人生を豊かにしてくれるもの。
ウ（　）人生を気楽にしてくれるもの。
エ（　）人生を複雑にしてくれるもの。

考えを書こう
(3) 論理的な思考はどのようにして身につくと思いますか。あなたの考えを書きましょう。　20点

例 いろいろな本を読んだり、さまざまな人の話を聞いたりして、その知識を学び、自分のものとすることによって身につくと思う。

準備　92~93ページ

津田梅子 ――未来をきりひらく「人」への思い

かきトリ 新しい漢字

教科書96ページ	96ページ	99ページ	106ページ
幕（マク・バク）13画	訳（ヤク・わけ）11画	机（つくえ）6画	翌（ヨク）11画

112ページ	112ページ	112ページ
認（みとめる）14画	潮（チョウ・しお）15画	障（ショウ）14画

「潮」は「満ち潮」のように、海の水に関わる言葉に使うよ。同じ読みの「塩」とまちがえないようにしよう！

1 □に読みがなを書きましょう。

① ロボットが 故障 する。（こしょう）
② 学問の自由を 認 める。（みと）
③ 海が引き 潮 になる。（しお）
④ 訳 を話してください。（わけ）
⑤ 大会が 開幕 する。（かいまく）

2 □に漢字を書きましょう。

① 幕府（ばくふ）について学ぶ。
② 人権が 保障（ほしょう）されている。
③ 机（つくえ）の上に何かがある。
④ 翌日（よくじつ）、学校を休んだ。
⑤ 最高潮（さいこうちょう）に達する。
⑥ 英語の 通訳（つうやく）をする。

3 正しい意味に○をつけましょう。

① 無為に時間を過ごさないようにする。
ア（○）何もしないでぶらぶらすること。
イ（　）適当な生き方をすること。

② 時代の潮流に乗る。
ア（　）時代のはやり。
イ（○）時代の動き。

③ この仕事は私にとって天職だ。
ア（　）もっとも変えたい仕事。
イ（○）もっとも合う仕事。

④ またたくまの出来事。
ア（　）長いあいだ。
イ（○）きわめて短い時間。

⑤ 志高く生きていきたい。
ア（○）心に決めた目標。
イ（　）人生。

⑥ 天真らんまんな子どもたち。
ア（　）荒々しいこと。
イ（○）純真で素直なこと。

3分でワンポイント　文章の内容をとらえよう。

★次の年表の①～③にあてはまる言葉を□の中から選んで、記号を書きましょう。

年	できごと
一八七一	日本で初めての（①ウ）の一人として、六歳でアメリカへ旅立つ。
一八八二	アメリカ留学から日本へ帰国したが、アメリカで学んだ成果を役立てる場所がつくられていなかった。日本の女性が自由に教育を受けられるようにしたいと考える。
一八八五	華族女学校の教師になるが、学ぶことの楽しさを伝えられないと感じる。
一八八九～一八九一	再びアメリカに留学し、大学で英文学と歴史学、生物学を学ぶ。日本の女性がアメリカに留学できるよう（②ア）を計画する。
一八九九	フローレンス＝ナイチンゲールに出会い、すみれの花束をもらう。自分の理想の学校を創るという覚悟を決める。
一九〇〇	英語教師を育てるための（③イ）を創立した。（③）は生徒が十人の小さな学校だったが、第二次世界大戦後に正式な「大学」となった。

ア 奨学金制度　イ 女子英学塾　ウ 女子留学生

---

1 ①「収」も「納」も訓は「おさ－める」です。

3 同じ訓の漢字の中から、それぞれ文に合うものを書きましょう。

5 (1)前に、「安全で、効率的に仕事を進めるために」と述べられています。

(2)「糧」とは食料のことですが、心を豊かにするものという意味もあります。

(3)「論理的」とは、物事を筋道立てて考えることです。自分の考えが書かれていれば正解です。

例2 どのような順序で伝えれば相手にわかりやすいかを考えながら、話したり、書いたりすることによって、身につくと思う。

おうちのかたへ

同訓異字や同音異義語は問題に取り上げられることが多いです。文の意味を考えて、適切な語句を選ぶことが必要になります。日ごろから、使い分けを意識しているとよいでしょう。

2 ①「幕」という字の上の部分は、「墓」や「暮」などと共通しています。まちがえないようにしましょう。

②「保証」と「保障」は同じ読みですが、意味が異なります。適切に用いるようにしましょう。

3 ②「潮流」は潮の流れと書くので、動きを意味していると覚えておきましょう。

④「またたくま」は漢字で書くと「瞬く間」と書き、「瞬」には、とても短い時間という意味があります。

3分でワンポイント

「津田梅子 ――未来をきりひらく『人』への思い（髙橋裕子）」は、津田梅子という人の生き方をしょうかいした、伝記という文章です。梅子がどのような人生を送ったのか、年れいと西れきを手がかりにしてまとめましょう。

伝記は、しょうかいされている人物がどのような考えで、どのようなことをしたのか、自分はそれに対してどう考えたか、に注目しながら読みましょう。

練習① 94~95ページ

津田梅子　——未来をきりひらく「人」への思い

❶ 4行目から10行目までに書かれている内容をまとめましょう。

❷ 21行目から24行目に書かれていることを確かめましょう。

❸ 梅子が不安に感じる直前に起こったできごとは、授業で生徒に呼びかけても返事がなかったことです。したがって、正解はウになります。

❹ 本文の最後を読むと、梅子は「すぐれた教師になりたい」と述べており、その後に「そのために、アメリカの大学でもっと学びたい。」と言っているので、梅子のしたいことがアメリカの大学で学ぶことであると分かります。

❺ 梅子は自由な教育を望んでおり、「裕福な女性」のみが教育を受けられる状況は自由ではないと言えます。そのためアはあてはまりません。

❻ 「学ぶことの楽しさを伝えることはできない気がする」や「学ぶことの楽しさを伝えられるすぐれた教師になりたい」と、複数回「学ぶことの楽しさ」について述べています。

練習② 96~97ページ

津田梅子　——未来をきりひらく「人」への思い

❶ 7行目に「女性が高等教育を受けられる学校を創りたい、という思いがどんどん大きくふくらんでいった」と書かれています。

❷ 「特別な機会」は、当時のふつうの女性ではすることができなかった「留学」や、「仕事につくこと」を指しています。その部分を書きぬきましょう。

❸ 「そのようなこと」は、——線部の前の文章から読み取ることができます。

❹ ——線のすぐうしろの文章で梅子とナイチンゲールの話した内容が書かれているため、その部分を書きぬきましょう。

❺ ——線の前の部分に注目すると、梅子に強い意志がめばえていることが読み取れます。アはふさわしくありません。

❻ 文章から、梅子は女性の教育のために行動してきたことが分かります。そのため、女性の教育のために努力していることが書かれているウが正解となります。

準備 98~99ページ

日本語の文字／さまざまな読み方

かきトリ 新しい漢字
教科書116ページ 宝
119ページ 著
120ページ 従
120ページ 劇
120ページ 乳
120ページ 朗
120ページ 覧

1 □に読みがなを書きましょう。

① 貴族の 秘宝。（ひほう）
② ヤギの 乳 をしぼる。（ちち）
③ この本の 著者。（ちょしゃ）
④ 多くの人を 従 える。（したが）

2 □に漢字を書きましょう。

① 著名 な方の講演会に行く。
② 宝 を手に入れる。
③ 劇 を見に行く。
④ 牛乳 を買い忘れた。
⑤ 授業の 一覧表。
⑥ 詩を 朗読 する。

3 正しい意味に○をつけましょう。（日本語の文字／さまざまな読み方）

① 従者を連れて外に出る。
ア（○）付き従う人。
イ（ ）自分が従っている人。

② 象形文字について学ぶ。
ア（○）物の形をかたどってできたもの。
イ（ ）数字や位置を示す文字。

③ 舞台の上手を見る。
ア（○）客席から見て、舞台の右の方のこと。
イ（ ）人と比べてすぐれていること。

4 次の説明にあてはまる日本語の文字の種類として、正しいものを選び、記号を書きましょう。（日本語の文字）

①（ウ）日本語の一音一音を表すために作られた、漢字をくずして書かれた文字。
②（イ）外来語や鳴き声、ものの音を表す言葉を書くための文字。
③（ア）音や意味を表す、中国で誕生した文字。

ア 漢字　イ 片仮名　ウ 平仮名

5 次は、さまざまな漢字の読み方について説明した文です。□にあてはまる言葉を□から選んで書きましょう。（さまざまな読み方）

① 上手は「かみて」「うわて」といったように、（意味）によって読み方が変わる言葉です。
② 景色「けしき」や河原「かわら」は、漢字の（音や訓）どおりではなく、特別な読み方をする言葉です。
③ 「降」のように、「お-りる」「お-ろす」「ふ-る」と複数の（訓）がある漢字もあります。

音や訓　訓　意味

6 □に読みがなを書きましょう。

① もの知り 博士（はかせ）
② 下手 の横好き。（へた）
③ 遊園地で 迷子 になる。（まいご）
④ 顔が 真っ青 になる。（まっさお）
⑤ 眼鏡 をかける。（めがね）

7 次の――線の読みを、送りがなもふくめて□に書きましょう。

①
・冷めたお茶。（さめた）
・冷たいゼリー。（つめたい）
・冷えたすいか。（ひえた）

②
・幸せな時間。（しあわせ）
・不幸中の幸い。（さいわい）

1 ①「秘宝」とは、人に見せずにかくしている宝のことです。

2 ①「著名」とは、名前が広く知られていることをいいます。

3 ③客席側から見て、右側が「上手（かみて）」、左側は「下手（しもて）」といいます。舞台側から見ると逆になります。

4 日本語の文字には、さまざまなものがあります。それぞれの文字に成り立ちや、由来などがあります。

5 同じ漢字で表されていても、意味によって読み方が変わることがあります。このような漢字の例が「上手」などです。また、「真っ青（まっさお）」のように、漢字の音や訓どおりではなく特別な読み方をする言葉もあります。さらには「降」のように複数の訓がある漢字があります。このような漢字の場合は、送りがなや前後の語との結び付き、文脈から読み方を区別します。

確かめのテスト① 100〜101ページ

津田梅子 ――未来をきりひらく「人」への思い 〜 漢字の広場⑥ さまざまな読み方

おうちのかたへ

歴史上の人物に関する文章や、舞台設定が現在より昔の物語の場合、文化や考え方が現代と大きく異なることがあります。そのような場合は、インターネットや本などを用いて、理解を深めるようにすすめましょう。

文章を読んで、答えましょう。 思考・判断・表現

日本から海をわたるたびに、梅子は自分を見つめ直してきた。そして今回の旅を経て、いよいよ覚悟が決まった。華族女学校をやめ、自分の学校を創るのだ。国のお金で留学させてもらったのだから、国立の学校で働き、恩返しすることが期待されているのだろう。しかし梅子は、自分が信じる理想の教育にもとづいた学校を創ることで、さらに大きく社会に恩返しができると信じていた。アメリカやイギリスで吸収してきたことを十分に生かしていくために、理想の学校を創って前進していくべきだ。

梅子は、自分の学校を創設するための募金活動を始めた。アメリカで、トマス先生や奨学金制度を作った時の支援者たちが、再び募金活動に賛同してくれた。父や捨松、繁子、アリスも協力をおしまなかった。

一九〇〇（明治三十三）年九月十四日、梅子は「女子英学塾」を創立した。英語教師を育てるための、生徒わずか十人の小さな学校だった。開校式で、梅子はあいさつをした。

「真の教育には、立派な校舎や教材よりももっと大切なことがあります。それは、教師と生徒、両方の熱意です。」

梅子は、ただ講義を聞くのではなく、生徒が自分の考えを持つことを重視した。梅子の熱意に応えようと、生徒も、みな真剣だった。

開校から十三年が過ぎた一九一三（大正二）年の卒業式の日、梅子は卒業生に英語で語りかけた。

「多くを得た人は、社会にそれをお返ししなくてはなりません。人生を無為にせず、広く社会にはたらきかけることのできる、多くの人の役に立つ人になってください。」

梅子は、自分の学校で学び、卒業していく女性たちが、全国の学校で教師として活躍することをほこらしく思った。

一九二九（昭和四）年、梅子は六十四歳でこの世を去った。

梅子の最後の日記にはたった一行、英語で「昨夜はあらし」と書かれていた。困難な状況の中でも前へ前へと進み続けた、梅子の人生を表しているようだった。

第二次世界大戦後、梅子の学校は正式な「大学」となる。そのために力をつくしたのは、梅子が作った奨学金制度で学んだ女性たちだった。

梅子の教育への思い、そして未来をきりひらく「人」への思いは、百年以上の時を経て、今も私たちに受けつがれている。

高橋裕子「津田梅子 ―未来をきりひらく『人』への思い」より

❶ 「いよいよ覚悟が決まった」とありますが、どういうことを言っているのですか。文章中の言葉を使って書きましょう。 10点

（例 華族女学校をやめ、自分の学校を創るということ。）

❷ 梅子は、自分に期待されている恩返しとは、どのようなことだと感じていますか。 10点

（例 国立の学校で働きつづけること。）

❸ 梅子は真の教育に大切なことは何だと考えていますか。（　）にあてはまる言葉を書きぬきましょう。 一つ10点（20点）

教師と生徒、両方の（熱意）が大切であり、生徒が（自分の考え）を持つことを重視した。

❹ **よく出る** 梅子は卒業した生徒のどのような点を「ほこらしく思った」のですか。一つに○をつけましょう。 10点

ア（　）卒業生たちも自分の学校を創った点。
イ（　）卒業生たちが英語で社会を変えていこうとした点。
ウ（○）卒業生たちが教師として人の役に立っている点。

❺ 梅子の人生に関して、どういうことがいえますか。一つに○をつけましょう。 10点

ア（　）国のために働き、教育に関わり続けることで教師としての人生をまっとうした。
イ（○）どんな困難な状況でも女性の教育のために力を注ぎ、学校や奨学金制度を創ることで社会に恩返しをしようとした。
ウ（　）人に何かを教えることを好み、自分の理想の学校を創ることで熱意のある生徒を世に送りだした。

❻ **できたらスゴイ!** 「梅子の教育への思い」について、梅子は自身の学校で教育を受けた生徒に対し、どのようなことを呼びかけましたか。 20点

（例 広く社会にはたらきかけることのできる、多くの人の役に立つ人になってほしいということ。）

❼ **考えを書こう** あなたが直面したことのある「困難な状況」とは何ですか。また、その時、あなたはどのようにその状況をきりぬけましたか。 20点

（例 私は、運動会のダンスの練習でなかなかふりつけが覚えられないという困難に直面したことがあります。その状況をきりぬけるため、毎日放課後にダンスを練習しました。）

---

❷ 梅子は自分の学校を創ることが恩返しになると考えていました。しかし、3行目から4行目にかけて、期待されている恩返しは別のものだろうと考えていることが分かります。その部分をまとめましょう。

❸ 女子英学塾の開校式のあいさつで、梅子が言ったことに注目しましょう。

❹ 卒業生は学校を創ったと書かれていないので、アはあてはまりません。また、梅子は英語を学びましたが、英語で社会を変えようとしたとは書かれていないので、イもあてはまりません。

❺ アは「国のために」という部分があてはまりません。ウは「人に何かを教えることを好み」とは強調されていません。

❻ 28行目から29行目の、梅子が卒業生に語りかけた内容に注目しましょう。「広く社会にはたらきかける」「多くの人の役に立つ」ということが解答に書かれていれば、正解となります。

❼ 「困難な状況の説明」と「その状況をどのようにきりぬけたのかの説明」がふくまれていれば、正解です。

例2 私は、いつも漢字のテストでまちがえてしまうことがありました。漢字を勉強する時間を増やし、友達に勉強の仕方を教えてもらうことで、テストで満点を取れるようになりました。

7 思考・判断・表現 文章を読んで、答えましょう。

漱石との交流も幸いしたのか、子規は体調が回復し、大阪や奈良などを旅行しながら東京にもどりました。その時に奈良で作ったのが、有名な次の俳句です。

柿くへ(エ)ば鐘が鳴るなり法隆(ホウリュウ)寺

しかし、その後、病状が悪化してほとんどねたままの状態となり、子規は自分の命が長くないことを知ります。けれども、悲しみにくれるだけの子規ではありません。自分がなんのために生きてきたのか、これからいかに生きていくべきかを考え、俳句と短歌の革新に情熱をかたむけていきます。俳句や短歌は、言葉をかざって作るものではなく、耳や目に入ってくるものを素直に受け取り、表すものであると考えて、写実的な俳句や短歌のすばらしさをうちだしたのです。ですから、子規の作品は、俳句や短歌についての知識がなくても理解でき、情景が目にうかびやすく、イメージが広がっていきます。

子規には、文学のほかにも夢中になったものがあります。東京での学生時代に、アメリカから伝わったばかりの「ベースボール」に熱中しました。幼い時の名前「升（のぼる）」にちなんで、「野球（の・ボール）」という「号」も使っていました。「直球」

（切り取り線）

(1) 子規は、俳句や短歌をどのようなものだと考えていましたか。四十字で探し、初めと終わりの五字を書きぬきましょう。 完答8点

□□□□□ ～ □□□□□

(2) 子規の俳句や短歌は、どのようであると言っていますか。□にあてはまる言葉を書きぬき、続けて書きましょう。 完答8点

子規の俳句や短歌は □□□ なので、

(3) 「これらの功績」とありますが、どのようなものですか。書きましょう。 8点

(4) 「夏草やベースボールの人遠し」は、どのような情景をよんだものですか。一つに○をつけましょう。 8点

ア（　）夏草のしげる場所で、いっしょにベースボールをし

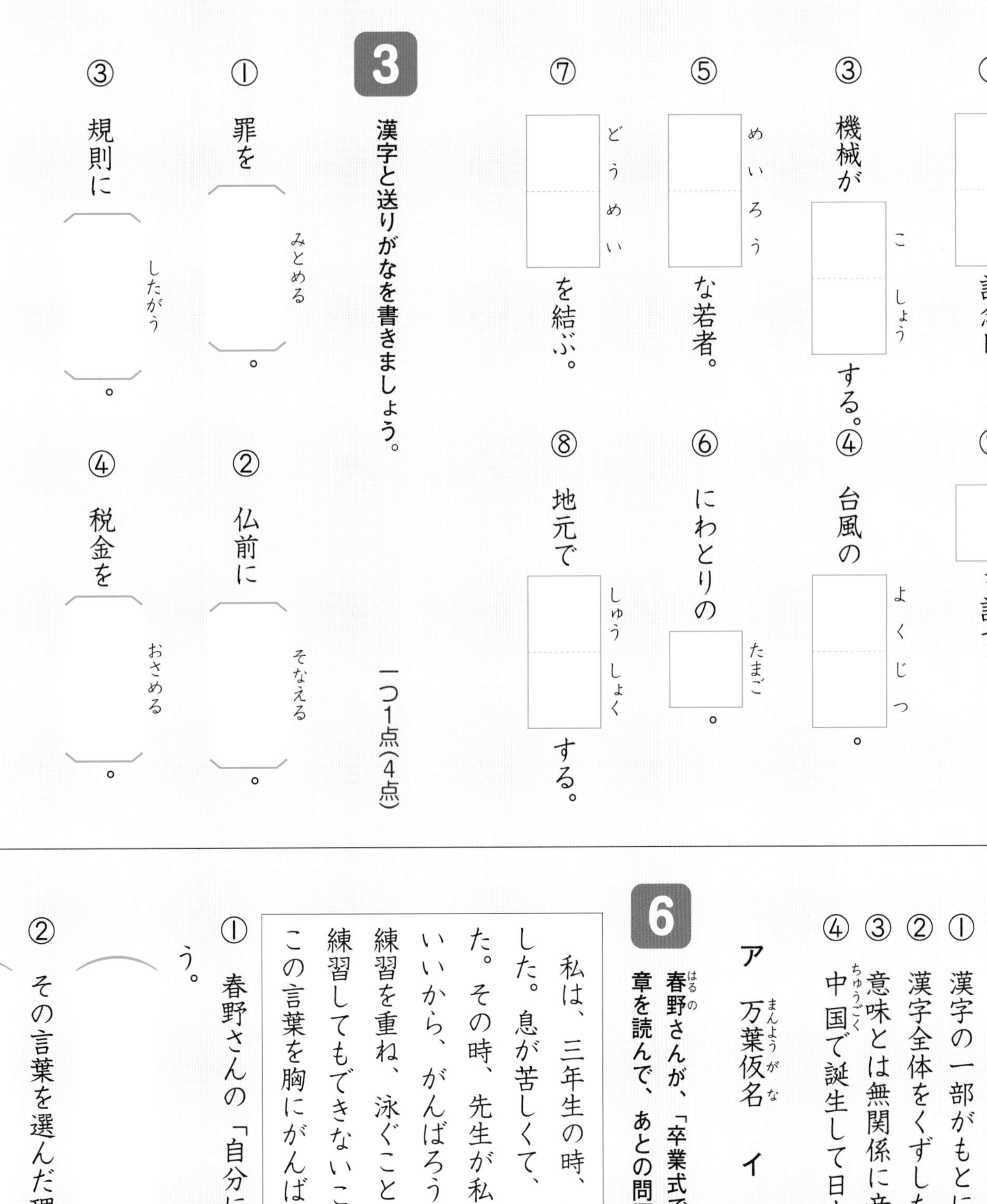

③ 機械が（こしょう）する。　④ 台風の（よくじつ）。

⑤（めいろう）な若者。　⑥ にわとりの（たまご）。

⑦（どうめい）を結ぶ。　⑧ 地元で（しゅうしょく）する。

3 漢字と送りがなを書きましょう。　一つ1点（4点）

① 罪を（みとめる）。　② 仏前に（そなえる）。

③ 規則に（したがう）。　④ 税金を（おさめる）。

(切り取り線)

① 漢字の一部がもとになってできた文字。（　）

② 漢字全体をくずした形からできた文字。（　）

③ 意味とは無関係に音を表すのに用いた漢字。（　）

④ 中国で誕生して日本に伝わった文字。（　）

ア 万葉仮名　**イ** 平仮名　**ウ** 片仮名　**エ** 漢字

6 春野さんが、「卒業式で自分におくりたい言葉」について書いた文章を読んで、あとの問題に答えましょう。

私は、三年生の時、十メートル泳ぐことができませんでした。息が苦しくて、いつも手前で顔を上げてしまいました。その時、先生が私にかけてくれた言葉が「少しずつでいいから、がんばろう。」です。その言葉にはげまされて、練習を重ね、泳ぐことができるようになりました。この先、練習してもできないことがあるかもしれませんが、私は、この言葉を胸にがんばっていきたいです。

① 春野さんの「自分におくりたい言葉」を書きぬきましょう。　3点

（　　）

② その言葉を選んだ理由を書きましょう　4点

（　　）

うらにも問題があります。

「四球」「飛球」「打者」「走者」といった野球用語を作ったのも、子規だといわれています。これらの功績により、二〇〇二（平成十四）年に「野球殿堂入り」を果たしました。

子規は野球に関わる俳句や短歌もたくさんよんでいます。

夏草やベースボールの人遠し

うちあぐるボールは高く雲に入りて
又落ち来る人の手の中に

ねたきりになり、母や妹に支えられて痛みとたたかいながら、それにくっすることなく、仲間とともに俳句や短歌の革新を目ざした正岡子規の生涯は、「明治」という時代に新鮮ないぶきをふきこんだともいえるでしょう。

障子明けよ上野の雪を一目見ん

子規を主人公の一人にした小説『坂の上の雲』を書いた作家の司馬遼太郎は、子規たちのことを、こんなふうに語っています。

楽天家たちは、そのような時代人としての体質で、前をのみ見つめながらあるく。のぼってゆく坂の上の青い天にもし一朶の白い雲がかがやいているとすれば、それのみをみつめて坂をのぼってゆくであろう。

「正岡子規」より

（切り取り線）

ている情景。

イ（　）いっしょにベースボールをした人たちが、今はいないという情景。

ウ（　）遠く夏草の向こうで、ベースボールをしている人たちがいる情景。

エ（　）夏草を見て、ベースボールをした人たちを思い出している情景。

(5) 「『明治』という時代に新鮮ないぶきをふきこんだ」とは、どういうことですか。一つに○をつけましょう。 8点

ア（　）日本人の感性に、新しいものの見方や世界観をあたえた、ということ。

イ（　）日本人のものの見方のせまさを指摘し、広げさせた、ということ。

ウ（　）日本人の自然を愛する感性に、西洋の感性を取り入れた、ということ。

エ（　）日本人の生き方に、自由という考え方を持たせた、ということ。

(6) 司馬遼太郎の言葉は、文章中の子規の、どのようなところにあてはまると思いますか。書きましょう。 10点

（切り取り線）

春のチャレンジテスト

教科書 下90〜下126ページ

名前

月　日

時間 40分

思考・判断・表現 ／50

合格80点 ／100

答え 36ページ

1 読みがなを書きましょう。　一つ1点（8点）

① 幕府（　）の歴史を学ぶ。

② 迷子（　）をさがす。

③ 革命（　）を起こす。

④ 回覧（　）板を回す。

⑤ 人形 劇団（　）に入る。

⑥ 実力を 発揮（　）する。

⑦ 値段（　）が上がる。

⑧ 著者（　）のサイン。

2 漢字を書きましょう。　一つ2点（16点）

けんぽう

わけ

4 □にあてはまる漢字を下の□から選んで書きましょう。　一つ1点（7点）

① あたたかい
ア □かいスープを飲む。
イ □かい日が差す。

温　暖

② さめる
ア 目が□める。
イ 湯が□める。

覚　冷

③ つとめる
ア 改善に□める。
イ 議長を□める。
ウ 新聞社に□める。

勤　務　努

5 次の説明にあてはまる文字の種類をあとのア〜エから選んで、記号を書きましょう。　一つ2点（8点）

③ 機械が［こしょう］する。④ 台風の［よくじつ］。

⑤ ［めいろう］な若者。⑥ にわとりの［たまご］。

⑦ ［どうめい］を結ぶ。⑧ 地元で［しゅうしょく］する。

3 **漢字と送りがなを書きましょう。** 一つ1点(4点)

① 罪を（みとめる）。② 仏前に（そなえる）。

③ 規則に（したがう）。④ 税金を（おさめる）。

（切り取り線）

① 漢字の一部がもとになってできた文字。（　）
② 漢字全体をくずした形からできた文字。（　）
③ 意味とは無関係に音を表すのに用いた漢字。（　）
④ 中国（ちゅうごく）で誕生して日本に伝わった文字。（　）

ア 万葉仮名（まんようがな）　**イ** 平仮名　**ウ** 片仮名　**エ** 漢字

6 **春野（はるの）さんが、「卒業式で自分におくりたい言葉」について書いた文章を読んで、あとの問題に答えましょう。**

私は、三年生の時、十メートル泳ぐことができませんでした。息が苦しくて、いつも手前で顔を上げてしまいました。その時、先生が私にかけてくれた言葉が「少しずつでいいから、がんばろう。」です。その言葉にはげまされて、練習を重ね、泳ぐことができるようになりました。この先、練習してもできないことがあるかもしれませんが、私は、この言葉を胸にがんばっていきたいです。

① 春野さんの「自分におくりたい言葉」を書きぬきましょう。 3点

（　）

② その言葉を選んだ理由を書きましょう 4点

（　）

うらにも問題があります。

春のチャレンジテスト

教科書 下90～下126ページ

名前

月　日

時間 40分

思考・判断・表現 ／50

合格80点 ／100

答え 36ページ

（切り取り線）

1 読みがなを書きましょう。　一つ1点(8点)

① 幕府の歴史を学ぶ。（　　）

② 迷子をさがす。（　　）

③ 革命を起こす。（　　）

④ 回覧板を回す。（　　）

⑤ 人形劇団に入る。（　　）

⑥ 実力を発揮する。（　　）

⑦ 値段が上がる。（　　）

⑧ 著者のサイン。（　　）

2 漢字を書きましょう。　一つ2点(16点)

けんぽう

わけ

4 □にあてはまる漢字を下の□から選んで書きましょう。　一つ1点(7点)

① あたたかい
ア □かいスープを飲む。
イ □かい日が差す。
［温　暖］

② さめる
ア 目が□める。
イ 湯が□める。
［覚　冷］

③ つとめる
ア 改善に□める。
イ 議長を□める。
ウ 新聞社に□める。
［勤　務　努］

5 次の説明にあてはまる文字の種類をあとのア～エから選んで、記号を書きましょう。

② 家に本を［　］れる。

③ 給食当番の［　］（はん）を決める。

④ 運動会の［　　　］（へいかいしき）を行う。

⑤ やっと用事が［　］（す）んだ。

3 次の□には、同じ音（おん）を表す漢字（部分）が入ります。例にならって、あてはまる漢字（部分）と表す音を書きましょう。 完答一つ2点（4点）

例 アフリカ□の暮らしぶりを想（そう）亻□する。　［象］（ゾウ）

① 片□画展の成功を祝って赤飠□をたく。　［　］（　）

② 今年のクラス目木□を投□で決める。　［　］（　）

（切り取り線）

6 次は、生徒の読書量についての意見文の構成表です。（　）にあてはまる文をあとのア～オから選んで、記号を書きましょう。 一つ3点（15点）

序論	**［課題提起］** ①（　）
本論	**事実A**…②（　） ↓ **［意見］** すいせん図書を楽しくしょうかいする。 **事実B**…③（　） ↓ **［意見］** ④（　）
結論	**［まとめの意見］** 本の良さを知らないから読む気にならない人が多い。⑤（　）

ア 朗（ろう）読会をして本のおもしろさを知らせる。

イ また、「読書はつまらない」という声もよく聞く。

ウ アンケートでは本を読まない理由に「何を読めばいいかわからない」と答えた人が多い。

エ だから、全校の読書量を増やすには、図書委員会が本の良さを伝える活動をたくさんすればよいと思う。

オ 全校の読書量を増やすにはどうすればよいだろう。

うらにも問題があります。

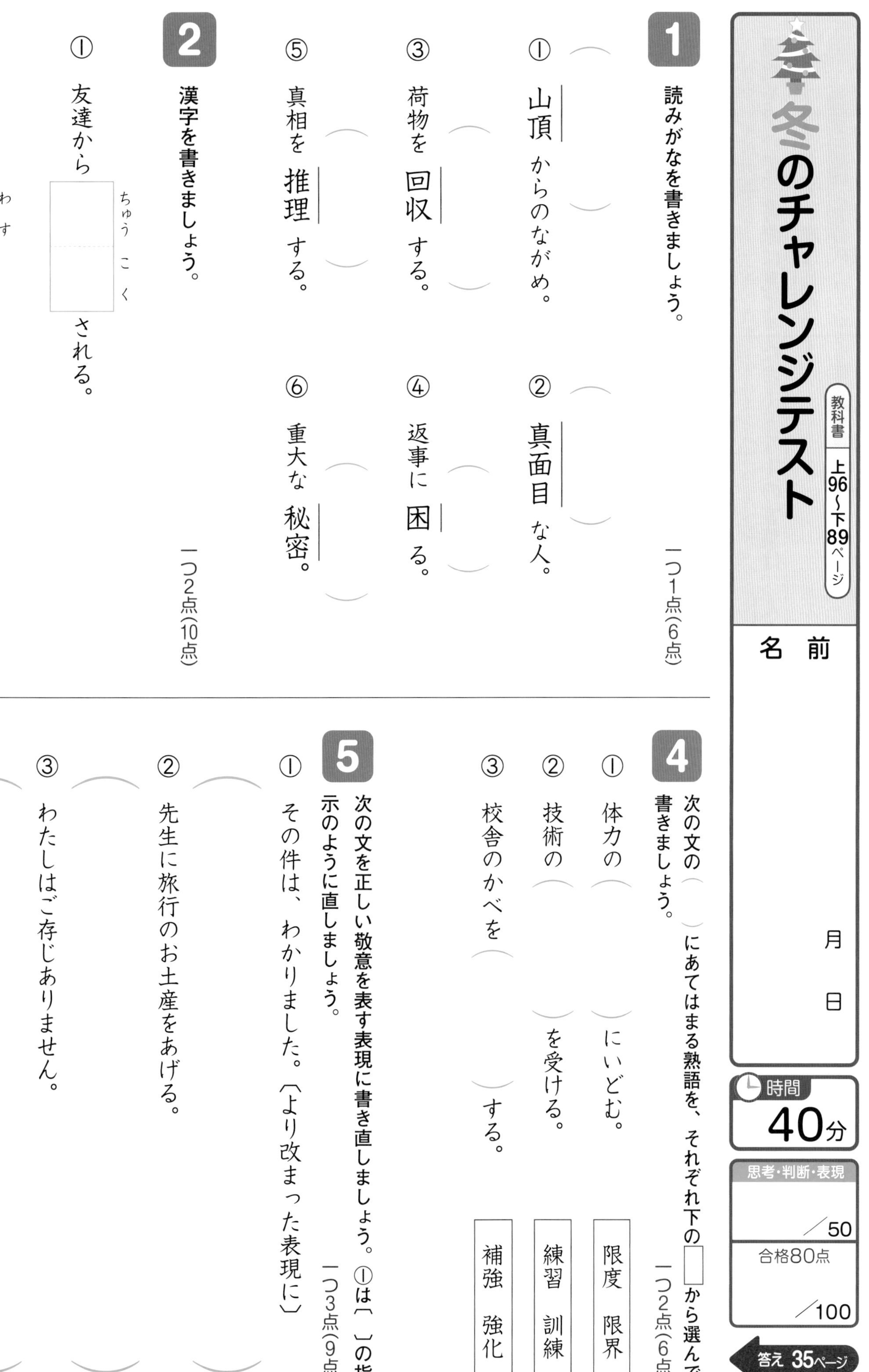

冬のチャレンジテスト

教科書 上96～下89ページ

名前

月　日

時間 40分

思考・判断・表現 ／50

合格80点 ／100

答え 35ページ

1 読みがなを書きましょう。　一つ1点(6点)

① 山頂（　　）からのながめ。

② 真面目（　　）な人。

③ 荷物を回収（　　）する。

④ 返事に困（　　）る。

⑤ 真相を推理（　　）する。

⑥ 重大な秘密（　　）。

2 漢字を書きましょう。　一つ2点(10点)

① 友達から［ちゅうこく］される。

② ［わす］

4 次の文の（　）にあてはまる熟語を、それぞれ下の□から選んで書きましょう。　一つ2点(6点)

① 体力の（　　）にいどむ。　［限度　限界］

② 技術の（　　）を受ける。　［練習　訓練］

③ 校舎のかべを（　　）する。　［補強　強化］

5 次の文を正しい敬意を表す表現に書き直しましょう。①は〔　〕の指示のように直しましょう。　一つ3点(9点)

① その件は、わかりました。〔より改まった表現に〕
（　　）

② 先生に旅行のお土産をあげる。
（　　）

③ わたしはご存じありません。
（　　）

(切り取り線)

② 店の[　　]から出る。

③ 自分でシャツを[あら]う。

④ 会社の将来に[きき]感を持つ。

⑤ パソコンを[そうさ]する。

⑥ 大切な書類を[ほぞん]する。

3 次の——線の漢字の意味を[　]から選んで、記号で答えましょう。　一つ2点(8点)

① 乗降（　　）　② 降雪（　　）

③ 以降（　　）　④ 降参（　　）

ア　ふる。おちてくる。　イ　負けてしたがう。 ウ　おりる。　エ　ある時からあと。

（切り取り線）

6 パネルディスカッションをするとき、次のような役割をする人を、何と呼びますか。[　]から選んで書きましょう。　一つ3点(9点)

① あるテーマに対して、それぞれ異なる立場のグループの代表として、意見を説明する。
（　　　　）

② 論題をしょうかいし、話し合いの流れを説明したり、意見のやりとりをまとめたりして話し合いを進め、最後に話し合い全体をまとめる。
（　　　　）

③ その場にいて論議における説明を聞き、質問や意見を出す。
（　　　　）

フロア　パネリスト　司会者

うらにも問題があります。

夏のチャレンジテスト

教科書 上10～95ページ

名前

月　日

時間 40分

思考・判断・表現 ／50

合格80点 ／100

答え 34ページ

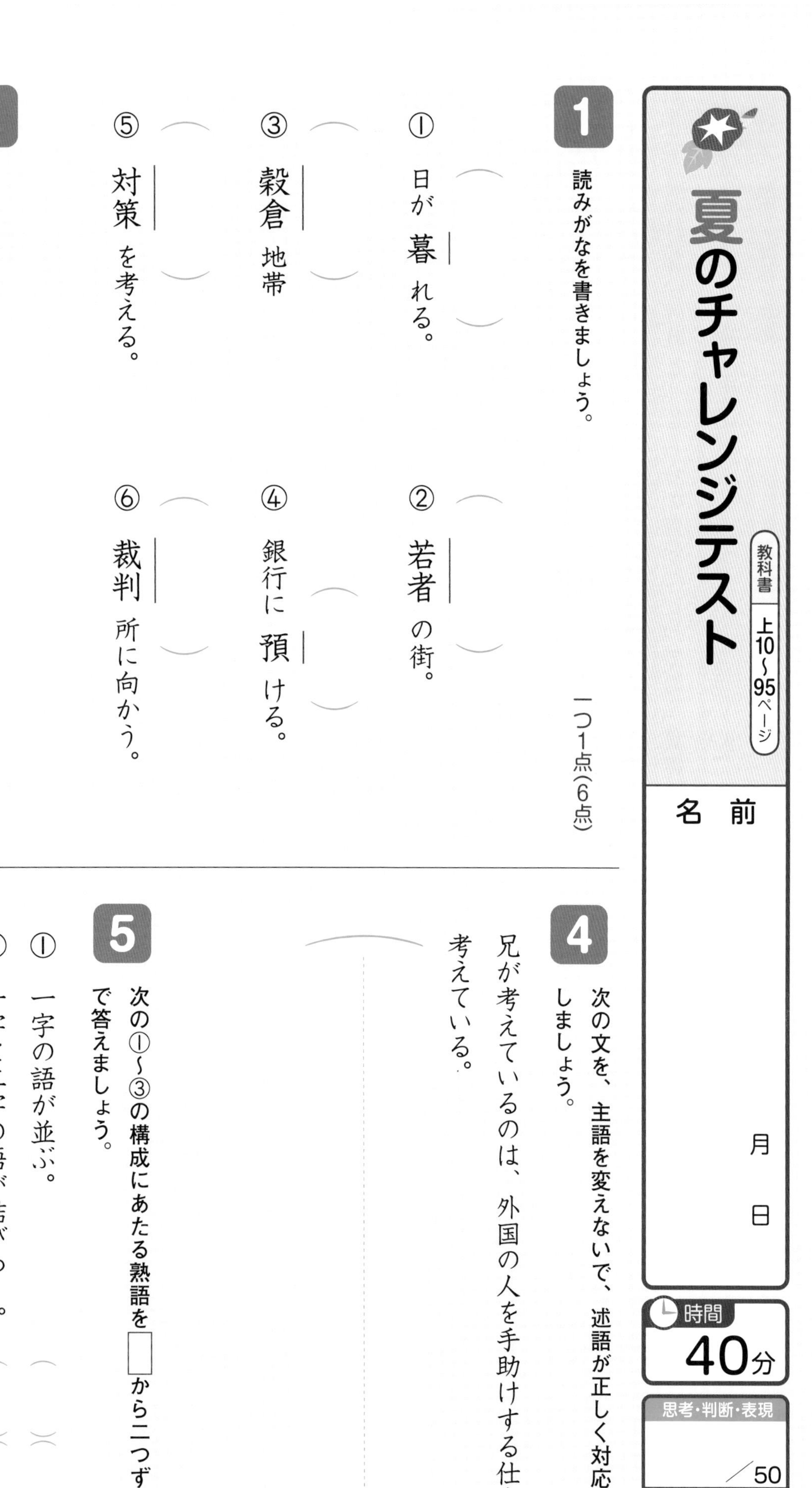

1 読みがなを書きましょう。 一つ1点(6点)

① 日が暮れる。（　　）

② 若者の街。（　　）

③ 穀倉地帯（　　）

④ 銀行に預ける。（　　）

⑤ 対策を考える。（　　）

⑥ 裁判所に向かう。（　　）

2 漢字を書きましょう。 一つ2点(12点)

① 楽器を［えんそう］する。

うらぐち

4 次の文を、主語を変えないで、述語が正しく対応した文に書き直しましょう。 3点

兄が考えているのは、外国の人を手助けする仕事をしたいと考えている。

（　　）

5 次の①～③の構成にあたる熟語を□から二つずつ選んで、記号で答えましょう。 一つ2点(12点)

① 一字の語が並ぶ。（　）（　）

② 一字と二字の語が結びつく。（　）（　）

③ 二字と一字の語が結びつく。（　）（　）

ア 大中小	イ 新記録	ウ 時刻表
エ 松竹梅	オ 計画書	カ 高気圧

（切り取り線）

確かめのテスト①

12〜13ページ

あの坂をのぼれば 〜 漢字の広場① 三字以上の熟語の構成

おうちのかたへ

場面の分かれ目を見つけるポイントがあります。「時間」「場所」「登場人物」「視点」などが変わる部分に注目することです。場面の変化を整理しながら読み進めると、問題も解きやすくなります。

文章を読んで、答えましょう。　思考・判断・表現

——あの坂をのぼれば、海が見える。

少年は、今、どうしても海を見たいのだった。細かくいえばきりもないが、やりたくてやれないことの数々の重荷が背に積もり積もった時、少年は、磁石が北をさすように、まっすぐに海を思ったのである。自分の足で、海を見てこよう。山一つこえたら、本当に海があるのを確かめてこよう、と。

——あの坂をのぼれば、海が見える。

しかし、まだ海は見えなかった。はうようにしてのぼってきたこの坂の行く手も、やはり今までと同じ、果てしない上り下りのくり返しだったのである。

もう、やめよう。

急に、道ばたにすわりこんで、少年はうめくようにそう思った。こんなにつらい思いをして、坂をのぼったり下りたりして、いったいなんの得があるのか。この先、山をいくつこえたところで、本当に海へ出られるのかどうか、わかったものじゃない……。

額ににじみ出るあせをそのままに、草の上にすわって、通りぬける山風にふかれていると、なにもかも、どうでもよくなってくる。じわじわと、疲労がむねにつき上げてきた。

日はしだいに高くなる。これから帰る道のりの長さを思って、重いため息をついた時、少年はふと、生き物の声を耳にしたと思った。

声は、上から来る。ふりあおぐと、すぐ頭上を、光が走った。つばさの長い、真っ白い大きな鳥が一羽、ゆっくりと羽ばたいて、先導するように次のとうげをこえてゆく。

——あれは、海鳥だ！

少年はとっさに立ち上がった。

海鳥がいる。海が近いのにちがいない。そういえば、あの坂の上の空の色は、確かに海へと続くあさぎ色だ。

今度こそ、海に着けるのか。

それでも、ややためらって、行く手を見はるかす少年の目の前を、ちょうのようにひらひらと、白い物がまい落ちる。てのひらをすぼめて受け止めると、それは、雪のようなひとひらの羽毛だった。

——あの鳥の、おくり物だ。

ただ一ぺんの羽根だけれど、それはたちまち少年の心に、白い大きなつばさとなって羽ばたいた。

——あの坂をのぼれば、海が見える。

少年はもう一度、力をこめてつぶやく。

杉みき子「あの坂をのぼれば」より

1 「磁石が北をさすように」とありますが、この表現についてあてはまるもの一つに○をつけましょう。　10点

ア（◯）「磁石」とは少年の心を、「北」は海を表している。
イ（　）「磁石」とは少年の背に積もった重荷をたとえている。
ウ（　）「北をさす」とは北に向かって歩くことを表している。

よく出る

2 「もう、やめよう。」について、次の問いに答えましょう。　一つ15点（30点）

① 少年は何をやめようと思ったのですか。

（例 自分の足で海を見てくること。）

② なぜやめようと思ったのですか。理由が最もよくわかる一文をさがして、初めの五字を書きぬきましょう。

この先、山

3 「じわじわと、疲労がむねにつき上げてきた。」とありますが、ここから、少年のどのような様子がわかりますか。一つに○をつけましょう。　10点

ア（　）もう一歩も動けないほどつかれている様子。
イ（◯）ゆっくりとつかれが全身に広がっていく様子。
ウ（　）つかれが全身からぬけていく様子。
エ（　）つかれはて、ねむたくなっている様子。

4 「少年はとっさに立ち上がった。」とありますが、このときの少年は、どのような気持ちだったと思いますか。一つに○をつけましょう。　10点

ア（　）大きな鳥が羽ばたいて、おどろいている。
イ（　）鳥におどろき、にげ出したくなっている。
ウ（◯）海の近さに気づき、気持ちが高まっている。
エ（　）海へと続く空の色の美しさに、感動している。

5 「——あの坂をのぼれば、海が見える。」について、次の問いに答えましょう。

① このときの少年の気持ちの中にあるものとして、あてはまるものはどれですか。一つに○をつけましょう。　10点

ア（　）そんけい　イ（　）こうかい
ウ（◯）希望　エ（　）あせり

考えを書こう

② このとき、少年はどのような気持ちだったと思いますか。考えを書きましょう。　20点

（例 いくらがんばっても見ることができないのではと思っていた海が、もうすぐ見られるから、がんばろうという気持ち。）

できたらスゴイ！

6 この文章を二つに分けるとすると、後半はどこからですか。後半の初めの五字を書きぬきましょう。　10点

声は、上か

---

1 「ように」は比喩（たとえ）を表します。この表現は、「まっすぐに海を思う少年の心」をたとえています。

2 ①第一・二段落から、少年が海を見たいと思っていることが分かります。また、5行目に「自分の足で、海を見てこよう。」とあることから、自分の足で海を見てきたいと思っていることが分かります。

②「こんなにつらい思いをして、……なんの得があるのか。」という文も理由にあたるともいえますが、「最もよくわかる一文」とありますから、「この先、」で始まる一文です。つらい思いをして山をこえても海に出られないのではないか、と思ったからです。

3 「じわじわと」はゆっくりとした様子を表します。

4 つかれが広がり、長い帰り道を思って気持ちがしずんでいるときに、海鳥を見つけたのです。海が近いと分かり、少年の気持ちが高まります。

5 ②あきらめかけていた気持ちが奮い立ったことが書かれていれば20点です。がんばろうという気持ちになった、というだけでは10点です。

例2 つかれてしまって、海を見ることはあきらめようと思っていたが、海鳥がいることで海が近くにあると分かり、もう一度がんばろうという気持ちになった。

6 鳥を見つけて少年の視点が変わるところから後半になります。

確かめのテスト② 14〜15ページ
あの坂をのぼれば 〜 漢字の広場① 三字以上の熟語の構成

1 読みがなを書きましょう。 一つ2点（20点）

① 山を背景（はいけい）にする。 ② 列が乱（みだ）れる。 ③ 社長の座を退（しりぞ）く。 ④ 貴重（きちょう）な資料。 ⑤ いなかで暮（く）らす。 ⑥ 自己（じこ）満足する。 ⑦ 蒸気（じょうき）がふき出る。 ⑧ 並木道（なみきみち）を散歩する。 ⑨ バスを降（お）りる。 ⑩ 運賃（うんちん）をはらう。

2 □に漢字を、（　）に漢字と送りがなを書きましょう。 一つ2点（20点）

① 私が手伝う。 ② 裏口から出る。 ③ ピアノの演奏。 ④ 公園の鉄棒。 ⑤ 暑さ対策。 ⑥ ゴミを処理する。 ⑦ 将来の夢。 ⑧ 郵便ポスト。 ⑨ （幼い）ころの話。 ⑩ （暖かい）季節。

3 次のア〜ケの童話やおとぎ話について、いくつかの観点に分けて考えます。あとの問いに答えましょう。

ア 赤ずきん　イ 白雪姫　ウ ウサギとカメ　エ うらしま太郎　オ 金太郎　カ はだかの王さま　キ シンデレラ　ク 桃太郎　ケ おおかみと七ひきの子やぎ

(1) 主人公の性別で分け、記号を書きましょう。どちらにも入らないものもあります。 完答一つ5点（10点）
【男】（エ　オ　カ　ク）
【女】（ア　イ　キ）

(2) (1)の答えに入らなかった童話やおとぎ話の主人公が、全て入るような観点を考えましょう。 10点
（例 動物）

(3) 主人公の性別という観点以外で、どのような観点で分類することができると思いますか。一つ書きましょう。 10点
（例 日本の話と外国の話）

4 三字熟語の構成としてあてはまるものを□から選んで、記号を書きましょう。 一つ3点（24点）

① 真夜中（イ） ② 想像力（ウ） ③ 新記録（イ） ④ 医学書（ウ） ⑤ 市町村（ア） ⑥ 雪月花（ア） ⑦ 非常口（ウ） ⑧ 無所属（イ）

ア 一字の語が並ぶもの
イ 一字と二字の語が結びつくもの
ウ 二字と一字の語が結びつくもの

5 次の熟語を分けたときに、分け方として正しいものに○をつけましょう。 一つ2点（6点）

① ア（○）春／夏／秋／冬　イ（　）春夏／秋冬　ウ（　）春夏秋／冬
② ア（　）有／名／無／実　イ（○）有名／無実　ウ（　）有名無／実
③ ア（　）五十／歩百歩　イ（○）五十歩／百歩　ウ（　）五十歩百／歩

準備 16〜17ページ
アイスは暑いほどおいしい？ ——グラフの読み取り

1 □に読みがなを書きましょう。

① 縦（たて）と横。 ② 急速（きゅうそく）な変化。 ③ 安定（あんてい）した社会。 ④ 近い関係（かんけい）。 ⑤ 紙を重（かさ）ねる。

2 □に漢字を、（　）に漢字と送りがなを書きましょう。

① 日本を縦断（じゅうだん）する。 ② 支出（ししゅつ）を減らす。 ③ テストの平均（へいきん）点。 ④ 平和を（保つ）。

3 ①〜③はあるグラフの特徴を表しています。この特徴から、どのような変化を表すグラフなのか、あてはまるものをア〜ウの中から選びましょう。

①（イ）だんだんと、なだらかに、わずかに、じょじょに　など
②（ア）急げきに、げきてきに、大はばに、急速に、一気に　など
③（ウ）安定している、保っている、横ばい、ていたいする　など

ア 変化が大きいグラフ
イ 変化が小さいグラフ
ウ 変化なしのグラフ

4 次のグラフを読んで、あとの問いに答えましょう。

（グラフ：［円］8000／6000／4000／2000／0　［気温（度）］40／30／20／10／0　冷たい飲み物の売上額　東京の最高気温の平均　1月 2月 3月 4月 5月 6月 7月 8月 9月 10月 11月 12月　ア　イ）

① アのグラフの種類を答えましょう。（棒グラフ）
② イのグラフの種類を答えましょう。（折れ線グラフ）
③ アのグラフが表していることを書きましょう。（（月別の）冷たい飲み物の売上額）
④ イのグラフが表していることを書きましょう。（（月別の）東京の最高気温の平均）
⑤ グラフの全体のけいこうを説明した文として正しいものを、ア〜エの中から選び、記号を書きましょう。（ウ）

ア 冷たい飲み物はいつでも人気商品である。
イ 冷たい飲み物は寒ければ寒いほど売れている。
ウ 冷たい飲み物は暑ければ暑いほど家計からの支出額が大きい。
エ 冷たい飲み物は気温と関係なく家計からの支出額が小さい。

⑥ このグラフを読んでわかることとして正しいものを、ア〜エの中から選び、記号を書きましょう。（ア）

ア 二つのグラフは変化のしかたが、にている。
イ 二つのグラフは変化のしかたが、逆である。
ウ 二つのグラフに関係はないといえる。
エ 二つのグラフは、夏までは同じ変化で、夏からは変化のしかたが逆になっている。

---

1 ③「退く」には、後ろに下がるという意味のほかに、仕事などをやめて引退するという意味もあります。

⑧「並木道」とは、両はじに木々が植えられている道や道路のことです。

3 (1)「ウサギとカメ」「おおかみと七ひきの子やぎ」の主人公は、「男」「女」という分類はできません。

4 ①「真／夜中」という構成です。

②「想像／力」という構成です。

③「新／記録」という構成です。

④「医学／書」という構成です。

⑤「市／町／村」という構成です。

⑥「雪／月／花」という構成です。

⑦「非常／口」という構成です。

⑧「無／所属」という構成です。

5 ①「春夏秋冬」は、「春／夏／秋／冬」のように一字の語が並んでいます。

②「有名無実」は、「有名／無実」と二字と二字の語が結びついています。

③「五十歩百歩」は、「五十歩／百歩」のように三字と二字の語が結びついています。

2 ①「縦断」とは、縦の方向に通りぬけるということです。

3 ①の言葉は、変化が小さい様子を表しているので、イが当てはまります。

②の言葉は変化が大きい様子を表しているので、アが当てはまります。

③の言葉は、変化がない様子を表しているので、ウが当てはまります。

4 ③この問題のように、二つのデータをまとめたグラフを見るときは、それぞれが何を表しているのか、グラフの縦じくと横じくは何を表しているのか、ということに注目しましょう。

⑤グラフから、「東京の最高気温の平均」が高い月は「冷たい飲み物の売り上げ額」が大きくなっていることが分かります。そのことから、ウが当てはまります。

⑥アとイのグラフを見ると、どちらも8月が一番高く、1月や2月が低い、というように、似た動きをしていることが分かります。よってアが正解です。

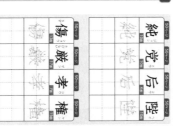

準備 18〜19ページ

雪は新しいエネルギー ――未来へつなぐエネルギー社会

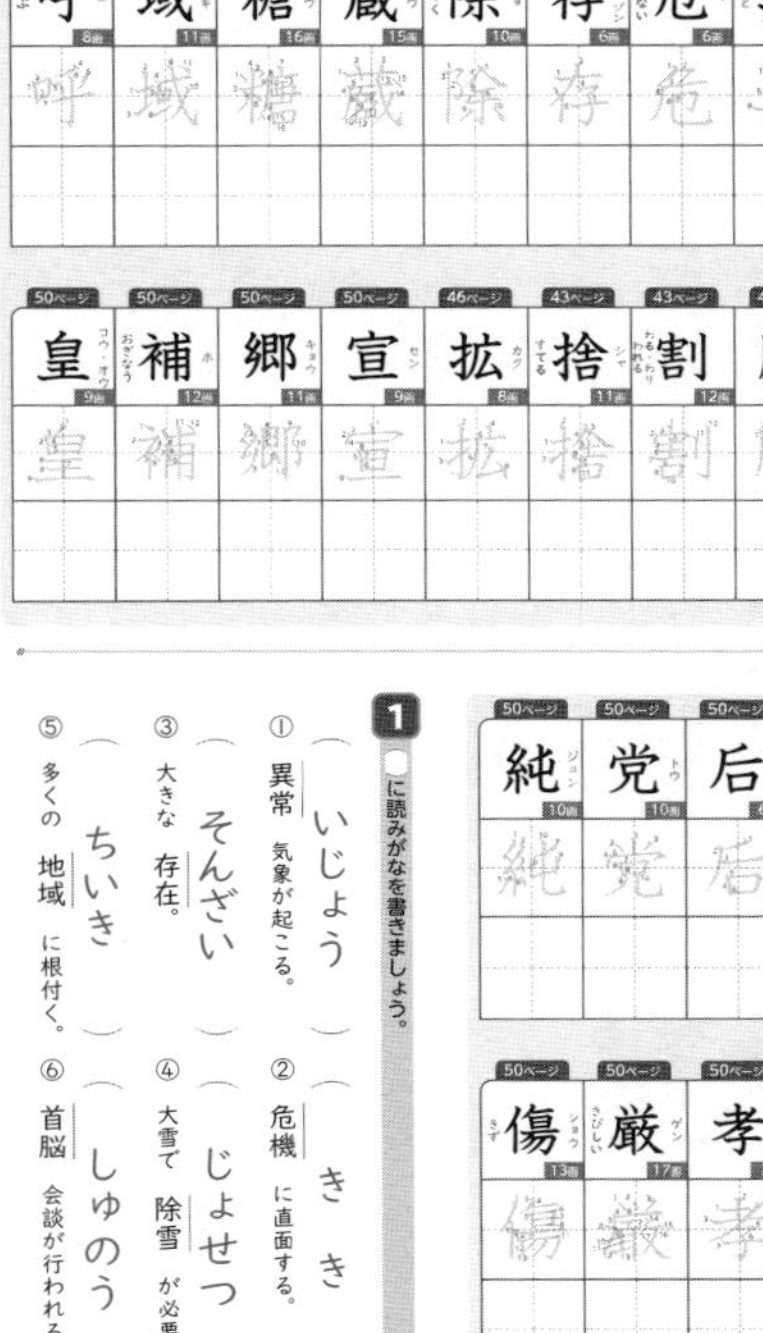

1 に読みがなを書きましょう。

① 異常（いじょう）気象が起こる。 ② 危機（きき）に直面する。
③ 大きな存在（そんざい）。 ④ 大雪で除雪（じょせつ）が必要だ。
⑤ 多くの地域（ちいき）に根付く。 ⑥ 首脳（しゅのう）会談が行われる。

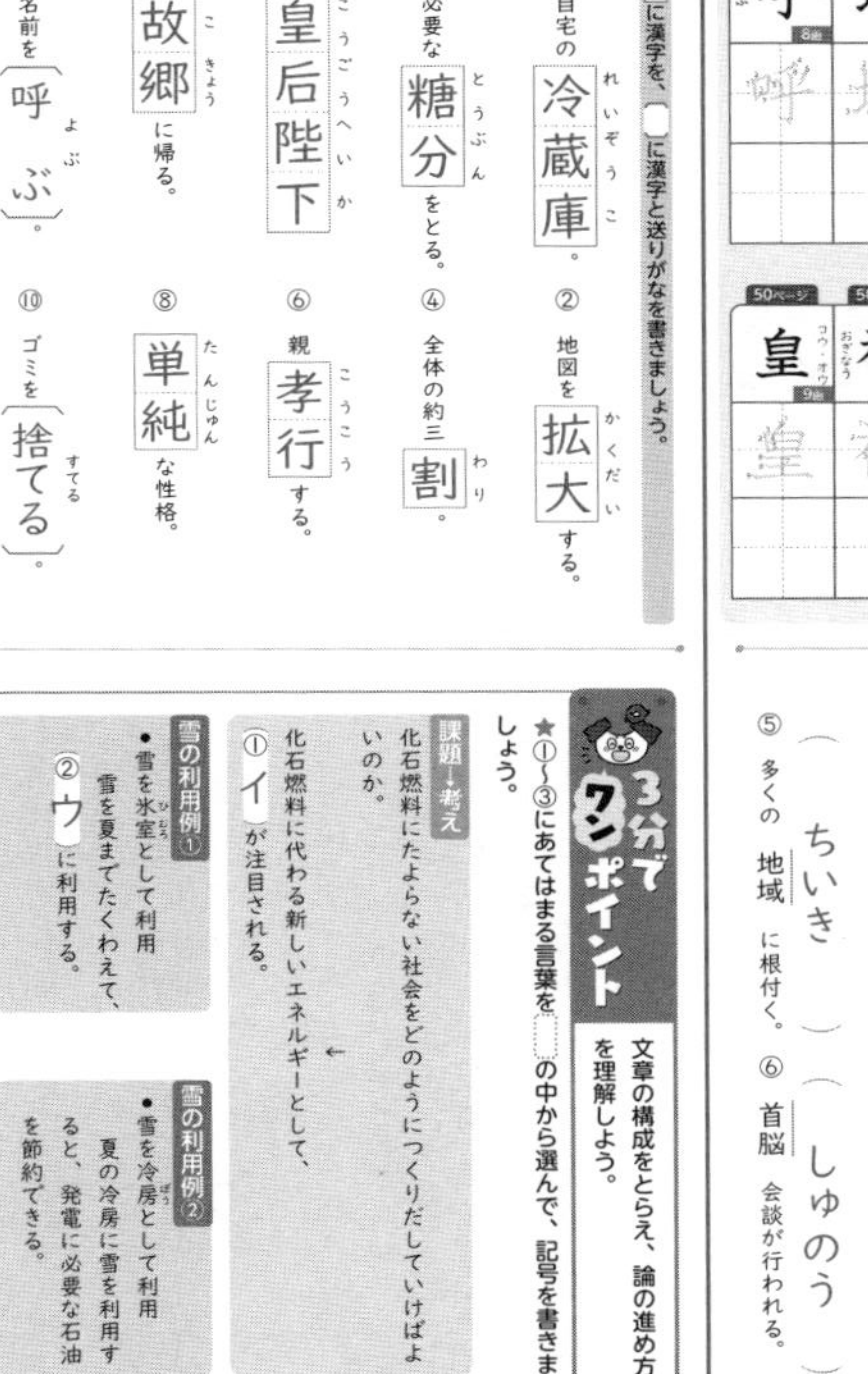

2 □に漢字を、（ ）に漢字と送りがなを書きましょう。

① 自宅の冷蔵庫（れいぞうこ）。 ② 地図を拡大（かくだい）する。
③ 必要な糖分（とうぶん）をとる。 ④ 全体の約三割（わり）。
⑤ 皇后陛下（こうごうへいか） ⑥ 親孝行（こうこう）する。
⑦ 故郷（こきょう）に帰る。 ⑧ 単純（たんじゅん）な性格。
⑨ 名前を（呼ぶ）。 ⑩ ゴミを（捨てる）。
⑪ （厳しい）環境。 ⑫ 不足を（補う）。

3分でワンポイント 文章の構成をとらえ、論の進め方を理解しよう。

★①〜③にあてはまる言葉を□の中から選んで、記号を書きましょう。

課題→考え
化石燃料にたよらない社会をどのようにつくりだしていけばよいのか。
↓
化石燃料に代わる新しいエネルギーとして、①イ が注目される。

雪の利用例①
・雪を氷室として利用
雪を夏までたくわえて、②ウ に利用する。

雪の利用例②
・雪を冷房として利用
夏の冷房に雪を利用すると、発電に必要な石油を節約できる。

←

筆者の主張
日本には豊かな③ア があるので、環境にやさしい新しいエネルギー社会をつくりだすために③を見直そう。

ア 自然の力　イ 再生可能エネルギー　ウ 野菜の保存

練習 20〜21ページ

雪は新しいエネルギー ――未来へつなぐエネルギー社会

文章を読んで、答えましょう。

みなさんは、「雪はエネルギーだ。」と言われたらどう思いますか。雪をお湯に入れるとお湯の温度が下がります。つまり、雪は、温度を下げる「冷熱エネルギー」と考えることができるのです。しかも、雪は毎年、空から降ってきて使いきってしまうことがありません。雪は、太陽光や風力、水力と同じ再生可能エネルギーなのです。

雪国（豪雪地帯）では、雪が積もることで道路が通れなくなったり、雪の重みで電線が切れて停電を引き起こしたりと、雪はやっかいな存在でした。雪が降った時には、道路の除雪や、電気やガス・水道の維持などのために多くの人たちが働き、雪から暮らしを守っています。

雪の冷熱エネルギー利用ができるようになると、雪国の暮らしを変える可能性があります。

実は、日本では、昔から冬の氷や雪を夏までたくわえておく「氷室」という大きな冷蔵庫のような施設があり、氷や雪の冷熱エネルギーを利用していました。

この「氷室」の機能を現代にも利用する実験を行いました。貯蔵庫を断熱材でおおって、そこに雪と一緒に野菜を入れたのです。この中は、一年中、電気を使わなくても低い室温を保ち、高い湿度で安定することがかくにんできました（図2）。

その貯蔵庫で野菜を長期間保存したあと、それぞれの鮮度を調べました。その結果、ながいもは、かなりの長い期間、鮮度を保った状態で保存できることがわかりました。また、じゃがいもは、室温の安定した貯蔵庫で保存することで、でんぷん質が糖に変化し、あまくなることもわかりました（図3）。

野菜などの食品を電気にたよらずに長期間保存することにすぐれた「氷室」の機能を活用した施設は、すでに雪国の多くの地域にあります。例えば、ながいもなどの野菜を貯蔵する施設は、北海道むかわ町穂別などにあります。お米を低温で貯蔵する施設は、北海道沼田町、美唄市、名寄市、山形県村山市、新潟県上越市などにあります。いずれも野菜やお米のおいしさを長もちさせるのに利用されています。

媚山政良「雪は新しいエネルギー ――未来へつなぐエネルギー社会」より

＊図2・3は省略しています。

❶ 「雪はエネルギーだ。」とありますが、これについて、次の問いに答えましょう。

① 雪はなんというエネルギーと考えることができますか。文章中から七字で書きぬきましょう。

冷熱エネルギー

② エネルギーの種類として雪とちがうものはどれですか。一つに○をつけましょう。

ア（○）石油　イ（ ）太陽光
ウ（ ）風力　エ（ ）水力

❷ 「雪の冷熱エネルギー利用ができる」とありますが、雪の冷熱エネルギーをどのように利用できますか。□にあてはまる言葉を、文章中から十七字で書きぬきましょう。

雪国の多くの地域で、野菜やお米のおいしさを長もちさせるのに利用されている。

ヒント 「氷室」が使われている地域では、どのように利用しているだろうか。

❸ 「氷室」について、次の問いに答えましょう。

① 氷室はどのような施設ですか。□にあてはまる言葉を、文章中から五字と十一字で書きぬきましょう。

冬の氷や雪をたくわえておいて、氷や雪の冷熱エネルギーを冷蔵に使う施設。

② 氷室のすぐれている点としてあてはまらないものを一つ選び、○をつけましょう。

ア（ ）一年中室温が低く、高い湿度で安定している。
イ（ ）じゃがいもは冷蔵庫で保存するよりもあまくなる。
ウ（ ）ながいもを長期間、鮮度を保った状態で保存できる。
エ（○）すべての野菜のでんぷん質を糖に変えるはたらきを持つ。

❹ 「『氷室』の機能を現代にも利用する実験」とありますが、この実験からどんなことを確かめましたか。□にあてはまるように、文章中からそれぞれ二字で書きぬきましょう。

一年中、電気を使わなくても室温を低く保ち、高い湿度で安定することを確かめた。

ヒント 「実験」の結果、分かったことを確かめよう。

---

1 ①「異常」とは、いつもと様子がちがう状態という意味です。同じ読みの「以上」とまちがえないように気をつけましょう。

⑥「首脳」とは、政府や会社などの中心になって活動する人という意味です。

2 ⑤「皇后」とは、天皇の妻のことです。「陛下」は天皇や皇后をうやまって呼ぶときにつける言葉です。

⑥「孝」と「考」をまちがえないように気をつけましょう。

⑪「厳しい」の送りがなを「厳い」と書かないように気をつけましょう。

⑫「補う」とは、足りないものをうめ合わせるという意味です。「補なう」と書かないよう、送りがなに気をつけましょう。

3分でワンポイント

「雪は新しいエネルギー ――未来へつなぐエネルギー社会（媚山政良）」では、筆者が自分の考えを伝えるために、どのような文章の構成で説明しているかをとらえましょう。

また説明の工夫として、筆者は読者に問いかけたり、「〜も重要です。」という書き方で考えを強調したり、グラフや写真などの資料も使用しています。資料と文章の結びつきにも気をつけて読みましょう。

❶ ② 一段落目の最後に、「雪は、太陽光や風力、水力と同じ再生可能エネルギー」とあります。石油は再生可能エネルギーではありません。

❷ 文章の最後の部分に注目して、探しましょう。「野菜やお米のおいしさを長もちさせるのに利用」されていると述べています。

❸ ① 四段落で「氷室」について説明している部分を確かめましょう。

② エは「すべての野菜」があやまりです。氷室で保存すると、でんぷん質を糖に変化させあまくなるのは「じゃがいも」です。

❹ 五・六段落で「『氷室』の機能を現代にも利用する実験」の、実験の内容と実験結果について説明しています。あてはまる部分から読み取りましょう。

確かめのテスト①

22〜23ページ

アイスは暑いほどおいしい？〜雪は新しいエネルギー

おうちのかたへ

文章を読むときには、接続詞に注目して読むと、内容の流れがわかります。例えば、「しかし」「でも」などのあとには前と反対の内容がきます。「さらに」「また」のあとには付け加える内容がきます。特に説明文では、接続詞にも注目しながら読みましょう。

文章を読んで、答えましょう。　思考・判断・表現

北海道にある新千歳空港のターミナルビルでは、冬に駐機場から除雪された大量の雪を保存し、夏の冷房のために必要なエネルギーの約三割をまかなっています。

しかし、夏に雪を利用するには課題があります。大量の雪の保存です。どのようにすればよいのでしょうか。

人口二百万人に近い札幌市は、世界でも有数の豪雪都市です。除雪作業によって郊外に集められた雪は、年間千五百万トン、二千万立方メートル（小学校のプール約四万五千はい分）もの大きな雪山になります。今は、とけるまでそのままにしていますが、もし、この大量の雪を捨てずに、夏に冷熱エネルギーとして利用することができれば、冷房費用が削減されるだけでなく二酸化炭素排出量の削減にもつながります。

二〇〇〇年、北海道沼田町で雪の保存実験が行われました。四月に、高さ四メートルの雪山を造り、表面を厚さ三十から四十センチメートルのバークともみ殻の層でおおいました。夏の暑さが雪に直接伝わることを防ぐためです。その結果、約半年後まで、高さ二・五メートルの雪山を残すことができました。

こうして、雪をどのように保存するかという課題の解決方法が見つかり、雪国では、真夏に数万トンから数百万トンの雪の利用が可能になったのです。

このように、雪を新たなエネルギーとして利用する方法は、私たちの暮らしの中でさまざまな分野に拡大しつつあります。今や、「夏にも雪と暮らす」ことで、雪国という地域の特徴を生かした新しいエネルギー社会が始まっています。

ただし、雪の冷熱エネルギーの今後の課題についても考えていかなければなりません。まず、雪の利用は雪国に限られています。さらに、雪の冷熱エネルギーは、他の再生可能エネルギーと同じく、エネルギーとして利用するときの効率が低いのも事実です。また、雪の保存施設は、新たな導入に費用がかかります。

とはいえ、日本の国土の半分以上は雪国です（図5）。そこには、一年に五百億トンから九百億トンの雪が降り、日本の人口の十五パーセントが住んでいます。雪を冷熱エネルギーとしてとらえ、その利用について考えることは、化石燃料にたよった社会から、新たな持続可能な社会へとふみ出す第一歩として重要です。

日本には、雪のほかにも太陽光や水、風、地熱といった豊かな自然の力があります。化石燃料にたよらない新しいエネルギー利用の観点から、自分たちの暮らしている地域の自然の力を見直してみましょう。それが、環境にやさしい新しいエネルギー社会をつくりだすことにつながっていくのです。

媚山政良「雪は新しいエネルギー ——未来へつなぐエネルギー社会」より

❶ 「どのようにすればよいのでしょうか」とありますが、ここでは何を解決するための方法について述べていますか。○をつけましょう。　10点

ア（○）雪をとかさずに残す方法
イ（　）町で雪を大量に集める方法
ウ（　）積もった雪を除雪する方法

よく出る ❷ 「二酸化炭素排出量の削減にもつながります」とありますが、なぜ夏に雪を利用すると二酸化炭素の排出量が削減されるのですか。説明した次の文の（　）にふさわしい言葉を書きましょう。　一つ5点（20点）

夏に（雪）を冷熱エネルギーとして利用することで、電気などのエネルギーを利用した（冷房）を使う時間が短くなり、使用する電気が削減されるため、（発電）に必要な（化石燃料）を節約できるから。

よく出る ❸ 「夏にも雪と暮らす」とありますがどういう意味ですか。一つに○をつけましょう。　10点

ア（　）夏になっても、雨が降らずに雪が降り続いているという意味
イ（○）夏になっても、保存した雪を日常で利用しているという意味
ウ（　）夏になったら、雪が家庭の中で重要な存在であるという意味

❹ 「雪の冷熱エネルギーの今後の課題」とありますが、どのような課題ですか。三つ書きましょう。　一つ10点（30点）

（例 雪の利用は雪国に限られている。）
（例 雪の冷熱エネルギーは、エネルギーとして利用するときの効率が低い。）
（例 雪の保存施設は、新たな導入に費用がかかる。）
※順番はちがっていてもよい。

❺ 「新たな持続可能な社会」とありますが、文章中で似た意味で使われている語句を十字で書きぬきましょう。　10点

新しいエネルギー社会

できたらスゴイ！ ❻ 「環境にやさしい新しいエネルギー社会」とありますが、どのような社会ですか。説明した次の文の（　）にふさわしい言葉を文章中から書きぬきましょう。　一つ10点（20点）

日本の豊かな（自然の力）を利用して、（化石燃料）にたよらない社会をつくること。

❶ 「どのようにすればよいのでしょうか」の直前に「大量の雪の保存」が課題とあります。

❷ 最後の段落で、雪などの「自然エネルギー」を利用することで「化石燃料」にたよらないエネルギー利用になるとあります。なお、最後の空らんは「石油」でも正解です。

❸ 「夏にも雪と暮らす」より前の部分で、保存した雪を新たなエネルギーとして夏に利用する方法を説明しています。

❹ 「雪の冷熱エネルギーの今後の課題」のあとに「まず、……。」「さらに、……。」「また、……。」と、接続語を使用して三つ説明されています。それぞれの内容をまとめましょう。順番がちがっていても正解とします。

❺ 文章の最後の部分に注目しましょう。「それが、環境にやさしい新しいエネルギー社会をつくりだすことにつながっていくのです。」とあります。

❻ 35〜36行目に「日本には、雪のほかにも太陽光や水、風、地熱といった豊かな自然の力があります。」とあります。また、その後に「化石燃料にたよらない新しいエネルギー利用の観点」とあります。あてはまる部分から読み取って答えましょう。

確かめのテスト② 24~25ページ
アイスは暑いほどおいしい？雪は新しいエネルギー

1 読みがなを書きましょう。（一つ2点〔20点〕）

① ケーキは糖分が多い。（とうぶん）
② 郷土料理を食べる。（きょうど）
③ 単純なルール。（たんじゅん）
④ 厳しくしかる。（き び）
⑤ ごみを取り除く。（の ぞ）
⑥ 親孝行をする。（こうこう）
⑦ 人前で宣言する。（せんげん）
⑧ 皇居の周りを走る。（こうきょ）
⑨ たおれそうで危険だ。（きけん）
⑩ 首を縦にふる。（た て）

2 □に漢字を、〔 〕に漢字と送りがなを書きましょう。（一つ2点〔20点〕）

① 割（わ）り算を学ぶ。
② 頭脳（ずのう）明せきな人。
③ 写真を拡大（かくだい）する。
④ 冷蔵庫（れいぞうこ）の野菜室。
⑤ 異常（いじょう）気象が多い。
⑥ 三権（さんけん）分立の制度。
⑦ 皇后陛下（こうごうへいか）
⑧ 地域（ちいき）のニュース。
⑨ 政党（せいとう）代表の演説。
⑩ 不足分を〔補う〕（おぎなう）。

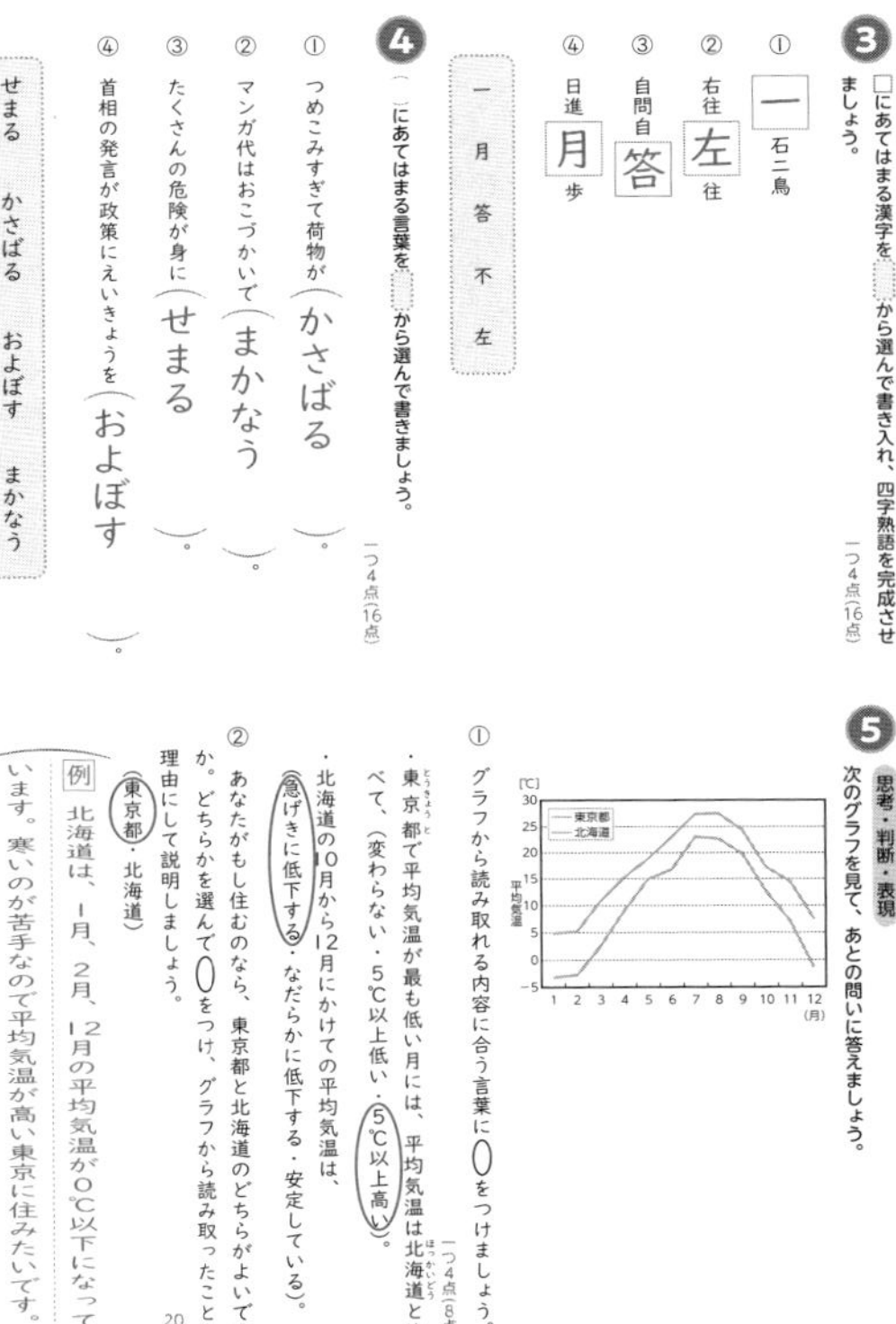

3 □にあてはまる漢字を□から選んで書き入れ、四字熟語を完成させましょう。（一つ4点〔16点〕）

① 一石二鳥
② 右往左往
③ 自問自答
④ 日進月歩

一　月　答　不　左

4 （ ）にあてはまる言葉を□から選んで書きましょう。（一つ4点〔16点〕）

① つめこみすぎて荷物が（かさばる）。
② マンガ代はおこづかいで（まかなう）。
③ たくさんの危険が身に（せまる）。
④ 首相の発言が政策にえいきょうを（およぼす）。

せまる　かさばる　およぼす　まかなう

5 思考・判断・表現　次のグラフを見て、あとの問いに答えましょう。

① グラフから読み取れる内容に合う言葉に○をつけましょう。（一つ4点〔8点〕）
・東京都で平均気温が最も低い月には、平均気温は北海道と比べて、（変わらない・5℃以上低い・**5℃以上高い**）。
・北海道の10月から12月にかけての平均気温は、（**急げきに低下する**・なだらかに低下する・安定している）。

② あなたがもし住むのなら、東京都と北海道のどちらがよいですか。どちらかを選んで○をつけ、グラフから読み取ったことを理由にして説明しましょう。（20点）

（**東京都**・北海道）

例 北海道は、1月、2月、12月の平均気温が0℃以下になっています。寒いのが苦手なので平均気温が高い東京に住みたいです。

準備 26~27ページ
パネルディスカッション　――地域の防災／みんなで作ろうパンフレット

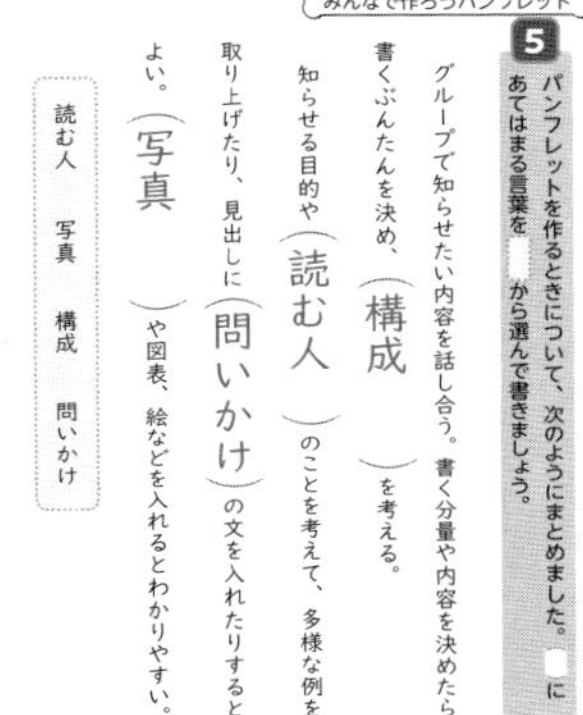

1 □に読みがなを書きましょう。

① 道路標識（ひょうしき）
② 安全な場所に避難する。（な ん）
③ 論題を決める。（ろんだい）
④ 簡潔に説明する。（かんけつ）
⑤ 大きな災害。（さいがい）
⑥ 過去の歴史。（か こ）
⑦ 遠足の準備。（じゅんび）
⑧ 寄り道する。（よ）

2 □に漢字を、〔 〕に漢字と送りがなを書きましょう。

① 地域（ちいき）を見回る。
② クラスで討論（とうろん）する。
③ この問題は〔難しい〕（むずかしい）。
④ 災害に〔備える〕（そなえる）。

パネルディスカッション／みんなで作ろうパンフレット

3 正しい意味に○をつけましょう。

① 資料を提示する。
ア（ ）配る。

イ（○）前に出して見せる。

② あらかじめ入場券を買っておく。
ア（○）前もって。

イ（ ）これから。

③ 絵画をてんじする。
ア（○）並べて公開すること。

イ（ ）ていねいに手入れすること。

パネルディスカッション

4 パネルディスカッションとはどのような方法の話し合いですか。一つに○をつけましょう。

ア（ ）一つの論題について、二人で自由に意見を交換し合う方法。

イ（ ）二つの論題について、二つの異なる立場を設定し、一定のルールに従って討論する方法。

ウ（○）一つの論題について、パネリスト（異なる立場の代表）が、参加者（フロア）の前で討論する方法。

エ（ ）全体を五、六人程度の小さなグループに分けて、一つの論題について、グループごとに話し合う方法。

みんなで作ろうパンフレット

5 パンフレットを作るときについて、次のようにまとめました。□にあてはまる言葉を□から選んで書きましょう。

グループで知らせたい内容を話し合う。書く分量や内容を決めたら、書くぶんたんを決め、（構成）を考える。

知らせる目的や（読む人）のことを考えて、多様な例を取り上げたり、見出しに（問いかけ）の文を入れたりするとよい。（写真）や図表、絵などを入れるとわかりやすい。

読む人　写真　構成　問いかけ

パネルディスカッション

6 パネルディスカッションを次のような流れで進めます。□にあてはまる手順を□から一つずつ選んで、記号を書きましょう。

① 司会者が、論題をしょうかいし、話し合いの流れを説明する。
↓
② パネリストが、決められた時間内にグループの意見を述べる。〈第一回発言〉
↓
③（エ）
↓
④（ア）〈第二回発言〉
⑤ 司会者が④の内容をまとめる。
⑥（ウ）
↓
⑦（イ）〈第三回発言〉
↓
⑧ 司会者が、話し合いの全体をまとめる。

ア パネリストどうしが、意見のやりとりをする。
イ パネリストが、話し合いをもとに、まとめの発言をする。
ウ フロアが、パネリストに質問をしたり意見を言ったりして、パネリストがそれに答え、クラス全員で話し合う。
エ 司会者が、パネリストの意見の要点をまとめて、フロアに伝える。

---

1 ②「郷土」とは、ふるさと特有のもの、という意味があります。
⑧「皇居」とは、天皇とその家族の住む場所のことです。

3 ①「一石二鳥」とは一つのことで二つの利益を得るという意味です。
②「右往左往」とは、混乱して行ったり来たりするという意味です。
③「自問自答」とは、あれこれ思いなやむことです。
④「日進月歩」とは、日々たえまなく急速に進歩するという意味です。

4 ①「かさばる」とは、物が大きくて場所を取るという意味です。
②「まかなう」とは、お金を用意するという意味です。
③「せまる」とは、近づいてくるという意味です。
④「およぼす」とは、物事が広がって、他の物事にたどり着くという意味です。

5 ①グラフの形から読み取りましょう。
②グラフから読み取れる、東京と北海道の平均気温のちがいにふれて、自分の考えを述べていれば正解です。

例2・北海道
北海道は、一番暑い8月の平均気温でも25℃以下になっています。私は暑さに弱いので、住むのなら北海道がよいです。

1 ①「道路標識」とは、道路の危険や警か（けい）しなければならないことを伝える標識です。

2 ③「難しい」を「難かしい」と書かないように、送りがなに気をつけましょう。

4 パネルディスカッションの方法について振り返りましょう。
パネルディスカッションは三人以上で行うので、アは当てはまりません。パネルディスカッションでは、立場を設定することはないので、イはあてはまりません。全体をグループ分けして話し合うことはないので、エはあてはまりません。わからない場合は、教科書52ページを確認（にん）しましょう。

5 パンフレットを作るうえで重要なことをまとめましょう。

6 パネルディスカッションを進める流れを確かめましょう。

準備　28~29ページ

雨／世代による言葉のちがい／複数の意味をもつ漢字

かきトリ 新しい漢字

俳　垂　源　姿　針　樹　預
警　署　勤　我　操　裁　臨

1 □に読みがなを書きましょう。

① マツは針葉樹だ。（しんようじゅ）
② 機械を操作する。（そうさ）
③ 語源を調べる。（ごげん）
④ 我らの時代。（われ）
⑤ 銀行に預金する。（よきん）
⑥ 雨垂れを聞く。（あまだ）

2 □に漢字を、（　）に漢字と送りがなを書きましょう。

① 俳句を作る。
② 警察署
③ 指に針がささる。
④ 手紙を（預ける）。

3 正しい意味に○をつけましょう。

① しのつく雨が降ってきた。
ア（○）はげしく降る雨。
イ（　）静かに降る雨。
② 時雨にぬれて帰る。
ア（　）秋の初めから終わりまでに、ときおり降ってくる雨。
イ（○）秋の終わりから初冬に、降ったりやんだりする小雨。
③ 村雨に降られ、建物ににげこむ。
ア（○）強く降ってすぐにやむ雨。
イ（　）細く長く降り続く雨。
④ さみだれが続く季節。
ア（　）みぞれ混じりの雨。
イ（○）梅雨の時期に降る長雨。
⑤ トンネルをうがつ。
ア（　）強く打つ。
イ（○）あなをあける。
⑥ けん法を発布する。
ア（○）法りつなどを広く世の中に知らせること。
イ（　）法りつなどを世の中で用いること。

4 次は年上の世代の人などが以前使っていた言葉です。あなたはどんな言葉を使っているか、書きましょう。

① さじ→（スプーン）
② ちり紙→（ティッシュ・ペーパー）

5 次の熟語の「布」は、ア・イのどちらの意味で使われていますか。記号を書きましょう。

① 配布（イ）
② 毛布（ア）
③ 発布（イ）

ア　ぬの
イ　ゆきわたらせる

6 次の熟語の「針」は、ア・イ・ウのどの意味で使われていますか。記号を書きましょう。

① 方針（ウ）
② 針葉樹（ア）
③ 運針（イ）

ア　はりの形をしたもの
イ　はり
ウ　指し示す方向

1 ③「語源」とは、言葉の由来という意味です。

⑥「垂れる」は「たれる」と読みますが、「雨垂れ」の場合は読みが変化して「あまだれ」と読みます。

2 ②「警」の上の部分に気をつけて書きましょう。

④「預ける」を「預る」と書かないように送りがなに気をつけましょう。

3 ④「さみだれ」は漢字では「五月雨」と書きます。また実際の雨だけではなく、ときどきとぎれながら続いていく様子も「さみだれ」と言います。「原こうを五月雨式に送る」などと使います。

4 ②「ティッシュ」「ティッシュペーパー」でも正解とします。

5 ①「配布」とは広く配るという意味なので、イが正解です。

②「毛布」は布の種類の一つなので、アが正解です。

6 ②「針葉樹」とは、針のような形の葉の樹木のことなので、アが正解です。

③「運針」とは、針のはこび方（ぬい方）という意味なので、イが正解です。

確かめのテスト①　30〜31ページ

パネルディスカッション——地域の防災〜漢字の広場② 複数の意味をもつ漢字

おうちのかたへ

理由を問われているときは、答えを「〜から。」や「〜ので。」などで終わらせて、理由を答えていることをはっきりと示すようにしましょう。特に、問題文が「〜なぜですか。」「理由を答えなさい。」という形のものは、必ず「〜から。」「〜ので。」などで答えるようにしましょう。

文章を読んで、答えましょう。　思考・判断・表現

司会　みなさん、これから銚子市で起こるかもしれない地震や津波などの災害から自分の身を守るためには、何が必要だと思いますか。

〈第一回発言〉

北原　ぼくたちは、「避難訓練をさらに充実させる」ことが必要だと考えました。東日本大震災の時には、……。このように、地震のときの行動を、前もって訓練していたことで、たくさんの小・中学生が助かったそうです。
　ぼくたちも、毎月、学校で避難訓練をしていますが、自分のためという意識をもっていない人もいるように思います。災害はいつどこで起こるかわからないので、大人がいないときにどう行動するかなど、いつも安全な行動ができるように考えることが大事だと思います。

夏川　私たちは、「家族と、災害に対する準備をする」ことが必要だと考えました。そこで、家庭の非常持ち出しぶくろの中を見てみることにしました。これは、私の家の非常持ち出しぶくろの中身の写真です。また、家族との集合場所についても話し合ってみました。私たちは、災害が来ないうちに、家族でしっかりと準備しておくことが大切だと考えます。

木村　私たちは、「過去の歴史から学ぶ」ことが必要だと考えました。……

中西　ぼくたちは、「どんな設備があるのか知る」ことが必要だと考えました。……

司会　パネリストのみなさん、ありがとうございました。それぞれのパネリストの意見を整理すると、……。
　では、それぞれの意見を聞いて、質問や意見があったら発言をどうぞ。

〈第二回発言〉

北原　夏川さんに質問です。家族と、災害に対する準備をすることが必要だと言っていましたが、夏川さんの家ではどんな準備をしていますか。

司会　他に、夏川さんに質問や意見はありませんか。

中西　家族との集合場所については、どのようなことを話し合いましたか。

司会　夏川さん、二人から質問が出ていますが、いかがでしょうか。

夏川　はい。最初の質問について、私の家では、持ち出しぶくろの中に、このような小さなぬいぐるみを入れることにしました。うちには小さな妹がいるので、避難所で泣きださないか心配だからです。これがあると、妹の不安もやわらぐのです。二つめの質問について、私の家は近くの〇〇高校が避難場所になっているので、そこに避難することをかくにんしました。

「パネルディスカッション——地域の防災」より

1 よく出る　北原さん、夏川さん、木村さん、中西さんの四人に共通する、発言の仕方のよい点は何ですか。（　）にあてはまる言葉を書きましょう。　10点

三人とも、はじめに自分の（立場［意見］）を明確にしている。

2 北原さん、夏川さんの発言で共通するよい点は何ですか。（　）にあてはまる言葉を書きましょう。　一つ10点(20点)

自分がよいと考える、身を守るために必要なことを（具体）的に挙げ、それをよいとする（理由）を述べている。

3 次は、質問に対する夏川さんの発言について説明した文章です。あとの問いに答えましょう。

> 夏川さんは、どの質問に答えているのかがはっきりわかるように、「最初の質問について」「［ア］について」と言ってから答えている。最初の質問については、非常持ち出しぶくろの中に入れるものと、それを入れる［イ］をわかりやすく伝えている。

① ［ア］に入る言葉を、文章中から書きぬきましょう。　10点

（二つめの質問）

② ［イ］にあてはまる言葉はどれですか。一つに○をつけましょう。　10点

ア（　）方法　イ（○）理由
ウ（　）手段　エ（　）論理

③ ここで夏川さんが示したものは何ですか。一つに○をつけましょう。　10点

ア（　）妹の写真　イ（　）家族の写真
ウ（○）ぬいぐるみの実物　エ（　）〇〇高校の写真

4 できたらスゴイ!　ここでの司会の仕方について、あてはまらないもの一つに○をつけましょう。　15点

ア（　）はじめに論題をしょうかいしている。
イ（　）討論が深まるように質問や意見をうながしている。
ウ（　）同じ人への質問や意見をまとめている。
エ（○）自分の意見も述べて、討論を活発にしている。

5 考える力をのばそう　あなたが身を守るために必要だと思うことを、北原さん、夏川さん、木村さん、中西さんの立場の中から選び、選んだ理由を書きましょう。　25点

・（例 中西）さんの立場

・理由

（例「どんな避難設備があるのか」を知っておくことが必要だと思います。非常階段や避難ばしごの設置場所などを日ごろから確かめておけば、その時にあわてなくてすむと思うからです。）

---

1 全員がはじめに「『……』ことが必要だと考えました」という言い方で、自分の意見を述べています。

2 北原さんと夏川さんの発言を確認しましょう。二人とも、自分の意見を具体的に述べた後に、その理由を述べています。

3 「質問に対する夏川さんの発言」というのは、北原さんと中西さんの二つの質問に対する夏川さんの発言です。文章の最後にあります。
①夏川さんは、「最初の質問について」の次に「二つめの質問について」と言っています。
②39行目で「からです」という言い方で理由を伝えています。
③夏川さんは、37行目で「このような小さなぬいぐるみを入れることにしました。」と述べています。

4 司会は自分の意見は述べないので、エは当てはまりません。

5 立場を選び、その理由が具体的に書かれていれば正解です。
例2 木村さん（の立場）
（理由）「過去の歴史から学ぶ」ことが必要だと思います。東日本大震災のときに、ある場所まで津波がきたという言い伝えの通りに避難した人が助かったことがあります。このように、昔どのような災害があり、どのように避難したかを学ぶことは大切だと思うからです。

確かめのテスト② 32〜33ページ

パネルディスカッション ――地域の防災 〜 漢字の広場② 複数の意味をもつ漢字

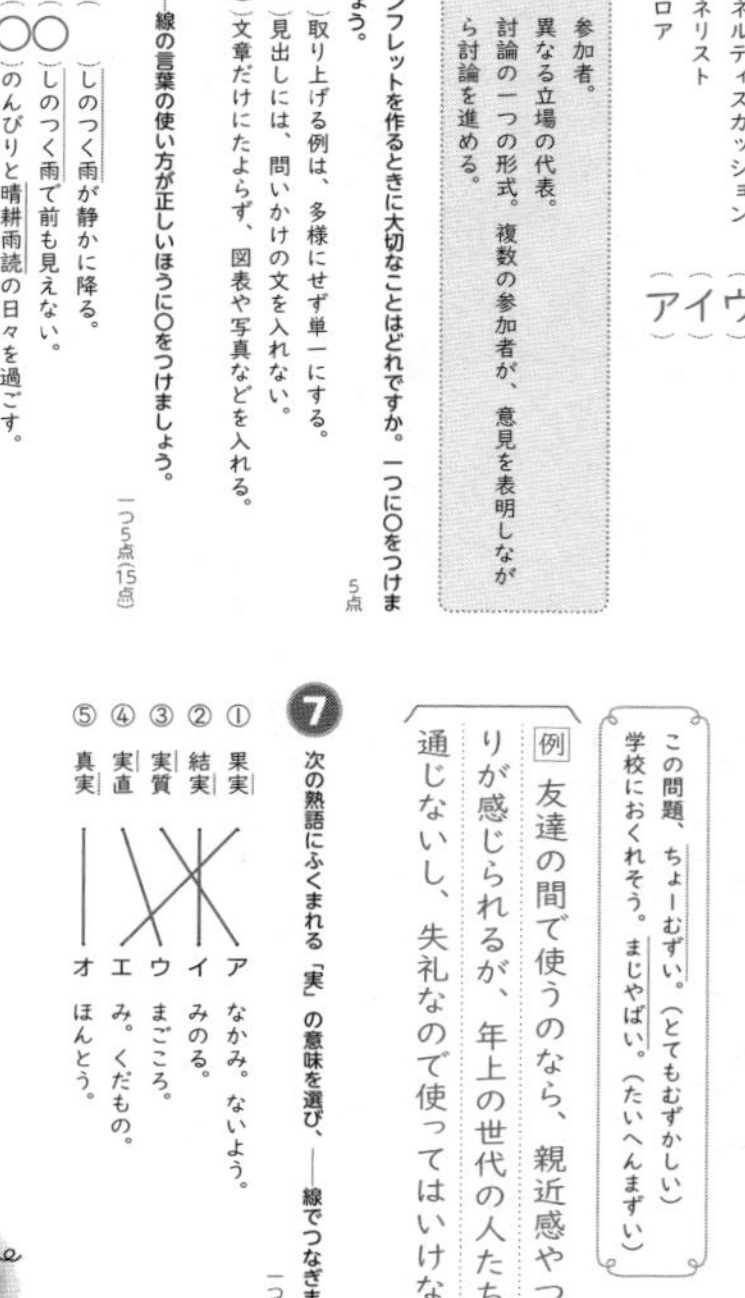

準備 34〜35ページ

川とノリオ／地域の施設を活用しよう／ひろがる読書の世界

❶ ⑧「署名活動」とは、ある問題に対する決定に影響（えいきょう）をあたえようとして、その問題について多数の人から署名を集める活動のことです。

❷ ③「我我」と書いても正解です。

❸ パネルディスカッションをするときの立場を確かめましょう。

❹ いろいろな立場の人に伝えられるようにした方がよいので、アはあてはまりません。問いかけの文を見出しに入れると、読む人をひきつけられるので、イはあてはまりません。

❺ ①「しのつく雨」とは、細くはげしく降る雨をいいます。②「晴耕雨読」とは、晴れの日は畑を耕し、雨の日は家で本を読んで過ごすという意味です。③「雨降って地固まる」とは、もめごとなどがあった後は、かえって状態が落ち着いて良くなることをいいます。

❻ ――線の言葉について、自分の考えを書くことができていれば正解です。

例 使ってはいないとしても意味は知っていると思うので、年上の世代の人たちに対しても使ってよい。しかし、仲のよい友達と使う言葉なので、親しい年上の世代の人たちにだけ使うようにした方がよい。

❶ ①「映る」は、形や色・光などが、ほかの物の表面に現れる場合に使います。「写真に写る」「席を移る」との使い分けに注意しましょう。③「干害」とは、長い間雨が降らないことによって起こる被害（ひがい）のことです。

❷ ①「食欲」とは、物を食べたいという欲求のことです。

3分でワンポイント

「川とノリオ（いぬいとみこ）」では、場面の様子や人物の心情を表すために、様々な表現が使われていることを読み取りましょう。

深い悲しみを感じているじいちゃんの横顔を「へいけがに」にたとえる比喩（ゆ）の表現や、「青」という色をくり返し使う表現なども使われています。

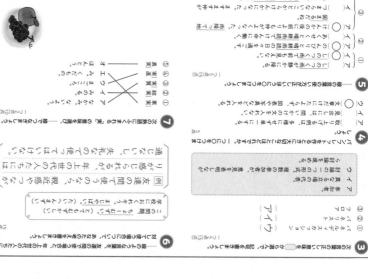

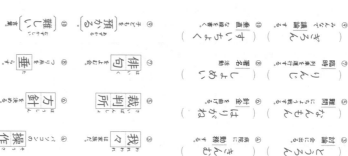

練習① 36～37ページ

川とノリオ

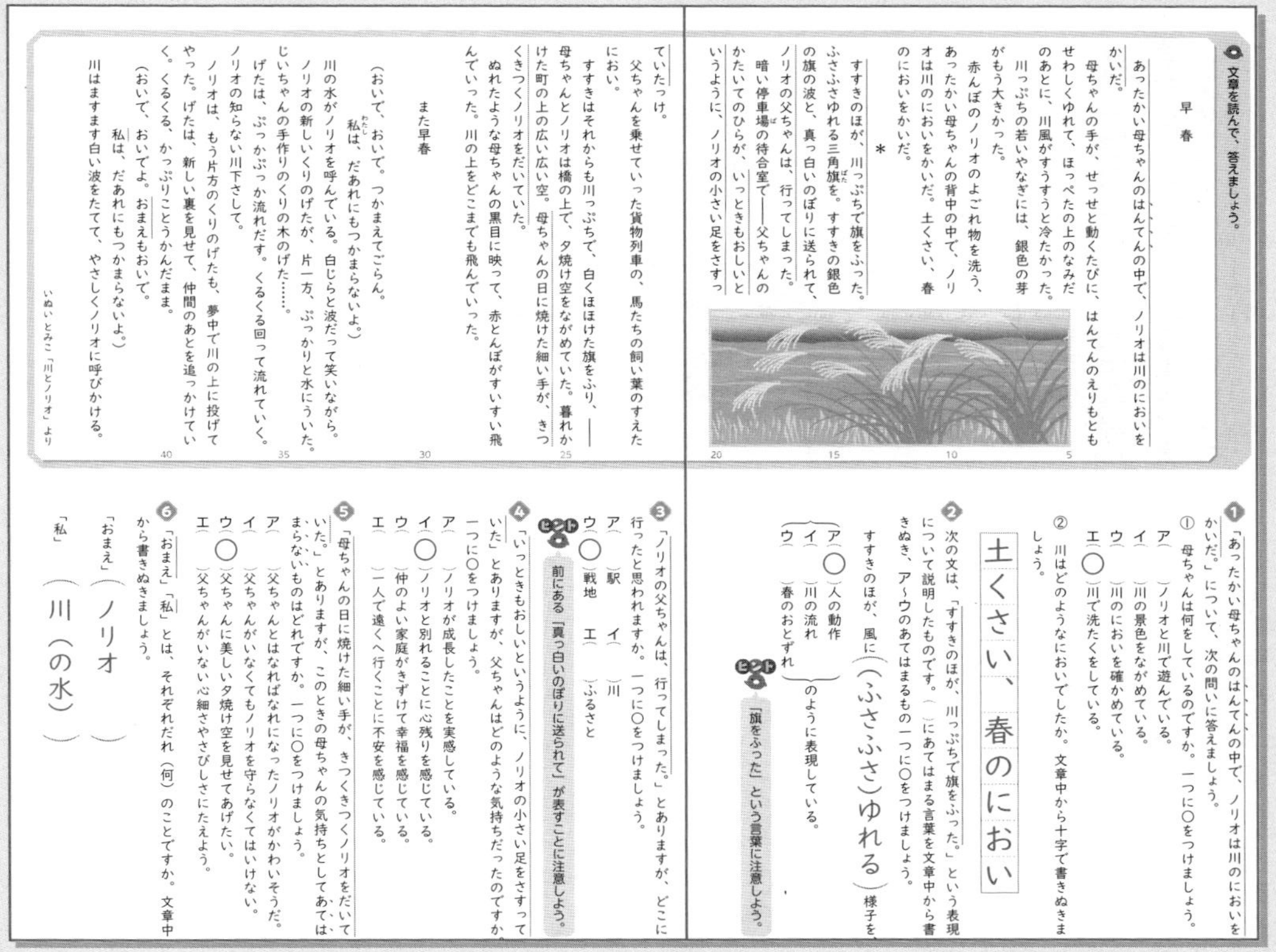

❶ ②
❷ 土くさい、春のにおい
（ふさふさ）ゆれる
❻ （ノリオ）
（川（の水））

練習② 38～39ページ

川とノリオ

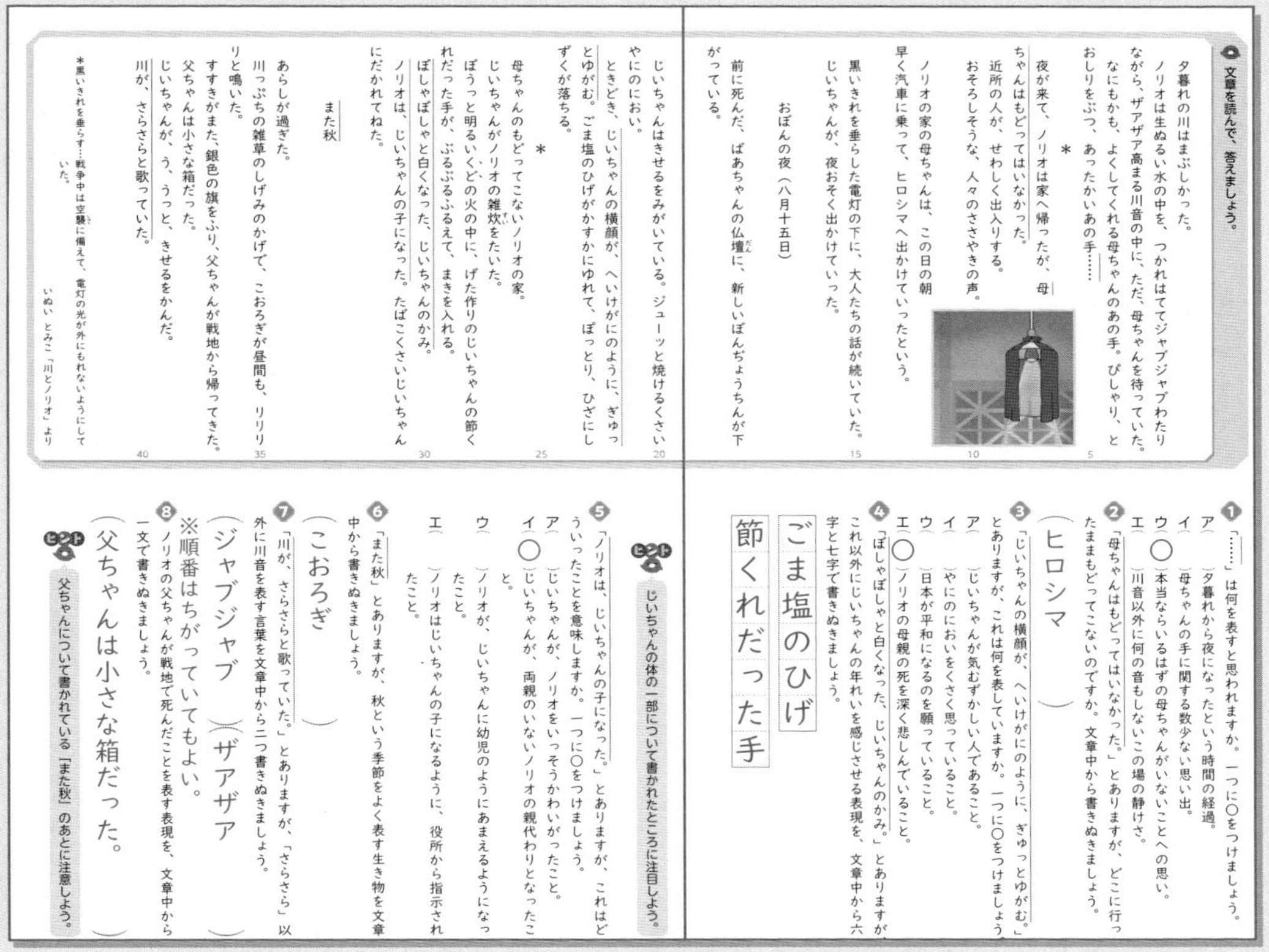

❷ ヒロシマ
❹ ごま塩のひげ
節くれだった手
❻ こおろぎ
❼ ジャブジャブ
ザアザア
❽ 父ちゃんは小さな箱だった。

練習①

❶ ②「ノリオは川のにおいをかいだ。土くさい、春のにおいをかいだ」とあります。

❷ 「旗をふる」というのは、人の動作です。人でない「すすき」を人のようにたとえて表現しているのです。表現方法の一つです。

❸ 父ちゃんや母ちゃんの様子から、父ちゃんが、無事に帰ってこられるか分からないところに行くのだということが分かります。

❹ 「いっときもおしい」という表現から、父ちゃんにとって、かわいいノリオと別れることがどんなにつらいかがうかがえます。

❺ 「きつくきつくノリオをだいていた」という母ちゃんの様子に、父ちゃんが戦地へ行ったつらさにたえながら、ノリオをいつくしみ、守ろうという気持ちがうかがえます。

❻ 最初の「（おいで、おいで。……）」のあとに「川の水がノリオを呼んでいる」とありますから、（　）は川の言葉であることが分かります。――線のあとの文にも、「川は……やさしくノリオに呼びかける」とあります。

練習②

❷ あとにある「ノリオの家の母ちゃんは、この日の朝早く汽車に乗って、ヒロシマへ出かけていったという。」という一文に注目しましょう。

❸ 「新しいぼんぢょうちんが下がっている」とあることから、母ちゃんは死んでしまったことがうかがえます。次の文の「ひざにしずくが落ちる」は、母ちゃんが死んだことをじいちゃんが悲しんで、なみだをこぼしているということです。

❹ 「ごま塩のひげ」とは、白い毛のまじったひげのことです。年を取ってひげにも白い毛がまじるようになったのです。

❺ 母ちゃんはもういません。父ちゃんは、文章の終わりのほうに「戦地から帰ってきた」とあることから、このとき家にいないことが分かります。

❽ 「小さな箱」とは、死んだ人のほねを入れる骨箱のことです。父ちゃんは戦地で死んで、ほねの姿で骨箱に入って帰ってきたのです。

確かめのテスト① 40～41ページ

川とノリオ ～ 読書の広場② ひろがる読書の世界

おうちのかたへ

作品の中の強く心に残った表現を選び説明することは、作品に対する考えを深めることができ、発展的な「文章で答える問題」にも答える力をつけられるようになります。

文章を読んで、答えましょう。　思考・判断・表現

冬

こおりつくような鉛色(なまりいろ)の川。川っぷちを走る空っ風が、ぴぴにしみる。

電線はヒューンと泣いているが、ノリオの家のあひるっ子は、元気だぞ。

ノリオの家の白い二羽のあひるは、川の中で泳ぎの競争だ。

鉛色の中の生きた二点。

じいちゃんは工場(こうば)へ通っている。弁当を持って、毎日、空っ風の中を。

＊

川っぷちにはもう青いいぬふぐりがさいて、タカオが父ちゃんと自転車で通る。

タカオは自転車の後ろで笑ってたぞ。大きな、たのもしそうな、タカオの父ちゃん。

ノリオは、川っぷちのかれ草の中で、もうじき来る春を待っている。

また、八月の六日が来る

さらさらとすずしいせの音をたてて、今日もまた川は流れている。

川の底から拾ったびんのかけらを、じいっと目の上に当てていると、ノリオの世界はうす青かった。

ギラギラ照りつける真夏の太陽も、銀色にキラキラ光るだけ。

＊

幾(いく)たびめかのあの日がめぐってきた。

まぶしい川のまん中で、母ちゃんを一日中、待ってたあの日。

そしてとうとう母ちゃんが、もどってこなかった夏のあの日。

ドド……ンという遠いひびきだけは、ノリオも聞いたあの日の朝、母ちゃんはヒロシマで焼け死んだという。ノリオたちがなんにも知らないまに。

じいちゃんが、母ちゃんを探して歩いた時、暗いヒロシマの町には、死骸(がい)から出るりんの火が、幾晩も青く燃えていたという。折り重なってたおれた家々と、折り重なって死んでいる人々の群れ……。子どもを探す母ちゃんと、母ちゃんを探す子どもの声。

そして、ノリオの母ちゃんは、とうとう帰ってこないのだ。

じいちゃんも、ノリオもだまっている。

年寄りすぎたじいちゃんにも、小学二年のノリオにも、何が言えよう。

いぬいとみこ「川とノリオ」より

1 よく出る 「電線はヒューンと泣いている」とありますが、この表現について説明した次の文の（　）にあてはまる言葉を書きましょう。　一つ10点（20点）

電線が風によって（例 音を立てている）様子を、電線を（人（人間））に見立てて表現している。

2 「鉛色の中の生きた二点。」とは、何のことですか。本文中から八字で書きぬきましょう。　10点

白い二羽のあひる

3 「空っ風の中を。」とありますが、このあとに言葉を続けるとしたら、どんな言葉が続きますか。文章中から五字で書きぬきましょう。　10点

通っている

4 できたらスゴイ！ 「タカオが父ちゃんと自転車で通る。」とありますが、これを見たノリオは、どのような気持ちだったと思われますか。（　）にあてはまる言葉を書きましょう。　10点

父ちゃんのいるタカオが（例 うらやましい）。

5 「ノリオの世界はうす青かった。」とありますが、それはなぜですか。文章中から六字で書きぬきましょう。　10点

びんのかけら を目の上に当てたから。

6 よく出る 「あの日」とはどのような日ですか。（　）にあてはまる言葉を書きましょう。　一つ10点（20点）

母ちゃんが（例 家にもどらなかった）日で、ヒロシマに（例 原ばくが落ちた）日。

7 「年寄りすぎたじいちゃんにも、小学二年のノリオにも、何が言えよう。」とありますが、二人の様子を説明したものとしてあてはまるものはどれですか。一つに○をつけましょう。　10点

ア（○）言葉にできないような深い悲しみを感じている。
イ（　）平和な社会を作ることを心の内で決意している。
ウ（　）母ちゃんが生きていることをひそかに信じている。
エ（　）母ちゃんを探しに行けない無力さを感じている。

8 考えを書こう この文章中から、すぐれた表現を一つ書きぬき、その表現のすぐれた点を説明し、感じたことなどを書きましょう。　10点

例 「死骸から出るりんの火が、幾晩も青く燃えていた」は、たくさんの人が死んだことを色を使って表現していて、印象に残った。

---

1 「音を立てている」ではなく「泣いている」と人のように表現しています。

2 文章の初めに「こおりつくような鉛(なまり)色の川」とあります。――線の「鉛色の中」とは「川の中」、「生きた二点」とは、前の段落(だんらく)の「白い二羽のあひる」です。

3 ここは、直前の一文と倒置(とうち)になっています。ふつうは、「弁当を持って、毎日、空っ風の中を、じいちゃんは工場(こうば)へ通っている。」となります。

4 父ちゃんも母ちゃんもいないノリオがどんな思いで、父ちゃんの自転車の後ろで笑うタカオを見ていたのかを想像しましょう。

5 直前に書かれたノリオの行動から考えます。ノリオは「川の底から拾ったびんのかけらを、じいっと目の上に当てて」います。

6 「あの日」とは小タイトルにもあるように「八月の六日」のことで、「ドド……ン」は原ばくが落ちた音を表します。

8 色・音・光を用いた表現や、「大きな、たのもしそうな、タカオの父ちゃん。」「もどってこなかった夏のあの日。」といった体言止め、省略などの表現技法に注目して書きましょう。

例2 「たのもしそうな、タカオの父ちゃん。」のように、物の名前や事がらを表す言葉で終わる表現を使って印象に残るようにしていると思った。

確かめのテスト② 42~43ページ
川とノリオ 〜 読書の広場② ひろがる読書の世界

1 読みがなを書きましょう。 一つ2点(20点)

① 下巻を読む。(げかん) ② 今晩は満月だ。(こんばん)
③ 映画を見る。(えいが) ④ 新潟の穀倉地帯。(こくそう)
⑤ ミスして舌を出す。(した) ⑥ 座席をゆずる。(ざせき)
⑦ 的を矢で射る。(い) ⑧ 野菜を洗う。(あら)
⑨ 砂鉄を集める。(さてつ) ⑩ くつ下が片方ぬげる。(かたほう)

2 □に漢字を、( )に漢字と送りがなを書きましょう。 一つ2点(16点)

① シャツを洗濯する。 ② 海に至る道路。
③ 若者に人気。 ④ ロケットの発射。
⑤ ハンカチを干す。 ⑥ 暑さで食欲がない。
⑦ 地面に穴をほる。 ⑧ たからを探す。

3 次の□にあてはまる言葉を□から選んで書きましょう。 一つ3点(12点)

① その川はすずしい音をたてて、(さらさら)と休まず流れている。
② (ザアザア)とおし寄せてくるこわい川。
③ 手が、(ぶるぶる)ふるえている。
④ ねこが、こちらを(じいっと)見ている。

ザアザア　さらさら　じいっと　ぶるぶる

4 正しい意味に○をつけましょう。 一つ5点(15点)

① 立ちすくむ
ア(○)おそろしさやおどろきで、立ったまま動けないこと。
イ( )何事にも気を取られず、先に進むこと。
② やつれる
ア(○)病気やストレスなどで、やせおとろえること。
イ( )病気やストレスなどで、太ること。
③ 空っ風
ア( )よわくしめっぽい北風。
イ(○)つよくふくかわいた北風。

5 次に示すような場合、最も行った方がいい場所をア～エの中から一つずつ選びましょう。 一つ4点(16点)

① イ 防災に関する資料を見て、理解を深めたい。
② ウ 作家の人生や作品について、くわしく知りたい。
③ エ さまざまな資料から、せんもん的なことを学びたい。
④ ア 本を読みたい。地域の歴史に関する資料を見たい。

ア 公共図書館　イ 防災センター
ウ 文学館・記念館　エ 博物館・資料館

6 次の文に使われている表現の工夫を三つ選び、○をつけましょう。 一つ7点(21点)

こおりつくような鉛色の川。

ア(○)色の表現
イ( )人にたとえた表現
ウ( )くり返しの表現
エ(○)たとえの表現
オ(○)物の名前や事柄を表す言葉で終わる表現
カ( )音や様子を表す表現

1 ①昔は棒に長い紙を巻きつけた本があったことから、「上巻」「一巻」のように本を数える言葉に「巻」も使われています。
⑦「射る」を用いた言葉「的を射る」には、うまく要点(的)をとらえているという意味もあります。

2 ⑤「干」と「千」をまちがえないように気をつけましょう。

3 ①「さらさら」とは、つかえずに進んでいく様子を表す言葉です。
②「ザアザア」とは大量の水が流れる様子を表す言葉です。

5 ①防災センターには、防災に関する資料が展示されています。
②文学館・記念館には作家や作品に関する資料が展示されています。
③博物館・資料館には、実物や模型など、様々な資料が展示されています。
④公共図書館では本の他に、その地域の歴史や文化、産業に関する資料も利用できます。

準備 44~45ページ
聞かせて！「とっておき」の話／イナゴ／「知恵の言葉」を集めよう

かくとり 新しい漢字
教科書96ページ 班 10画
101ページ 痛 12画

1 □に読みがなを書きましょう。

① はげしい頭痛。(ずつう) ② 班長を任される。(はん)

2 □に漢字を、( )に漢字と送りがなを書きましょう。

① 班ごとに行動する。 ② 教訓を伝える。
③ 番号を暗記する。 ④ 言葉を唱える。
⑤ 歯が痛む。 ⑥ まきを燃やす。

3 次の言葉やことわざの正しい意味に○をつけましょう。

① 試合で全力を出しきって、達成感を得た。
ア( )努力がむくわれたことで得られる安心感。
イ(○)目的を果たすことによって得られる満足感。
② 友達の考えに共感する。
ア(○)他人の考えなどにそのとおりだと感じること。
イ( )他人の考えとはちがうと反対すること。
③ ちりも積もれば山となる
ア(○)積み重ねをばかにしてはいけないということ。
イ( )積み重ねをしてもむだになってしまうこと。
ウ( )積み重ねた時間は結果として現れること。
エ( )積み重ねる努力は大変であるということ。
④ 帯に短したすきに長し
ア( )帯にもたすきにもなって、十分に役に立つこと。
イ( )帯にはならないが、たすきにはなるということ。
ウ(○)帯にもたすきにもならず、中と半ぱで役に立たないこと。
エ( )帯にはなるが、たすきにはならないということ。

4 詩を読んで、答えましょう。

イナゴ　まど・みちお

はっぱにとまった
イナゴの目に
一てん
もえている夕やけ
でも イナゴは
ぼくしか見ていないのだ
エンジンをかけたまま
いつでもにげられるしせいで…
ああ 強い生きものと
よわい生きもののあいだを
川のように流れる
イネのにおい！

(1) この詩の情景について、次の問いに答えましょう。
① 一日のうちのいつごろの情景ですか。それがわかる言葉を詩の中から三字で書きぬきましょう。 夕やけ
② 「ぼく」と「イナゴ」の関係に○をつけましょう。
ア( )「ぼく」ははなれた場所にいて「イナゴ」を観察している。
イ(○)「ぼく」と「イナゴ」は間近にいて見合っている。
ウ( )「ぼく」と「イナゴ」は川をはさんで見合っている。
③ 何のにおいがえがかれていますか。詩の中から書きぬきましょう。 (イネ(のにおい))

(2) 「エンジンをかけたまま」とありますが、これについて次の問いに答えましょう。
① 使われている表現技法に○をつけましょう。
ア(○)たとえの表現
イ( )物の名前や事柄を表す言葉で終わる表現
ウ( )言葉の順序を入れかえた表現
② イナゴのどんな様子を表していますか。詩の中の言葉を使って書きましょう。
(例 いつでもにげられるしせいである様子。)

(3) ①「強い生きもの」②「よわい生きもの」とは、何をさしますか。詩の中から書きぬきましょう。
①(ぼく) ②(イナゴ)

1 ②「班」は「はん」と読みますが、「一班」は「いっぱん」と読むように、他の言葉と重なると読みが変化することがあります。

3 ④「たすき」は、着物のそでがじゃまにならないようにたくし上げるためのひもです。帯よりも短いです。

4 (1)①詩の4行目に「夕やけ」とあります。
②「ぼく」が「イナゴの目」を見ていることから、間近にいることが分かります。
③詩の最後の部分に「イネのにおい！」とあります。
(2)車などの場合、エンジンをかけるとは、いつでも発車できる状態にすることです。イナゴが「いつでもにげられるしせいで」いることを、「エンジンをかけたまま」とたとえて表現したのです。
(3)この詩では、「イナゴ」と「ぼく」が登場します。9行目でイナゴが「いつでもにげられるしせい」とあることから、「強い生きもの」は「ぼく」で、いつでも「ぼく」からにげられるようにしている「イナゴ」は「よわい生きもの」であることが分かります。

準備 46〜47ページ あなたは作家

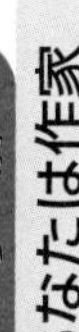

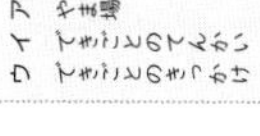

1 ②「装本」とは、表紙をつけるなどして本の体裁を整えるという意味です。

2 ③「宙」の「由」の部分を「田」と書かないよう注意しましょう。

4 物語をどのように作るのか、ふり返りましょう。

5 ①この場面は、由美が前向きになるきっかけとなる女の子に気がつく場面になっています。ものごとを始めるきっかけやはずみの場面なので、ウが当てはまることが分かります。

②ここでは由美が泣いている女の子を見つけた後、声をかける場面になっています。物事がくり広げられる場面なので、イが当てはまります。

③この場面では由美と女の子が会話し、その後女の子の母親がやってきます。母親という新しい人物が現れ、女の子や由美の気持ちにも変化が起こります。人物の心情や行動が大きく変わるので、アが当てはまることが分かります。

準備 48〜49ページ なぜ、わかり合えなかったのかな？／熟語の使いわけ

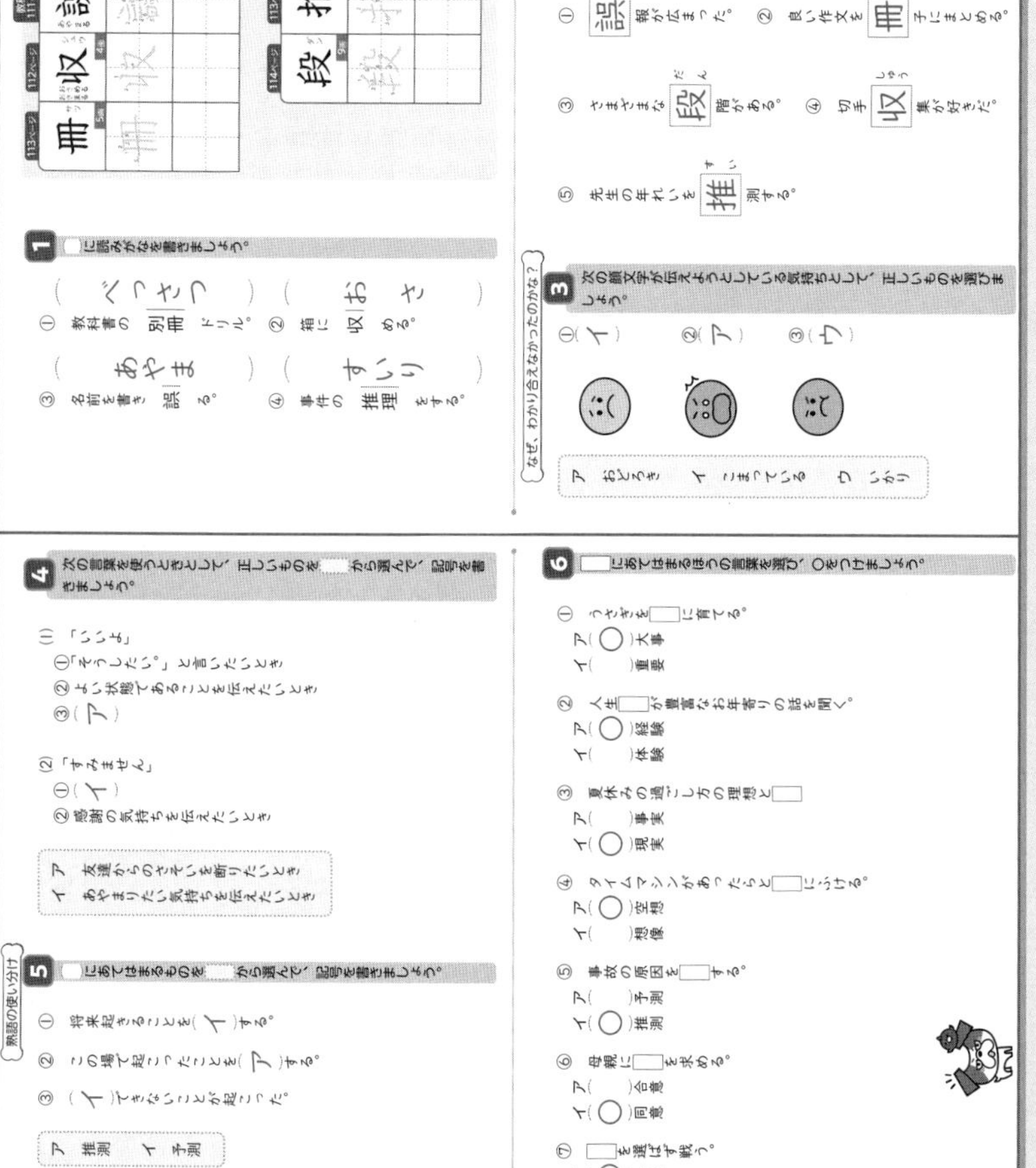

1 ②「おさめる」は、「収める」の他にも「納める」「治める」「修める」とも書けます。使い分けに気をつけましょう。

3 ①この顔文字は口を下に曲げ、まゆも下がっています。表情が下に下がっているときは悲しみのようなマイナスの感情をかかえている場合が多いので、イ「こまっている」が当てはまります。

②この顔文字は口も目も大きく開けています。このように大げさな表情をしているときは、ア「おどろき」がもっとも当てはまります。

③この顔文字は口を曲げ、まゆをあげています。このような表情はウ「いかり」がもっとも当てはまります。

4 (1)「いいよ」は、何かについて聞かれて、それに対して断ったり平気であることを伝えたりするときに使います。

(2)「すみません」は、「ありがとう」という感謝の気持ちを伝えたり、「すまない」という謝罪の気持ちを伝えたりするときに使います。

5 「推測」は、ある事柄をもとにしておしはかること、「予測」は、なり行きや結果を前もっておしはかることです。

確かめのテスト　50～51ページ

あなたは作家 ～ 漢字の広場③　熟語の使い分け

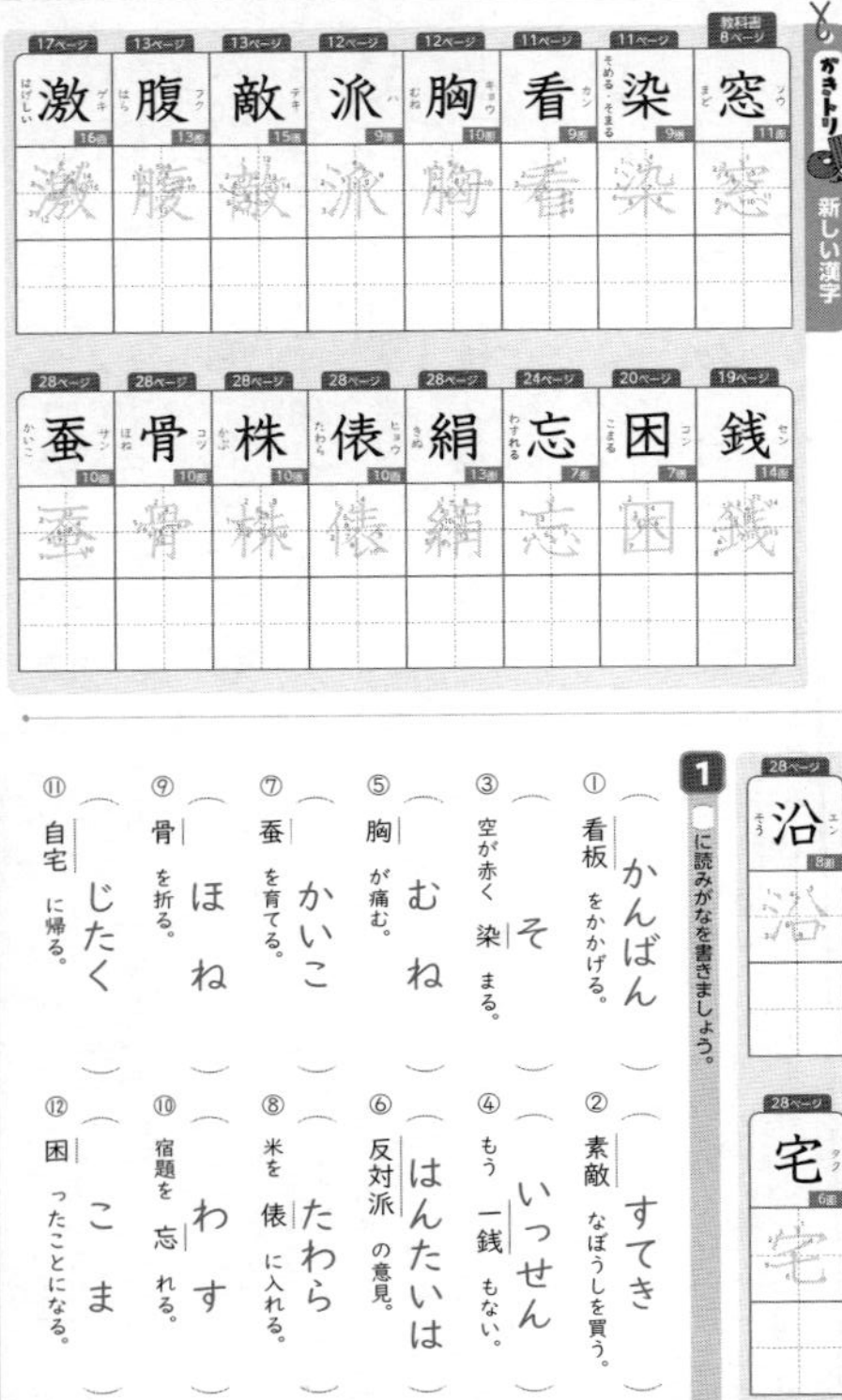

3 ③公正と公平はどちらも「ものごとを平等にあつかう」という意味ですが、公正は「不正やごまかしがないようにすること」、公平は「かたよりがないようにすること」というちがいがあります。この問題では「公平」がより当てはまります。

4 文末が常に同じだからといって、物語が読みやすくなるとは限りません。むしろ読みにくくなることもあります。

5 ②「円滑（かつ）」の「滑」は、すべる、なめらか、などの意味があります。そのため円滑の意味にはイ「物事がすらすらと行われること」が当てはまります。

6 ①「やばい」という言葉は、良い意味でも悪い意味でも使われます。そのため、自分が良いと思って「やばいね」と声をかけても、相手は悪い意味として受け取ってしまうことがあります。

②「何で来るの?」というたずね方には、「なぜ来るの?」と理由をたずねる意味と、「どんな手段で来るの?」と夏まつり会場に行く方法をたずねる意味の二通りあるため、かんちがいを生みやすいのです。

準備　52～53ページ

きつねの窓

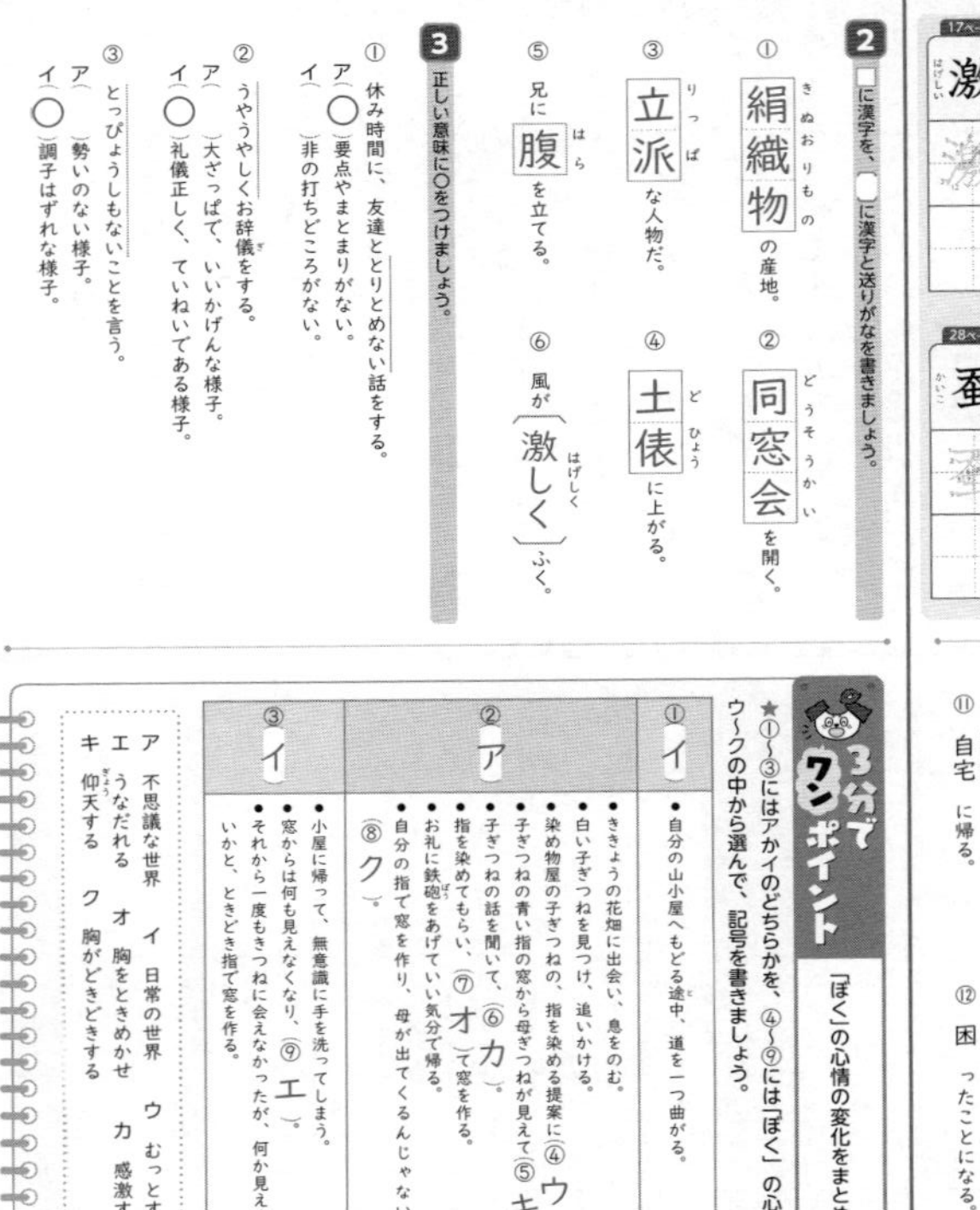

1 ④「一銭」は、「いちせん」と読まず、「いっせん」と読みます。「銭」は「円」よりも小さいお金の単位のことです。

2 ①「絹」は、「綿」とまちがえやすいので、注意して覚えるようにしましょう。

④「土俵」は、すもうを行う場所のことです。この意味を元にして、「土俵に上がる」という表現が勝負にいどむという意味を持つようになりました。

3分でワンポイント

それぞれの場面での「ぼく」の心情を確かめましょう。

「きつねの窓（安房直子（あわなおこ））」のように、登場人物が「日常の世界」と「不思議な世界」を行き来する構成は「ファンタジー」という物語の特徴（ちょう）の一つです。「ファンタジー」では、「不思議な世界」が物語の中でどのような意味を持っているのかを考えながら読みましょう。

練習① 54~55ページ

きつねの窓

文章を読んで、答えましょう。


「あれ？」

一瞬、ぼくは立ちすくみました。まばたきを、二つばかりしました。ああ、そこは、いつもの見慣れた杉林ではなく、広々とした野原なのでした。それも、一面、青いききょうの花畑なのでした。

ぼくは息をのみました。いったい、自分は、どこをどうまちがえて、いきなりこんな場所にでくわしたのでしょう。だいいち、こんな花畑が、この山にはあったのでしょうか。

〈すぐ引き返すんだ。〉

ぼくは、自分に命令しました。その景色は、あんまり美しすぎました。なんだか、そらおそろしいほどに。

けれど、そこには、いい風がふいていて、ききょうの花畑は、どこまでもどこまでも続いていました。このまま引き返すなんて、なんだかもったいなさすぎます。

「ほんのちょっと休んでいこう。」

ぼくは、そこにこしをおろして、あせをふきました。

と、その時、ぼくの目の前を、ちらりと白いものが走ったのです。ぼくは、がばっと立ち上がりました。ききょうの花がザザーッと一列にゆれて、その白い生き物は、ボールが転げるように走っていきました。

確かに、白ぎつねでした。まだ、ほんの子どもの。ぼくは、鉄砲をかかえると、そのあとを追いました。

ところが、その速いことといったら、ぼくが必死で走っても、追いつけそうにありません。ダンと一発やってしまえば、それでいいのですが、できれば、ぼくはきつねの巣を見つけたかったのです。そして、そこにいる親ぎつねをしとめたいと思ったのです。けれど、子ぎつねは、ちょっと小高くなった辺りへ来て、いきなり花の中にもぐったと思うと、それっきり姿を消しました。

ぼくは、ぽかんと立ちすくみました。まるで、昼の月を見失ったような感じです。うまいぐあいに、はぐらかされたと思いました。

この時、後ろで、

「いらっしゃいまし。」

と、変な声がしました。おどろいてふり向くと、そこには、小さな店があるのでした。入り口に、「染め物　ききょう屋」と、青い字の看板が見えました。そして、その看板の下に、こんの前かけをした子どもの店員が一人、ちょこんと立っていました。ぼくには、すぐわかりました。

〈ははあ、さっきの子ぎつねが化けたんだ。〉

すると、胸のおくから、おかしさが、くつくつとこみ上げてきました。ふうん、これはひとつ、だまされたふりをして、きつねをつかまえてやろうと、ぼくは思いました。そこで、精いっぱい、あいそ笑いをして、

「少し休ませてくれないかね。」

と言いました。すると、店員に化けた子ぎつねは、にっこり笑って、

「どうぞ、どうぞ。」

と、ぼくを案内しました。

安房直子「きつねの窓」より

❶「まばたきを、二つばかりしました。」とありますが、これは「ぼく」のどんな様子を表していますか。一つに○をつけましょう。
ア（○）思いもよらないような情景におどろく様子。

イ（　）あまりにも美しい情景を見て感動する様子。

ウ（　）きつねに化かされたと思ってこわがる様子。

エ（　）歩きつかれたので少し休もうとする様子。

ヒント 「立ちすくみました」という、すぐ前の文に注目しよう。

❷「こんな場所」とはどのような場所ですか。次の□にあてはまる言葉を、文章中から九字で書きぬきましょう。
［青いききょうの花畑］が広がる場所。

❸「そらおそろしいほどに。」とありますが、そらおそろしいほどにどう思ったのですか。一つに○をつけましょう。
ア（　）深い山の中だった。

イ（○）景色が美しかった。

ウ（　）いい風がふいた。

エ（　）休みたかった。

❹「白いものが走った」とありますが、何がどのように走ったのですか。次の□にあてはまる言葉を、文章中から書きぬきましょう。
［子ども］の［白ぎつね］が［ボールが転げる］ように走った。

❺「ダンと一発やってしまえば」とはどういうことですか。次の（　）にあてはまる言葉を、文章中から書きぬきましょう。
（鉄砲）で（きつね）をうつこと。

❻「ぼくは、ぽかんと立ちすくみました。」とありますが、それはどうしてですか。一つに○をつけましょう。
ア（　）親ぎつねをしとめられなかったから。

イ（○）子ぎつねがとつぜん姿を消したから。

ウ（　）昼の月を見失ってしまったから。

エ（　）すぐ近くに小さな店があったから。

❼「ぼくには、すぐわかりました。」とありますが、何がわかったのですか。次の（　）にあてはまる言葉を、文章中から書きぬきましょう。
子ぎつねが（店員）に（化けた）こと。

ヒント 「ぼく」が見たものと、直後の文に注意しよう。

❽「精いっぱい、あいそ笑いをして」とありますが、「ぼく」がそうしたのはなぜですか。一つに○をつけましょう。
ア（　）おかしくてたまらない気持ちをかくそうと思ったから。

イ（　）不思議な力をもったきつねにおそれを感じたから。

ウ（○）だまされたふりをしてきつねをつかまえたかったから。

エ（　）きつねの店で少し休ませてもらいたかったから。

❶ 前で「ぼく」は「あれ？」と立ちすくんでいます。直後には「ああ、そこは、……なのでした。それも、……なのでした」とあります。「ああ」は感動詞です。思いもよらない情景だったのです。

❷ 「こんな」は指示語です。指示語の指す内容は前にあることが多いです。

❸ 「そらおそろしい」は、なんとなく不安でおそろしいという様子をいいます。日常の世界ではないような美しすぎる景色に、そらおそろしさを感じたのです。

❹ ——線の少しあとにある、「その白い生き物は」以後の内容に着目しましょう。

❺ 「ダン」は鉄砲の音を表しています。

❻ 前に「子ぎつねは、……いきなり花の中にもぐったと思うと、それっきり姿を消しました」とあります。

❼ 直後の〈　〉の文に着目しましょう。「ぼく」は、子どもの店員を見て、子ぎつねが化けたと思っています。

❽ 「あいそ笑い」というのは、人のきげんをとろうとしてする笑いです。「ぼく」は、だまされたふりをしてあいそ笑いをし、きつねを油断させてつかまえようとしたのです。

練習② 56~57ページ

きつねの窓

文章を読んで、答えましょう。


「そうそう、お指をお染めいたしましょう。」

「お指？」

ぼくはむっとしました。

「指なんか染められてたまるかい。」

ところが、きつねは、にっこり笑って、

「ねえ、お客様、指を染めるのは、とても素敵なことなんですよ。」

と言うと、自分の両手を、ぼくの目の前に広げました。

小さい白い両手の、親指と人さし指だけが、青く染まっています。きつねは、その両手を寄せると、青く染められた四本の指で、ひし形の窓を作ってみせました。それから、窓を、ぼくの目の上にかざして、

「ねえ、ちょっと、のぞいてごらんなさい。」

と、楽しそうに言うのです。

「うう？」

ぼくは、気ののらない声を出しました。

「まあ、ちょっとだけ、のぞいてごらんなさい。」

そこで、ぼくは、しぶしぶ窓の中をのぞきました。そして、仰天しました。

指でこしらえた、小さな窓の中には、白いきつねの姿が見えるのでした。それは、みごとな母ぎつねでした。しっぽをゆらりと立てて、じっとすわっています。それは、ちょうど窓の中に、一まいのきつねの絵が、ぴたりとはめこまれたような感じなのです。

「こ、こりゃいったい……。」

ぼくは、あんまりびっくりして、もう声も出ませんでした。きつねは、ぽつりと言いました。

「これ、ぼくの母さんです。」

「……。」

「ずうっと前に、ダーンとやられたんです。」

「ダーンと？　鉄砲で？」

「そう。鉄砲で。」

きつねは、ぱらりと両手を下ろして、うつむきました。これで、自分の正体がばれてしまったことも気づかずに、話し続けました。

「それでもぼく、もう一度母さんに会いたいと思ったんです。死んだ母さんの姿を、一回でも見たいと思ったんです。これ、人情っていうものでしょ。」

なんだか悲しい話になってきたと思いながら、ぼくは、うんうんとうなずきました。

「そしたらね、やっぱりこんな秋の日に、風がザザーッてふいて、ききょうの花が声をそろえて言ったんです。あなたの指をお染めなさい。それで窓を作りなさいって。ぼくは、ききょうの花をどっさりつんで、その花のしるで、ぼくの指を染めたんです。そうしたら、ほうら、ねっ。」

きつねは、両手をのばして、また、窓を作ってみせました。

「ぼくはもう、さびしくなくなりました。この窓から、いつでも、母さんの姿を見ることができるんだから。」

ぼくは、すっかり感激して、何度もうなずきました。

安房直子「きつねの窓」より

❶「お指をお染めいたしましょう。」とありますが、指を染めることを、きつねと「ぼく」はどのように思っていますか。きつねは文章中から五字で書きぬき、「ぼく」は一つに○をつけましょう。
・きつね［素敵なこと］
・「ぼく」
ア（　）楽しそうだと思っている。

イ（　）きたなそうだと思っている。

ウ（○）いやだと思っている。

エ（　）なんとも思っていない。

❷「ぼく」は、きつねに何と呼ばれていますか。文章中から書きぬきましょう。
（お客様）

❸「小さい白い両手の、親指と人さし指だけが、青く染まっています。」について、次の問いに答えましょう。
(1) 「青く」とありますが、何の色ですか。次の（　）にあてはまる言葉を、文章中から書きぬきましょう。
（ききょうの花）のしるの色。

ヒント 最後のほうのきつねの言葉に注目しよう。

(2) この指を使って、何を作るのですか。文章中から五字で書きぬきましょう。
［ひし形の窓］

❹「仰天しました。」とありますが、「ぼく」が仰天したのはなぜですか。一つに○をつけましょう。
ア（　）指で作ったのに、本当の窓みたいだったから。

イ（　）窓の中に、母ぎつねの絵がはめてあったから。

ウ（　）窓の中に、母ぎつねと子ぎつねの姿が見えたから。

エ（○）窓の中に、母ぎつねの姿が見えたから。

❺「ダーンとやられた」とはどういうことですか。次の（　）にあてはまる言葉を、文章中から書きぬきましょう。
（鉄砲）でうたれて（死んだ）ということ。

❻「人情っていうものでしょ。」とありますが、きつねはどのようなことを「人情」と言っているのですか。一つに○をつけましょう。
ア（　）きつねが作った窓の中を「ぼく」が見てくれること。

イ（　）自分の正体がきつねだとばれても、話を続けること。

ウ（○）死んだ母さんに、もう一度会いたいと思ったこと。

エ（　）母さんを見るために指を染めることにしたこと。

❼「ぼくはもう、さびしくなくなりました。」とありますが、その理由が書かれた一文を文章中から探し、初めの五字を書きぬきましょう。
［この窓から］

ヒント 理由は「～から」という形で書かれているよ。

❶ きつねはこのあと、「ねえ、お客様、指を染めるのは、とても素敵なことなんですよ。」と言っています。「とても素敵」でも正解です。「ぼく」については、きつねの言葉を聞いて「ぼくはむっとしました」とあることに着目します。

❷ きつねは「ぼく」に向かって、「ねえ、お客様」と言っています。

❸ (1)最後のほうのきつねの会話文「ききょうの花をどっさりつんで、その花のしるで、ぼくの指を染めた」とあります。

❹ 「仰天する」とは、とてもおどろくことです。「ぼく」ははじめ、きつねが指で作った窓の中に、何かが見えるとは思っていなかったのです。

❻ 「人情」とは、人が自然にもっている温かい心のことです。死んだ母さんの姿をもう一度見たいと思うのは、人として当然な気持ちだということです。

❼ 直後の文は「～から。」で終わっています。これは理由を表す形です。

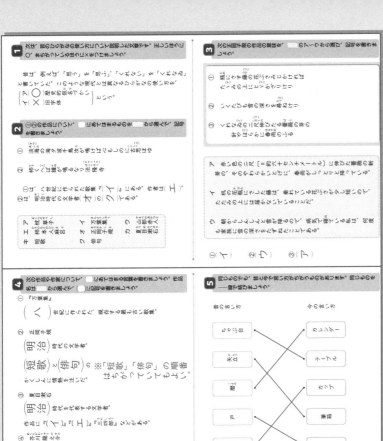

準備　58~59ページ
言葉は時代とともに

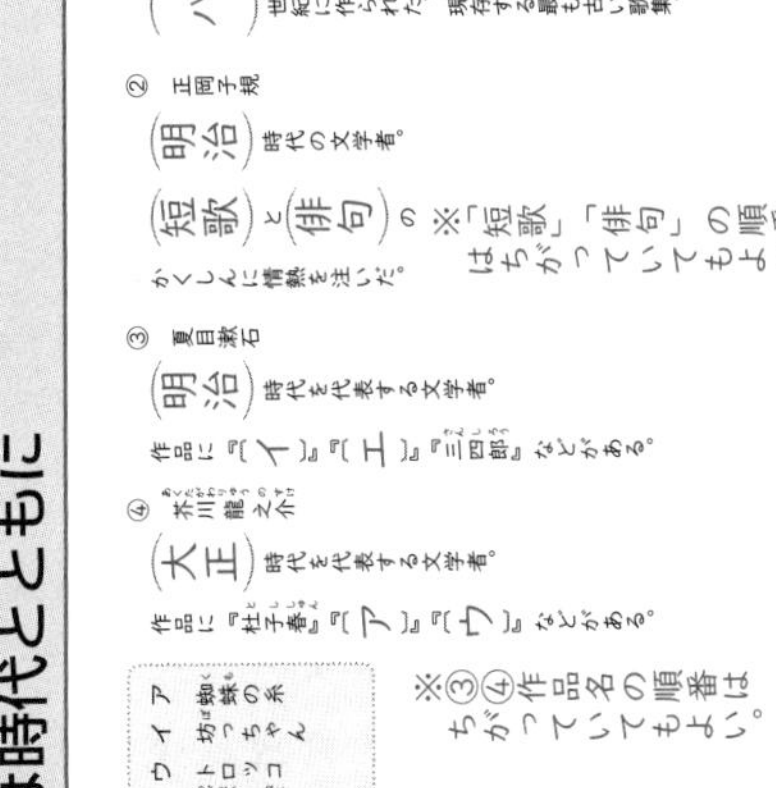

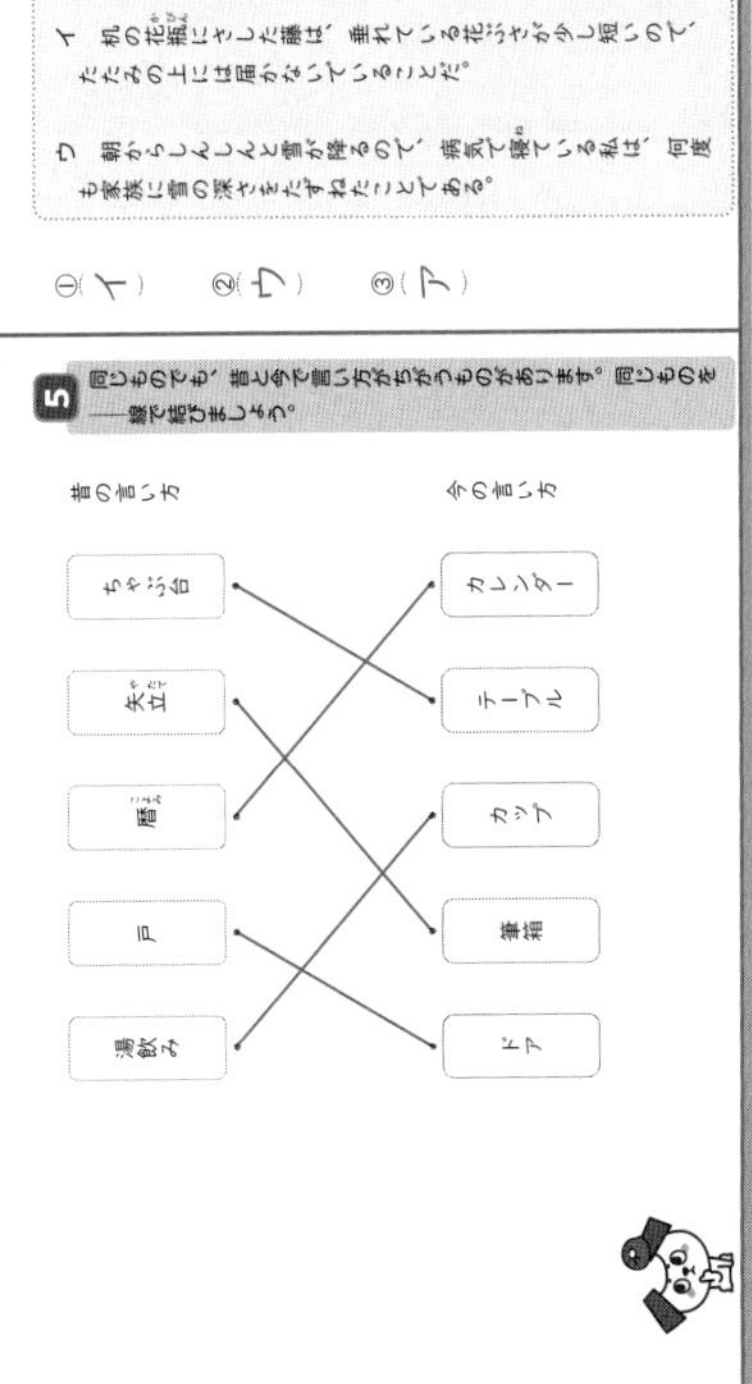

1 歴史的仮名づかいは、ひらがなの古い使いかたのことです。対して、旧字体は、漢字の昔の表記のことです。

3 ①と③は短歌、②は俳句です。俳句は五七五の十七字で作られる詩の一種で、季節を表す言葉である「季語」を必ず使用します。対して短歌は、五七五七七の三十一文字で作られ、必ずしも季語を使用する必要はありません。

4 ①万葉集は、奈良時代である八世紀につくられた、現存する最も古い歌集です。
③夏目漱石は、自身が英語教師だったときの経験から、『坊っちゃん』を書いたとされています。
④芥川龍之介は、大正時代を代表する作家です。現在の日本で最も有名な文学賞といえる「芥川賞」の由来となった作家です。

5 矢立は、墨を入れる容器と筆が一体化している筆記用具のことです。武士が矢に入れて使用していたことから、この名前がつきました。

60〜61ページ

きつねの窓
言葉の文化④　言葉は時代とともに

おうちのかたへ

物語の受け取り方は、人それぞれです。どのように感じたのかを話し合うことで、読みを広げたり、深めたりすることにつながります。それが、読む力や国語力を身につけさせてくれます。

文章を読んで、答えましょう。　思考・判断・表現

「あいにく、お金が全然ないんだ。だけど、品物なら、なんでもやるよ。帽子でも、上着でも、セーターでも、マフラーでも。」

すると、きつねはこう言いました。

「そんなら、鉄砲をください。」

「鉄砲？　そりゃちょっと……。」

困るなと、ぼくは思いました。が、たった今手に入れた、素敵な窓のことを思った時、鉄砲は、少しもおしくなくなりました。

「ようし、やろう。」

ぼくは、気前よく、鉄砲をきつねにやりました。

「毎度、ありがとうございます。」

きつねは、ぺこっとお辞儀をして、鉄砲を受け取ると、おみやげになめこなんかくれました。

「今夜のおつゆにしてください。」

なめこは、ちゃんと、ポリぶくろに入れてありました。

ぼくは、きつねに帰りの道をききました。すると、なんのことはない、この店の裏側が杉林だというのです。林の中を二百メートルほど歩いたら、ぼくの小屋に出るのだと、きつねは言いました。ぼくは、かれにお礼を言うと、言われたとおり、店の裏手へ回りました。すると、そこには、見慣れた杉林がありました。秋の日がきらきらとこぼれて、林の中は暖かく静かでした。

「ふうん。」

ぼくは、とても感心しました。すっかり知りつくしているつもりだったこの山にも、こんなひみつの道があったのでした。そして、あんなすばらしい花畑と、親切なきつねの店と……、すっかりいい気分になって、ぼくは、ふんふんと鼻歌を歌いました。そして、歩きながら、また両手で窓を作りました。

すると、今度は、窓の中に雨が降っています。細かい霧雨が音もなく。

そして、そのおくに、ぼんやりと、なつかしい庭が見えてきました。庭に面して、古い縁側があります。その下に、子どもの長靴が放り出されて、雨にぬれています。

〈あれは、ぼくのだ。〉

ぼくは、とっさにそう思いました。すると、胸がどきどきしてきました。ぼくの母が、今にも長靴を片づけに出てくるのじゃないかと思ったからです。かっぽう着を着て、白い手ぬぐいをかぶって。

「まあ、だめじゃないの、出しっぱなしで。」

そんな声まで聞こえてきそうです。庭には、母の作っている小さい菜園があって、青じそがひとかたまり、やっぱり雨にぬれています。ああ、あの葉をつみに、母は庭に出てこないのでしょうか……。

家の中は、すこうし明るいのです。電気がついているのです。ラジオの音楽に混じって、二人の子どもの笑い声が、とぎれとぎれに聞こえます。あれはぼくの声、もう一つは死んだ妹の声……。

フーッと、大きなため息をついて、ぼくは両手を下ろしました。なんだか、とてもせつなくなりました。子どものころの、ぼくの家は焼けたのです。あの庭は、今はもう、ないのです。

それにしても、ぼくは全く素敵な指をもちました。この指はいつまでも大切にしたいと思いながら、ぼくは、林の道を歩いていきました。

安房直子「きつねの窓」より

1 「鉄砲をください。」とありますが、きつねはどうして鉄砲を求めたと思われますか。一つに○をつけましょう。　10点

ア（　）衣服より鉄砲のほうが高価だと思ったから。
イ（　）山をあらす「ぼく」を困らせたいと思ったから。
ウ（○）人間にうたれる動物を少しでも減らしたかったから。
エ（　）自分が鉄砲を使って他の動物をとりたかったから。

2 「ぼくは、とても感心しました。」とありますが、何に感心したのですか。□にあてはまる言葉を書きましょう。　10点

□、それをきつねが知っていたこと。

（例 知りつくしているつもりの山にも、ひみつの道があって）

3 「また両手で窓を作りました。」について、次の問いに答えましょう。

よく出る

① 窓の中には何が見えましたか。見えたもの全てに○をつけましょう。　完答15点

ア（○）細かい霧雨。
イ（○）なつかしい家の庭。
ウ（　）かっぽう着を着た母の姿。
エ（　）庭から家の中へ入る「ぼく」の姿。

できたらスゴイ！

② 窓の中のできごとが書かれているのはどこまでですか。できごとが書かれた最後の一文を、文章中から書きぬきましょう。　15点

（あれはぼくの声、もう一つは死んだ妹の声……。）

よく出る

4 「あれ」がさす内容を、文章中から六字で書きぬきましょう。　10点

子どもの長靴

できたらスゴイ！

5 「胸がどきどきしてきました。」とありますが、このときの「ぼく」の気持ちを、二十字以上三十字以内で説明しましょう。　15点

例 母の姿が見られるのではないかと期待する気持ち。

6 両手で窓を作ると見えるものは、どういうものだといえますか。一つに○をつけましょう。　10点

ア（　）心に残ってはいるが、忘れてしまいたいと思うもの。
イ（　）これから先、ぜひこうなってほしいと思うもの。
ウ（○）今はもうないが、もう一度見たいと思うもの。
エ（　）心の中で何度も思いえがいたことがあるもの。

考えを書こう

7 文章中にえがかれている窓をもつことを、あなたはどう思いますか。理由をふくめて書きましょう。　15点

（例 もう会えない人や死んだペットの姿が見られるのはうれしいが、実際に話したりなでたりはできないので、せつなくなるとも思う。）

---

2 □のあとに「それをきつねが知っていた」とあります。「ぼく」が知らなくて、きつねが知っていたことを読み取りましょう。

3 ①ウ「かっぽう着を着た母の姿」は、実際に見えたわけではありません。
②最後から二つ目の段落に「ぼくは両手を下ろしました」とあります。ここで「ぼく」が指の窓をのぞくのをやめたことが分かります。この前までが、窓の中のできごとになります。

4 ——線の前に、両手で作った窓の中の景色が書かれています。その中から読み取りましょう。

5 「胸がどきどきする」は、期待する気持ちを表します。何に対する期待かは、——線のあとの部分から読み取りましょう。

6 「きつねの窓」という物語全体では、指の窓をのぞくことで、子ぎつねに母ぎつねが見えたり、「ぼく」に昔好きだった少女が見えたりしています。会いたくても会えないものたちです。

7 今は会えないものが見られる窓をもつことをどう思うか、理由を明確にして書きましょう。例とはちがう考えでも正解です。

例2 会えなくなってしまった人や、見ることができなくなってしまったものを見ることができるので、とても素敵なことだと思う。

確かめのテスト② 62~63ページ きつねの窓／言葉の文化④ 言葉は時代とともに

1 読みがなを書きましょう。 一つ2点(20点)

① 近くの派出所。（はしゅつじょ）
② ファンが激増する。（げきぞう）
③ 金銭をやり取りする。（きんせん）
④ 銀行の窓口に行く。（まどぐち）
⑤ 正体がばれる。（しょうたい）
⑥ 養蚕業を営む。（ようさんぎょう）
⑦ 小さい菜園。（さいえん）
⑧ 米俵を持ち上げる。（こめだわら）
⑨ 株主になる。（かぶぬし）
⑩ 夕日に染まる海。（そ）

2 □に漢字を、（　）に漢字と送りがなを書きましょう。 一つ2点(20点)

① 魚の骨を取る。
② 満腹になる。
③ 川に沿って歩く。
④ 宅地を開発する。
⑤ 絹糸でぬう。
⑥ 祖母を看病する。
⑦ とても困難な事業。
⑧ 度胸がある。
⑨ 返答に（困る）。
⑩ 宿題を（忘れる）。

3 次の言葉の意味を……から一つずつ選び、記号を書きましょう。 一つ2点(10点)

① 息をのむ（エ）
② 立ちすくむ（オ）
③ ときめく（イ）
④ とっさ（ウ）
⑤ うなだれる（ア）

ア がっかりして力なくうつむく。
イ 期待などでどきどきする。
ウ ごくわずかな時間。
エ びっくりして息をとめる。
オ おどろきなどで立ったまま動けなくなる。

4 次の歴史的仮名づかいで書かれた言葉を、現代の書き方に書きかえましょう。 一つ2点(10点)

① ぢしん（じしん）
② てふてふ（ちょうちょう）
③ きうり（きゅうり）
④ 言ふ（言う）
⑤ こゑ（こえ）

5 文章を読んで、答えましょう。

親譲りの無鉄砲で小供の時から損ばかりして居る。小学校に居る時分学校の二階から飛び降りて一週間程腰を抜かした事がある。なぜそんな無闇をしたと聞く人があるかも知れぬ。別段深い理由でもない。新築の二階から首を出して居たら、同級生の一人が冗談に、いくら威張っても、そこから飛び降りる事は出来まい。弱虫やーい。と囃したからである。

（夏目漱石『坊っちゃん』）

(1) 「小供」を、現代ではどのように書きますか。漢字で答えましょう。 10点
（子供）

(2) 「知れぬ。」を、同じ意味の別の言い方に直すと、どうなりますか。□にあてはまる言葉を、ひらがな二字で書きましょう。 10点
知れ［ない］

(3) 「主人公（坊っちゃん）」がどんな人物であるかを、わかりやすくまとめて表現している一文を、文章から書きぬきましょう。 20点
（親譲りの無鉄砲で小供の時から損ばかりして居る。）

準備 64~65ページ 十二歳の主張

すっきり 新しい漢字

疑（38ページ） 善（38ページ） 専（39ページ） 閣（39ページ）

1 ＿に読みがなを書きましょう。

① 質疑応答の時間。（しつぎ）
② 善良な人。（ぜんりょう）
③ 専業農家の友人。（せんぎょう）
④ 予算が閣議決定される。（かくぎ）
⑤ 文章を推敲する。（すい）
⑥ 母を説得する。（せっとく）

2 □に漢字を、（　）に漢字と送りがなを書きましょう。

① 善意にあふれる。
② 陛下に仕える。
③ 適切な行動。
④ 主張の理由。
⑤ 課題を提起する。
⑥ 意見を伝える機会。
⑦ 昆虫の研究資料。
⑧ 明確に伝える。
⑨ 耳を（疑う）。
⑩ （善い）行い。

3 正しい意味に○をつけましょう。

① 他の事例を探す。
ア（　）例外となる事実。

イ（○）例となる事実。

② 問題を提起する。
ア（○）問題を話題に出すこと。

イ（　）問題を解決すること。

③ 一貫した主張。
ア（○）初めから終わりまで変えずに通すこと。

イ（　）一つだけあること。

4 取材をして説得力をもたせた意見文を書くとき、注意することをア〜エの中から選び、○をつけましょう。

ア（　）自分の意見に説得力をもたせるためには、自分の意見への自信が大切であり、ほかの立場からの考えや意見は重要ではない。

イ（　）自分の意見に説得力をもたせるためには、多くの情報にふれるよりも、一つの情報を深く調べて取材することが大切である。

ウ（○）自分の意見に説得力をもたせるためには、いろいろな立場からの見方や考え方をふまえて広い情報にふれることに気をつける。

エ（　）自分の意見に説得力をもたせるためには、自分が興味をもつことが大切であり、好みの人に取材するとよい。

5 文章を大きく三つの部分に分けて意見文を書くとき、どのような文章の分け方をしますか。表の①〜③には、あてはまる言葉を書きましょう。④〜⑥には、あてはまる文を……から選び、記号を書きましょう。

（①序論）［始め］［④ウ］
（②本論）［中］［⑤ア］
（③結論）［終わり］［⑥イ］

ア 意見やその根拠、具体例を書き、事実を明らかにするための部分
イ まとめの意見を述べ、自分の主張を明らかにするための部分
ウ 課題を提起し、自分の意見や立場を明らかにするための部分

---

1 ⑥「養蚕業」は、かいこという虫の繭からとれる糸で絹をつくる産業のことです。

2 ④「宅地」とは、建物が建っている土地、もしくは建物を建てるための土地のことをいいます。

3 ①「息をのむ」は、絶景や感動的な光景を見た時に用いることが多い表現です。

4 ③歴史的仮名づかいでの「きう」は、現代仮名づかいでは「きゅう」と読みます。

⑤「ゑ」「ゐ」は、普段書くことがない文字なので、注意して覚えるようにしましょう。

5 (1)「子供」は、親子の「子供」ではなく、年が小さい人のことを指す時にも使います。

(2)ここでの「ぬ」は、直前に書かれている内容を打ち消すはたらきがあります。そのため、現代の言葉では「〜ない」が同じ意味を持ちます。

(3)主人公（坊っちゃん）の性格は、文章の書き出しに短くまとめて書かれています。それ以降の文章は、「無鉄砲」で「損ばかりして居る」性格に関係する具体的な出来事の説明です。

---

1 ①「質疑応答」とは、話し合いなどで、疑問に思ったことを質問したり、それに答えたりすることです。

③「専業」とは、その職業を専門として働くことです。「専」を書くときは右上に点を書かないように気をつけましょう。

④「閣議決定」とは、内閣の会議で決められるということです。

4 ウが正解です。自分の意見に説得力をもたせるためには、いろいろな意見や考え方をふまえて書くことが大切です。自分の意見や一つの考え方のみを信頼することがないようにしましょう。

5 序論は、課題を示して、その課題に対する自分の意見や立場を述べます。序論を踏まえて、様々な意見やその根拠を述べ、事実を明らかにしようとする部分が本論です。そして、最後の結論でまとめの意見を述べて、自分の主張を明らかにしたり、あるいは序論で述べた自分の主張を強調したりします。

準備 66~67ページ 音を表す部分

確かめのテスト 68~69ページ 十二歳の主張／漢字の広場④ 音を表す部分

2 ①「創造」は、ものを創り出すという意味で用います。同音の「想像」は、あるものごとを考えることです。

⑥「のばす」という言葉は、いくつかの漢字で書くことができます。「延ばす」は、主に時間に関するときに用いられます。

3 ⑤さんずいと音を表す部分の「可」を組み合わせることによって、「河（か）」という漢字になることが分かります。

⑥こころと音を表す部分の「非」を組み合わせることによって、「悲（ひ）」という漢字になることが分かります。

4 ⑦「在住」は、その場所に住んでいるということを表す言葉で、「財力」はどれだけお金を持っているかという意味を持つ言葉です。

---

1 (1)前の段落に「それは、正しくない情報がのっていたり」とあります。「それ」というのは、インターネットで注意しなければならないことを指しますから、インターネットには正しくない情報ものっている、と分かります。あとは、この段落の前半「そこで、……が重要ではないだろうか」までをよく読んで書きぬきましょう。

(2)――線の中に「令和二年度の……の利用率を見ると」とあるので、あとの「小学生は……、中学生では……」は、資料からの引用であると分かります。引用したデータを自分の意見の根拠として、説得力をもたせているのです。

5 ①「故」「固」「古」は「コ」という音です。

②「績」「積」「責」は「セキ」という音です。

③「校」「効」「交」は「コウ」という音です。

④「想」「相」は「ソウ」という音です。

おうちのかたへ

説明文や意見文では、筆者の意見の根拠がよく問われます。事実と筆者の意見、考えを区別し、なぜそのような意見なのか、理由をおさえながら読むようにしましょう。

確かめのテスト② 102〜103ページ

津田梅子 ――未来をきりひらく「人」への思い 〜 漢字の広場⑥ さまざまな読み方

❶ ①（いいわけ） ②（ちち） ③（つくえ） ④（えんげき） ⑤（ちょめいじん） ⑥（よくじつ） ⑦（まんちょう） ⑧（めいろう） ⑨（うわて） ⑩（しもて）

❷ ①眼鏡 ②認 ③故障 ④迷子 ⑤幕府 ⑥一覧表 ⑦真っ青 ⑧宝物 ⑨清水 ⑩従う

❸ ①イ ②エ ③ウ ④ア ⑤イ

❹ ①（か）（カ） ②（に）（ニ）

確かめのテスト 104ページ

出会った言葉をふり返ろう

（1）例 友達から「もっとたよってよ。」と言われたこと。

（2）友達だからこそ、自分の弱いところも見せていいんだ

（3）①例 失敗は成功のもと。 ②例 失敗をしても、それは成功のための一歩だと、前向きに考えるようにしたいから。

---

❶ ⑩「下手」は客席側から見て、舞台の左の方のことをいいます。

❷ ①「眼鏡」を「めがね」と読むのは特別な読み方です。

⑧読むときに「たからもの」と読まないように注意しましょう。

❸ それぞれの漢字の成り立ちについて覚えましょう。

❺ ①「またたくま」とは、まばたきをするほど短い時間のたとえです。

②「ほこらしげ」とは、得意げな様子のことです。

③「明け暮れる」とは同じことばかりをして、日々を過ごすことです。

④「もとづいた」は由来や根拠とした事実を表すときに使います。例えば「実話にもとづいた話」であれば、「実話から考えられた話」といったような意味になります。

❻ ①イの通行は「つうこう」と読みます。

②ウの降車は「こうしゃ」と読みます。

③イの四角は「しかく」と読みます。

---

❶ (1)4行目に、北原さんが――線の言葉を選ぶきっかけとなった経験が書かれています。

(2)相手を信じていないと自分の弱いところを見せられません。見せられるのは、相手を信じるからです。それが「友達」なんだと感じたのです。

(3)これから中学生になる自分におくりたい言葉を書きましょう。その言葉を選んだ理由が書かれていれば、正解とします。

夏のチャレンジテスト

教科書 上10〜95ページ

名前　　月　日

時間 40分

思考・判断・表現 ／50　合格80点 ／100

答え 34ページ

1 読みがなを書きましょう。　一つ1点（6点）

① 日が暮れる。（く）　② 若者の街。（わかもの）

③ 穀倉地帯（こくそう）　④ 銀行に預ける。（あず）

⑤ 対策を考える。（たいさく）　⑥ 裁判所に向かう。（さいばん）

2 漢字を書きましょう。　一つ2点（12点）

① 楽器を演奏（えんそう）する。

② 店の裏口（うらぐち）から出る。

③ 自分でシャツを洗（あら）う。

④ 会社の将来に危機（きき）感を持つ。

⑤ パソコンを操作（そうさ）する。

⑥ 大切な書類を保存（ほぞん）する。

3 次の――線の漢字の意味を□から選んで、記号で答えましょう。　一つ2点（8点）

① 乗降（ウ）　② 降雪（ア）

③ 以降（エ）　④ 降参（イ）

ア ふる。おちてくる。　イ 負けてしたがう。

ウ おりる。　エ ある時からあと。

4 次の文を、主語を変えないで、述語が正しく対応した文に書き直しましょう。　3点

兄が考えているのは、外国の人を手助けする仕事をしたいと考えている。

兄が考えているのは、外国の人を手助けする仕事がしたいということである。

5 次の①〜③の構成にあたる熟語を□から二つずつ選んで、記号で答えましょう。　一つ2点（12点）

① 一字の語が並ぶ。（ア）（エ）

② 一字と二字の語が結びつく。（イ）（カ）

③ 二字と一字の語が結びつく。（ウ）（オ）

※それぞれ順番はちがっていてもよい。

ア 大中小　イ 新記録　ウ 時刻表

エ 松竹梅　オ 計画書　カ 高気圧

6 パネルディスカッションをするとき、次のような役割をする人を、何と呼びますか。□から選んで書きましょう。　一つ3点（9点）

① あるテーマに対して、それぞれ異なる立場のグループの代表として、意見を説明する。（パネリスト）

② 論題をしょうかいし、話し合いの流れを説明したり、意見のやりとりをまとめたりして話し合いを進め、最後に話し合い全体をまとめる。（司会者）

③ その場にいて論議における説明を聞き、質問や意見を出す。（フロア）

フロア　パネリスト　司会者

●うらにも問題があります。

7 思考・判断・表現　文章を読んで、答えましょう。

> まいが、ママに、なにかぞくぞくっとするような話を知らないかと聞くと、ママは帰りのおそい日に黒いかげのようなものが現れる、と言った。そして、それはママが子どものころから飼っていて、まいが小さいころに死んだ犬のブラッキーで、心配してむかえに来ているのかもしれない、と言う。

なんと、自分に都合のいい考え方、とまいは一瞬（しゅん）あっけにとられたが、でも、今の話を聞いていると、確かにブラッキーは、そういう犬のような気がしてきた。ママは思い出したのか、また鼻をすすって泣いた。その時、網戸（あみど）の向こうの暗闇（やみ）で、何か音がした。まいとママは思わず目を見合わせた。ザッ……ザッ……ザッ……ザッ……。

それは、動物が歩いている音のように聞こえた。でもこの庭にはさくがあって、外からは入れないはずだ。まいは全身が耳になったように、その音に集中した。カーテンがゆれた。

「だからね、ブラッキー。」

ママは立ち上がり、窓の方へ向いて言った。

「私はもうだいじょうぶ。もう、おまえの好きなところへおゆき。」

それから、「よし」と、大声で言った。

その時、またカーテンがゆれて、黒っぽいかげが動いたように思った。まいは息をのんだ。けれどもう、音は何も聞こえず、外は静かになった。ブラッキーに心配かけないように、なみだをこらえていたんだ、とまいは思った。こちらを向いたママは、口をへの字に結んでいた。

友達との間で話題になるような「怪談（かいだん）」ではなかったけれど、それに近いような、ぞくぞくっとする何かを、その時まいは感じた。

それから数日して、もう黒いかげは出なくなった、とママが少しさびしそうに言った。おばあちゃんに電話で話すと、ブラッキーは愛情深い犬ですから、と言ったけれど、パパに話しても、そんなこと、ママの気のせいだよ、ママはブラッキーのことで罪悪感をもっているから、とまるで本気にしない。何人かの人が一緒（しょ）に見て、みんながそれを事実として認（みと）めたのなら別だけど、と。

パパのほうが、「冷静な大人の受け止め方」なんだろうけれど。

今でも、あの時の「ぞくぞく」を思い出すことがある。あれはやっぱり、きょうふの「ぞくぞく」ではなかった、とまいは思う。何かを「この世のものではない」と感じるところは同じだけれど、でも、それはきょうふの「ぞくぞく」よりもっと、おごそかなもののように思われた。

パパの言う「事実」と、人の心の中で動く「物語」は全然別のものなんだってことにも、まいは気がつき始めた。二つを混同してはいけないけれど、どちらが自分にとっての「真実」かは、きっとそのときどき、ひそかに自分で決めてもいいことなんだろう。

梨木 香歩「ブラッキーの話」より

(1) 「『よし』と、大声で言った。」とありますが、ママはどのような気持ちで「よし」と言ったのですか。一つに○をつけましょう。　6点

ア（　）庭の動物を追いはらおうとする気持ち。

イ（　）まいを安心させようとする気持ち。

ウ（　）自分の思いこみをふり切る気持ち。

エ（○）大切なそん在との別れを決意する気持ち。

(2) さびしい気持ちをがまんするママの様子を、十一字で書きぬきましょう。　6点

口をへの字に結んでいた

(3) 「『冷静な大人の受け止め方』なんだろうけれど。」とありますが、このように思うまいの気持ちとしてあてはまるもの一つに○をつけましょう。　8点

ア（○）「冷静」「大人」という点では、パパの言うことは正しいけれど、何かちがうと感じている。

イ（　）「冷静な大人」として物事を受け入れていくことは、子どもの自分には無理だと思っている。

ウ（　）「大人の受け止め方」は、とても冷たいものなのだなと、悲しい気持ちになっている。

エ（　）「大人」として「事実」を受け止める「冷静」さは、パパにしかないのだなと思っている。

(4) 「パパの言う『事実』」とは、どのようなことですか。次の言葉に続けて、「罪悪感」という言葉を使って書きましょう。　10点

黒いかげをブラッキーだと思うのは、

例 ブラッキーのせいで罪悪感をもっているママの気のせいだということ。

(5) 「人の心の中で動く『物語』」とは、この文章の中ではどのようなことですか。書きましょう。　10点

例 ママが黒いかげをブラッキーだと思っていること。

(6) 「まいは気がつき始めた。」とありますが、これについて説明した次の文の□にあてはまる言葉を、書きぬきましょう。　一つ5点（10点）

ママの考え方を［8字］だと思っていたが、それもママにとっての「［2字］」としての考え方なのだと受け入れるようになっている。

都合のいい考え方

真実

---

1 ④音読みは「ヨ」です。「預金」「預言」などの熟語があります。

2 ④「きき」の同音の熟語には「機器・器機」もあります。まちがえないように気をつけましょう。

4 答えの文末が「です。」でも正解です。この文は、述語を変えない場合は、主語を直して、「兄は、外国の人を手助けする仕事をしたいと考えています。（いる。）」となります。

5 ①「大＋中＋小」「松＋竹＋梅」という構成です。
②「新＋記録」「高＋気圧」という構成です。
③「時刻＋表」「計画＋書」という構成です。

7 (1)ブラッキーは、ママにとって大切な存在でした。「好きなところへおゆき」と告げてから、大きな声で「よし」と言ったことから、別れを決意したことが読み取れます。

(2)「ブラッキーに心配かけないように、なみだをこらえていた」ママの様子を書きぬきましょう。

(3)パパの言うことはもっともだ、とは思う。しかし「なんだろうけれど」とあるのは、それだけが全てではないのでは、というまいの気持ちが表現されています。

(4)ある物事を、「何人かの人が一緒（しょ）に見て、みんながそれを事実として認（みと）めたのなら別だ」が、ママの場合は「ブラッキーのことで罪悪感をもっている」から、「ママの気のせいだ」とパパは言っています。

(5)ここでは、ママの「物語」のことを指します。ママの心の中で動く物語を書きましょう。

(6)ママの話を聞いたとき、まいは「なんと、自分に都合のいい考え方」とあっけにとられていましたが、時間がたち、「事実」と「人の心の中で動く『物語』」は、混同してはいけないが、どちらが「真実」かは、自分で決めていいことなのだ、と思うようになっています。

おうちのかたへ

物語文では、登場人物の気持ちの動きが多く問われます。場面の中の、登場人物の行動の描写や気持ちを表す言葉、また情景描写などに注意して読み取りましょう。

冬のチャレンジテスト

教科書 上96〜下89ページ

名前　　月　日

時間 40分　思考・判断・表現 /50　合格80点 /100

答え 35ページ

1 読みがなを書きましょう。　一つ1点(6点)

① 山頂（さんちょう）からのながめ。
② 真面目（まじめ）な人。
③ 荷物を回収（かいしゅう）する。
④ 返事に困（こま）る。
⑤ 真相を推理（すいり）する。
⑥ 重大な秘密（ひみつ）。

2 漢字を書きましょう。　一つ2点(10点)

① 友達から（忠告）される。
② 家に本を（忘）れる。
③ 給食当番の（班）を決める。
④ 運動会の（閉会式）を行う。
⑤ やっと用事が（済）んだ。

3 次の□には、同じ音を表す漢字(部分)が入ります。例にならって、あてはまる漢字(部分)と表す音を書きましょう。　完答一つ2点(4点)

例 アフリカ象の暮らしぶりを想像する。　象（ゾウ）
① 版画展の成功を祝って赤飯をたく。　反（ハン）
② 今年のクラス目標を投票で決める。　票（ヒョウ）

4 次の文の（　）にあてはまる熟語を、それぞれ下の□から選んで書きましょう。　一つ2点(6点)

① 体力の（限界）にいどむ。　限度　限界
② 技術の（訓練）を受ける。　練習　訓練
③ 校舎のかべを（補強）する。　補強　強化

5 次の文を正しい敬意を表す表現に書き直しましょう。①は〔　〕の指示のように直しましょう。　一つ3点(9点)

① その件は、わかりました。〔より改まった表現に〕
例 その件は、承知しました。
② 先生に旅行のお土産をあげる。
例 先生に旅行のお土産をさしあげる。
③ わたしはご存じありません。
例 わたしは存じません。

6 次は、生徒の読書量についての意見文の構成表です。（　）にあてはまる文をあとのア〜オから選んで、記号を書きましょう。　一つ3点(15点)

序論	[課題提起] ①（オ）
本論	事実A…②（ウ） →[意見] すいせん図書を楽しくしょうかいする。 事実B…③（イ） →[意見] ④（ア）
結論	[まとめの意見] 本の良さを知らないから読む気にならない人が多い。⑤（エ）

ア 朗読会をして本のおもしろさを知らせる。
イ また、「読書はつまらない」という声もよく聞く。
ウ アンケートでは本を読まない理由に「何を読めばいいかわからない」と答えた人が多い。
エ だから、全校の読書量を増やすには、図書委員会が本の良さを伝える活動をたくさんすればよいと思う。
オ 全校の読書量を増やすにはどうすればよいだろう。

うらにも問題があります。

7 思考・判断・表現　文章を読んで、答えましょう。

ハリウッドの映画スターであったオードリー＝ヘプバーンは、ユニセフの親善大使として世界をめぐる旅を始め、一九九二年九月、アフリカのソマリアに入った。ソマリアは紀元前の昔から、豊かな遊牧の民の国だった。

ところが、長い間戦争が続いたうえ、干ばつで国土があれ、八百万人もの人々がうえて死ととなり合わせにいた。

どこまでもかわいた赤い大地が広がっている。オードリーは、長時間、四輪駆動車にゆられ、キスマユの難民キャンプに入った。

やせ細って歩くことができなくなった幼児をやさしくいたわり、ミルクを飲ませる。

栄養失調のために、あばら骨がうき出た子どもたちが、力なく横たわっている。顔にはえがたかっても追いはらうことができないほど弱っているのだ。何を話しかけても、うつろな目をオードリーに向けるばかりだった。

「このままではいけない。なんとかしなければ。」

オードリーは、小さな布に包まれた少女をそっとだき上げた。

「今までつらいことがいっぱいあったでしょう。よくここまでがんばってきたわ。」

少女をはげましながら、オードリーは医療テントまで運んだ。

集団からはなれて、独りぽつんとすわっている女の子がいた。小児まひのため歩くことができないのだ。栄養失調で目が見えなくなった男の子もいた。彼らは、電気も衛生設備も、何もない難民キャンプでなんとか生きているだけなのだ。

「わずかでも毎日の食事ができれば、予防接種を受けることができれば、こんなに苦しまなくてもすんだのに。」

オードリーは目になみだをいっぱいためて、くやしそうにつぶやいた。

難民キャンプの旅からもどると、アメリカ、イギリスなどの都市で記者会見を開き、くわしい報こくをして、支援をうったえた。

「この世界で子どもほど大切なものはありません。そして、子どもの時期ほど、愛やいつくしみが必要な時はないのです。それなのに、我々の社会が次世代の子どもたちをどれほど粗末にしているか、私は気がつきました。」

オードリーが力をこめて言うと、一人の記者が立ち上がって質問した。

「ユニセフにとっていちばんの問題はなんだと思いますか。」

「それは戦争だと思います。戦争でまず最初に犠牲になるのは、子どもたちなのです。どうしたら平和を築けるか。みんなで力を合わせれば、解決できるはずです。」

現地を歩いて、実際に見てきたオードリーの言葉は、人々の間に深い関心を呼び起こした。

令和2年度版 教育出版「ひろがる言葉 小学国語 六下」より
真鍋 和子「子どもたちを救いたい―オードリー＝ヘプバーンの願い―」より

(1) オードリーは、ソマリアで何に直面しましたか。一つに○をつけましょう。　6点
ア（　）富を独りじめしている人々。
イ（　）正しく行われていない政治。
ウ（○）戦争で犠牲になった子どもたち。
エ（　）思いやりにあふれる国民。

(2) 「何を話しかけても、うつろな目をオードリーに向けるばかりだった。」とありますが、なぜですか。　8点
例 子どもたちは、答えることができないほど弱っていたから。

(3) 「なんとか生きているだけ」とありますが、どのような状態なのですか。一つに○をつけましょう。　8点
ア（　）戦争のため、自分の家を捨ててキャンプで生活しているという状態。
イ（　）言葉も話せないほど弱って、ただ死を待っているだけという状態。
ウ（　）生きるために、なんとかキャンプで医療を受けているという状態。
エ（○）人間として人間らしく生きているのではなく、ただ命があるという状態。

(4) 「支援」とありますが、ソマリアでは、具体的にどのような支援が考えられますか。文章中から四つ書きぬきましょう。※順番はちがっていてもよい。　完答8点
（電気）（衛生設備）（毎日の食事）（予防接種）

(5) オードリーは、力をこめてどのようなことを伝えようとしましたか。簡潔に書きましょう。　10点
例 子どもたちを粗末にせず、大切にしなければならないということ。

(6) 「人々の間に深い関心を呼び起こした。」とありますが、どのような関心を呼び起こしたのでしょうか。「子どもたち」「平和」という言葉を使って、あとの言葉につながるように書きましょう。　10点
例 戦争の犠牲になる子どもたちのことを考え、どうしたら平和が築けるのか
ということに対する関心。

1 ②「まじめ」は特別な読み方です。

2 ④「開会式」とまぎらわしいので注意しましょう。「閉」と「開」は似ていますが、反対の意味の漢字です。

3 ①「版」も「飯」も音を表す部分「反」をふくみ、「ハン」と読みます。

②「標」も音を表す部分「票」をふくみます。

5 ①「わかりました」はていねい語ですが、「より改まった表現に」という指示なので「承知しました」を使います。「その件は、承知いたしました。」でも正解です。

②「先生」に対して自分が行動をする場合は、謙譲語を使って敬意を表します。「あげる」という自分の行動には「さしあげる」を使います。

③「私は知りません。」でも正解です。「ご存じありません」は尊敬語ですから、自分には使いません。聞き手に対して敬意を表す謙譲語の「存じません」に直します。

6 ①課題を述べる言い方のオが適当です。

②③調査などから分かったことを入れましょう。③は④の意見に合うものを選びましょう。

7 (1)オードリーが難民キャンプで何を見たのかを読み取りましょう。

(2)――線の前に注目します。何を話しかけても言葉が返ってこない理由を説明しましょう。

(3)「何とか生きているだけ」とは、「命があるだけ」という状態です。

(4)オードリーは、ソマリアで見た子どもたちの現状に心をいため、「支援」をうったえています。――線の前に「電気」「衛生設備」、オードリーの言葉の中に「毎日の食事」「予防接種」とあります。

(5)「この世界で……」から始まるオードリーが力をこめて言った言葉から、何を伝えたかったのかを読み取りましょう。

(6)現地を歩き、実際に見てきたオードリーの言葉が人々の心を動かしました。「それは……」から始まる言葉で、オードリーは戦争で犠牲になる「子どもたち」のことと、「平和」の大切さを強調しています。みんなで力を合わせて、平和を築いていく方法を考える必要性をうったえています。

おうちのかたへ

説明文では、事実と意見を分けて読み取ることが大切です。意見や主張は最後に述べられていることが多いです。

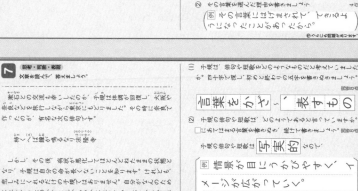

3 ②「供える」は、神仏などに物をささげることです。前もって準備しておく意味の「そなえる」は、異なる字を用います。

④「納める」は、受け取る側にわたすことです。「成功をおさめる」「学問をおさめる」「国をおさめる」の「おさめる」は、異なる字を用います。

4 ①イは主に気象や気温などに関して使われます。

③よくなるようがんばる場合は「努める」、役目として仕事をする場合は「務める」、賃金をもらって働く場合は「勤める」です。

5 ふだん何気なく使っている文字にも種類があります。どのようにしてできた文字か確かめましょう。

6 ①「この言葉を胸にがんばっていきたいです。」と書いています。「この言葉」とは、先生がかけてくれた言葉です。

②この言葉のおかげで、練習にはげみ、できなかったことができるようになったからです。

7 (1)「しかし」で始まる段落で述べられています。

(2)(1)と同じ段落で、子規の俳句や短歌の特長も述べられています。

(3)「これらの功績」が認められ、野球殿堂入りを果たしています。野球に関する指示内容を読み取りましょう。

(4)病気でねたきりになった子規が、思いうかべている情景です。夏草がおいしげり、その向こうでベースボールに興じる人の声がするというのです。

(5)言葉をかざることなく見たまま聞いたままを俳句や短歌にし、また西洋のスポーツをとりこむなど、日本人の感性に新しい世界観をふきこみました。

(6)自分の命が長くないことを知っても、子規は「自分がなんのために生きてきたのか、これからいかに生きていくべきかを考え、俳句と短歌の革新に情熱をかたむけ」ました。このような姿勢が、「前をのみ見つめながらあるく」にあてはまります。

おうちのかたへ

俳句や短歌の革新を目指した正岡子規についての文章です。このような説明文では、誰が、何をして、筆者はそれをどのように論じているか、をとらえることが重要です。

6年 国語のまとめ 学力診断テスト

名前　　月　日

時間 40分　合格70点　／100

答え37ページ

1 読みがなを書きましょう。　一つ1点(7点)

① ある専門家（せんもんか）の有名な著作（ちょさく）を読む。

② 改革（かいかく）を進める姿勢（しせい）をくずさない。

③ 全身の筋肉（きんにく）が痛（いた）い。

④ 秘密（ひみつ）を知る。

2 □に漢字を、〔　〕に漢字と送りがなを書きましょう。　一つ1点(8点)

① 宇宙船（うちゅうせん）に障害（しょうがい）が発生する。

② 警察官（けいさつかん）の見解を尊重（そんちょう）する。

③ 冷蔵庫（れいぞうこ）の牛乳（ぎゅうにゅう）を飲む。

④ 郵便（ゆうびん）を〔届ける〕（とどける）。

3 漢字と送りがなを書きましょう。　一つ1点(5点)

① 宿題を〔忘れる〕（わすれる）。　② 〔厳しい〕（きびしい）表情。

③ 栄養を〔補う〕（おぎなう）。　④ 〔幼い〕（おさない）妹。

⑤ 〔難しい〕（むずかしい）漢字。

4 次の三字の熟語は、どういう構成になっていますか。同じ構成の熟語をア〜ウから一つずつ選び、記号を書きましょう。　一つ2点(6点)

① 積極的（ウ）　② 高学年（ア）　③ 上中下（イ）

ア 短時間　イ 衣食住　ウ 社会性

5 次の文章の——部を正しい敬語に直したものを、あとの□から選んで、書きましょう。　一つ2点(4点)

① お客様が、私のかいた絵を見る。（ご覧になる）

② 私が、もてなしの料理をおいしく食べる。（いただく）

いただく　めしあがる　拝見する　ご覧になる

6 次は、山口（やまぐち）さんの町で行われた清そう活動の報告文です。よく読んで問題に答えましょう。　20点

〈清そう活動の報告〉

① 九月二十二日　午前九時〜

② わかくさ公園

活動内容　・草かり　・ごみ拾い

活動結果・意見

・草がのびすぎて、使用できない遊具がありました③。草かりの回数を、もっと減らすほうがよい④。……ア

・ごみがたくさん投げ捨てられて、特に、空きかんが多かった。……イ

・ごみの投げ捨てが減るように、注意書きをはるなどの対策をしてはどうだろうか。……ウ

・空きかん用のゴミ箱は、見えやすい場所に置くべきだと思った。……エ

(1) ①・② に入る見出しを書きましょう。　一つ3点(6点)

①（日時）　②（場所）

(2) ——線部③・④を、適切な表現に直して、書きましょう。　一つ4点(8点)

③（あった）　④（増やす）

(3) ア〜エの文を「事実」が書かれている文と、「意見」が書かれている文に分けて、記号で書きましょう。　一つ3点(6点)

事実（イ）　意見（アウエ）

●うらにも問題があります。

7 思考・判断・表現
文章を読んで、答えましょう。

さて、サケといえば、日本でアユ、コイなどについでもっとも親しまれている川魚である。そんなわけで、サケに関する伝説が日本の各所に残されている。

まず北海道はサケの中心地であるだけに、函館（はこだて）を初めとして種々のサケの伝説があるし、青森県や秋田県にもサケの伝説がなかなか多い。なお、サケの分布の南限とみられる千葉県や能登（のと）に残されているサケの伝説は、いまと昔と事情が違う（ちがう）だけに、文献（けん）としてもなかなか興味あるものである。

まず能登の方では羽咋（はくい）の気多大神（けたのおおかみ）の御神体（ごしんたい）はサケだそうで、この気多大神のケタという名前がサケの学名に使われているから面白い（おもしろい）——サケの学名をラテン語でオンコリンクス・ケタという。

次に千葉県の方では、いまは利根川（とねがわ）にサケは全く上らないようだが、現在は千葉県香取（かとり）郡山田町の山倉神社で行われている「鮭祭り（さけまつり）」という祭りの故事から察すると、古い昔には、利根川にもサケがかなり上ったように思われる。

弘仁（こうにん）二年（八一一年）というから、いまから一〇〇〇年以上前の古い話である。その年の十一月、恐ろしい（おそろしい）疫病（えきびょう）が山倉村に流行し、人々は相ついで倒れた（たおれた）。これといった治療（りょう）法がなく、村民はただ神に祈り（いのり）、仏にすがるほかなかった。と、ちょうどその時である。日本じゅうを遍歴（へん）していた僧（そう）・空海、つまり弘（こう）法大師（ぼうだいし）がこの地を訪れた（おとずれた）。

大師は疫病の話を聞いて大変気の毒に思い、山倉大神に一カ月の願をかけた。すると疫病はにわかに衰えて（おとろえて）、満願の日には全くそのあとを絶ってしまった。村民は大師に何をお礼に差し出すべきかを思いわずらっていると、その時村を横切って流れている栗山川（くりやまがわ）に、水音も高く銀鱗（りん）のきらめくのを見たが、それはなんと数尾（び）の大きなサケであった——というのだが、昔はこのように利根川にもサケが上ったようだ。

サケといえば、生のサケをフライにしたり、照り焼（やき）にする以外に、塩ザケ、缶詰（かんづめ）のサケなどが、もっとも普通（ふ）のものだが、地方によって、サケに関するいろいろな料理法が知られている。

まず北の方からいえば、北海道や秋田で知られている三平汁（さんぺいじる）がある。この三平汁というのは、昔、松前藩（まつまえはん）の賄方（まかないかた）・斎藤（さいとう）三平が創案したもので、最初は豊漁期のニシンを粕（かす）と塩とに漬け（つけ）て貯えた（たくわえた）ものを汁にしたのが始まりだというが、その後サケの頭とアラとを野菜とともに塩に漬け、汁にしたものが三平汁と呼ばれるようになった。

北海道にはサケを炊き込んだ（たきこんだ）「鮭飯」、サケのなれ鮨（ずし）などがあるが、昔から北海道のサケの加工品といえば、サケの燻製（くんせい）が知られている。

末広（すえひろ）恭雄（やすお）「さかな風土記（ふどき）」より

(1) 「サケといえば、日本でアユ、コイなどについでもっとも親しまれている川魚である。」とありますが、サケは日本のどのあたりに分布していますか。文章中の言葉を使って、書きましょう。　5点

（例 北海道から千葉県や能登にかけて。）

(2) 「まず北海道は」で始まる段落には、どんな内容のことが書かれていますか。一つに○をつけましょう。　5点

ア（○）サケに関する伝説が日本の各所に残されているということの、具体例が挙げられている。

イ（　）日本の各所に残されているサケに関する伝説の中身がしょうかいされている。

ウ（　）日本の各所に残されている伝説の、サケとのかかわりの深さが比べられている。

エ（　）サケに関する伝説が日本の各所に残されたのはいつごろのことかが説明されている。

(3) 「次に千葉県の方では」とありますが、この話題はどこまで続いていますか。終わりの五字を書きぬきましょう。　5点

たようだ。

(4) 「『鮭祭り』という祭りの故事」の内容を次のようにまとめました。（　）にあてはまる言葉を書きぬきましょう。　一つ5点(15点)

一〇〇〇年以上前、山倉村に恐ろしい疫病が流行したときに、ちょうど（弘法）大師が村を訪れ、（願）をかけて疫病を絶ってくれた。お礼を考えていたときに川を上ってきたのが大きな（サケ）だった。

(5) 「三平汁」の説明として合うものはどれですか。二つに○をつけましょう。　一つ5点(10点)

ア（　）北海道だけで作られている。

イ（○）もともとはニシンを使う料理だった。

ウ（　）昔、斎藤三平という人が松前藩で教わった。

エ（○）サケの頭とアラと野菜を塩に漬けて、汁にする。

オ（　）三平という場所の名前から名付けられた。

(6) この文章を読んで、サケについてあなたが思ったこと、考えたことを、次の〈条件〉に合わせて書きましょう。　10点

〈条件〉○思ったことや考えたことをはっきり書くこと。
○思ったことや考えたことの理由も書くこと。

例 私は、サケは私たちの生活に深く入りこんでいると感じました。というのは、たくさんの料理法があり、そのほとんどを私自身も食べたことがあるからです。

1 ①「専門家」の「門」は「問」ではないので、書くときにも気をつけましょう。

2 ③「冷蔵庫」の「蔵」と「心臓」の「臓」とをとりちがえないようにしましょう。

4 ①「積極＋的」で、二字と一字の語が結びつく構成です。

②「高＋学年」で、一字と二字の語が結びつく構成です。

③「上＋中＋下」で、一字の語が並ぶ構成です。

5 ①「見る」のはお客様なので、尊敬語を使います。「拝見する」は「見る」の謙譲語（けんじょうご）です。

②「食べる」のは自分なので、謙譲語を使います。「いただく」は謙譲語です。「飲む」場合にも同じ敬語になります。

6 報告文は、事実と意見をはっきりさせて書きます。

(1) ①・② の下に書かれている内容から判断します。

(2) ほかの部分は「だ・である」体なのに、③だけが「です・ます」体です。④の「減らす」は、草がのびすぎたことについての対策としてまちがっています。

7 (1)第二段落「まず北海道は……興味あるものである。」で、サケの分布が説明されています。

(2)サケの分布するところに、サケの伝説も存在しています。

(3)「千葉県の方では」の話題は、「古い昔には、利根川（とねがわ）にもサケがかなり上った」とする根拠（きょ）となる『鮭祭り（さけまつり）』という祭りの故事」のことです。最後の一文「このように……サケが上ったようだ。」に注目しましょう。

(4)(3)で答えたはん囲から、故事の内容を読み取りましょう。

(5)第八段落に、「この三平汁（さんぺいじる）というのは……」と説明されています。

(6)サケについて書かれていること、思ったことや考えたことと、その理由が書かれていることが条件です。文章に書かれていることと関係のある内容で書きましょう。考えたことや思ったことを書くときは、それを示す文末表現を使いましょう。

おうちのかたへ

この説明文では、「サケ」に関するさまざまな具体例があげられています。このような文章では、具体例の内容をとらえつつ、例を使って筆者はどのようなことを伝えたいのかにも注意して読みましょう。

 メモ 

練習　春はあけぼの　10~11ページ

❶『枕草子』は「をかし」の文学ともいわれています。

❷『枕草子』は、物語ではなく随筆です。

❸「春はあけぼの。」「夏は夜。」とあります。

❺「－ぎわ」とは、すぐそばという意味です。「波打ちぎわ」「線路ぎわ」などといいます。

❻古文は主語が省略されていることが多いです。ここは、前の文の話題の「蛍」について述べているので、「蛍がうち光りて行く」となります。

❼❽古文と現代語訳を照らし合わせて答えましょう。

❾アは「けむりが細く立ち上る」があやまりです。ウは「月のきれいな夜」があやまりです。やみの夜に飛びかう蛍について述べられています。オは、文章中では雨の夜もよいと述べているので、あやまりです。

準備　6~7ページ
春はあけぼの／主語と述語の対応をかくにんしよう

かきトリ　新しい漢字

降（10画）　暮（14画）　灰（6画）　暖（13画）　私（7画）　将（10画）

「降」の訓読みは送りがなによって変わるよ！

1 □に読みがなを書きましょう。
① パラシュートで降下する。（こうか）
② 暮らしを豊かにする。（く）
③ 火山灰が飛ぶ。（かざんばい）
④ 火で暖を取る。（だん）
⑤ 私服を用意する。（しふく）
⑥ 将軍の名前を覚える。（しょうぐん）

2 □に漢字を、（　）に漢字と送りがなを書きましょう。
① 敵が降参した。
② 私たちの町。
③ 灰色のセーター。
④ 雪が（降る）。
⑤ 日が（暮れる）。
⑥ （暖かい）季節。

3 次の語句の正しい意味に○をつけましょう。（春はあけぼの）
① あけぼの
ア（　）日がしずんでいくころ。
イ（　）月が太陽にかくれて見えないころ。
ウ（○）夜明けの空が明るくなってくるころ。
② おもむき
ア（○）あじわいのある様子。
イ（　）不気味でこわい様子。
ウ（　）悲しくてさみしい様子。

4 次の文を主語と述語が対応した文になるように、空らんにあてはまる言葉を書きましょう。（主語と述語の対応をかくにんしよう）
① 私の将来の夢は、子どもの成長を助けるような先生になりたいです。
（私は）、将来、子どもの成長を助けるような先生に（なりたいです）。
② 私は今、アメリカに行くために英語をたくさん勉強です。
（私は）、今、アメリカに行くために英語をたくさん（勉強しています）。

5 次の文章を読んで、あとの問いに答えましょう。

私の好きな本は、『宝島』という本です。一人の少年が宝島の地図を手に入れました。このお話が始まるのはここから始まります。少年は、船に乗りこみ、海ぞくにおそわれたり、港でさらわれかけたりします。しかし、少年は仲間と協力してこんなんを乗り切り、ついに宝島にとう着するのです。

○ 主語と述語が正しく対応していない文を二つ書きぬき、主語と述語が正しく対応するように書き直しましょう。
・（このお話が始まるのはここから始まります。）
→（このお話はここから始まります。）
・（少年は、さまざまなこんなんが立ちはだかります。）
→（少年に、さまざまなこんなんが立ちはだかります。）
※順番はちがっていてもよい。

1 ①「降下」とは、高いところからおりるという意味です。
④「暖を取る」とは、「暖まる」という意味です。

2 ④「降」の訓読みは三つあります。送りがなと、文章の内容に気をつけて読みましょう。
⑤「暮れる」とは、日がしずむという意味です。「暮」のくさかんむりの下の部分に気をつけて書きましょう。

4 ①元の文から考えると、上の空らんには、「私は」が入ります。上の空らんに入れた主語に対応している述語を考えると、下の空らんには、「なりたいです」が入ります。なお、「私の夢は」、「なることです」でも正解です。
②元の文から考えると、上の空らんには、「私は」が入ります。上の空らんに入る主語に対応する述語は、「勉強しています」になります。

5 「始まるのは」という主語に対し述語が「始まります」、「少年は」という主語に対し述語が「立ちはだかります」は、正しい対応ではありません。

準備　8~9ページ
三字以上の熟語の構成

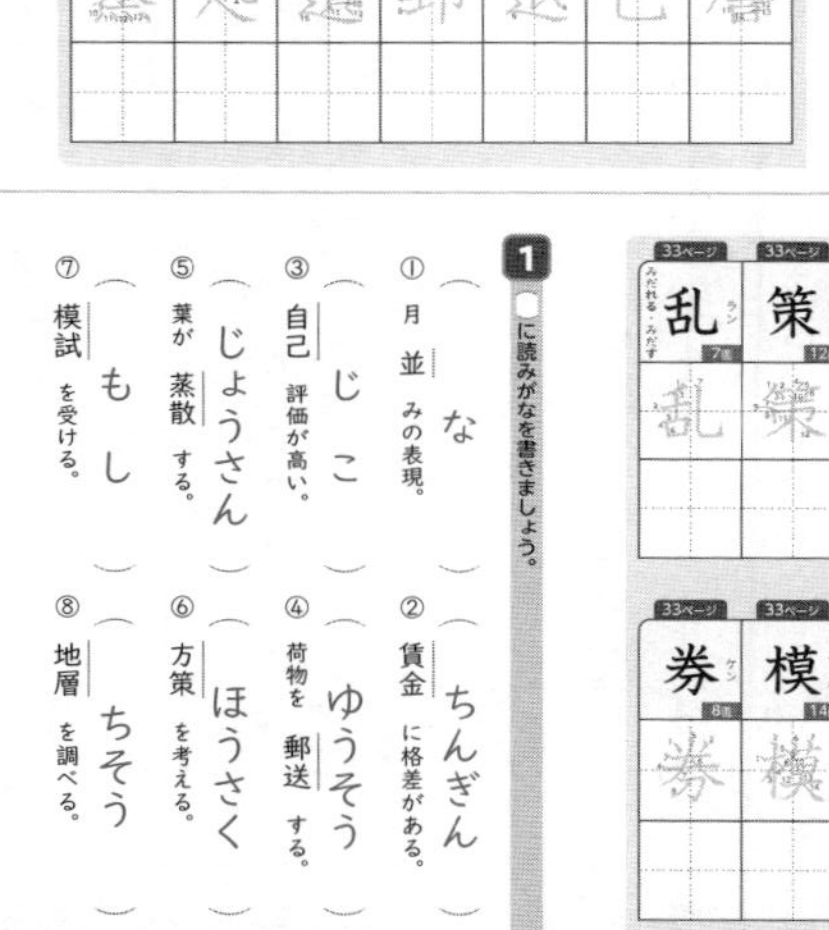

かきトリ　新しい漢字

熟（15画）　並（8画）　諸（15画）　貴（12画）　棒（12画）　奏（9画）　賃（13画）
層（14画）　己（3画）　退（9画）　郵（11画）　遺（15画）　処（5画）　蒸（13画）
策（12画）　乱（7画）　模（14画）　券（8画）

1 □に読みがなを書きましょう。
① 月並みの表現。（な）
② 賃金に格差がある。（ちんぎん）
③ 自己評価が高い。（じこ）
④ 荷物を郵送する。（ゆうそう）
⑤ 葉が蒸散する。（じょうさん）
⑥ 方策を考える。（ほうさく）
⑦ 模試を受ける。（もし）
⑧ 地層を調べる。（ちそう）

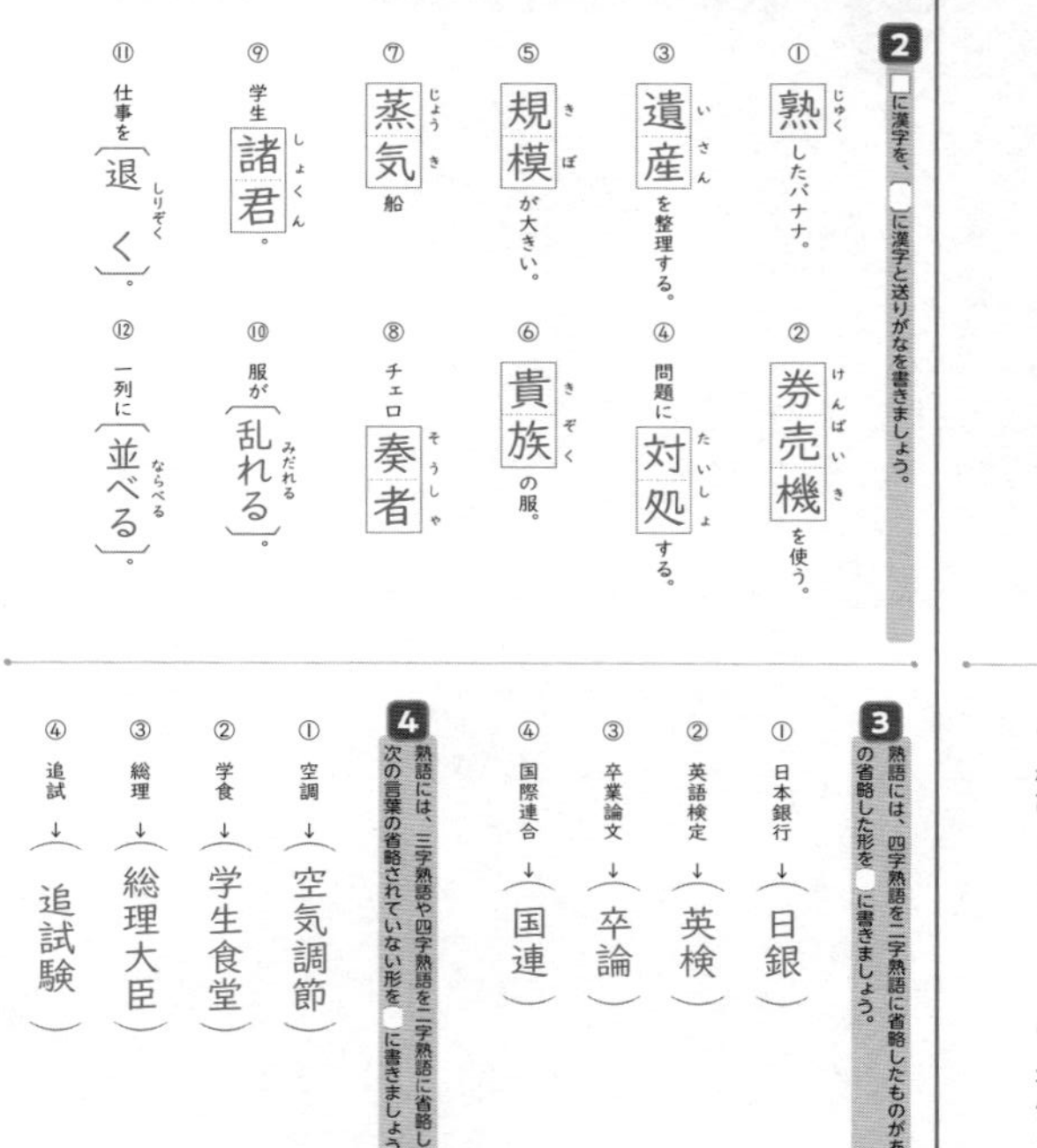

2 □に漢字を、（　）に漢字と送りがなを書きましょう。
① 熟したバナナ。
② 券売機を使う。
③ 遺産を整理する。
④ 問題に対処する。
⑤ 規模が大きい。
⑥ 貴族の服。
⑦ 蒸気船
⑧ チェロ奏者
⑨ 学生諸君。
⑩ 服が（乱れる）。
⑪ 仕事を（退く）。
⑫ 一列に（並べる）。

3 熟語には、四字熟語を二字熟語に省略したものがあります。次の言葉の省略した形を□に書きましょう。
① 日本銀行→（日銀）
② 英語検定→（英検）
③ 卒業論文→（卒論）
④ 国際連合→（国連）

4 熟語には、三字熟語や四字熟語を二字熟語に省略したものがあります。次の言葉の省略されていない形を□に書きましょう。
① 空調→（空気調節）
② 学食→（学生食堂）
③ 総理→（総理大臣）
④ 追試→（追試験）

1 ⑥「方策」とは、物事を達成するための手立てという意味です。

3 熟語には四字熟語を二字熟語に省略して使われているものがたくさんあります。
①「日本銀行」は、「日銀」と省略されています。
②「英語検定」は、「英検」と省略されています。
③「卒業論文」は、「卒論」と省略されています。
④「国際連合」は、「国連」と省略されています。

4 ①「空調」の省略されていない形は、「空気調節」といいます。
②「学食」の省略されていない形は、「学生食堂」といいます。
③「総理」の省略されていない形は、「総理大臣」といいます。
④「追試」の省略されていない形は、「追試験」といいます。

6年 国語のまとめ
学力診断（しんだん）テスト

名前
月　日

時間 40分
合格70点　／100
答え37ページ

（切り取り線）

1 読みがなを書きましょう。　一つ1点(7点)

① ある<u>専門家</u>（　　）の有名な<u>著作</u>（　　）を読む。

② <u>改革</u>（　　）を進める<u>姿勢</u>（　　）をくずさない。

③ 全身の<u>筋肉</u>（　　）が<u>痛</u>（　　）い。

④ <u>秘密</u>（　　）を知る。

2 □に漢字を、（　）に漢字と送りがなを書きましょう。　一つ1点(8点)

① □（うちゅうせん）に□（しょうがい）が発生する。

② □（けいさつかん）の見解を□（そんちょう）する。

③ □（れいぞうこ）の□（ぎゅうにゅう）を飲む。

④ □（ゆうびん）を（とどける）。

3 漢字と送りがなを書きましょう。　一つ1点(5点)

① 宿題を（わすれる）。　② （きびしい）表情。

③ 栄養を（おぎなう）。　④ （おさない）妹。

⑤ （むずかしい）漢字。

4 次の三字の熟語は、どういう構成になっていますか。同じ構成の熟語をア～ウから一つずつ選び、記号を書きましょう。　一つ2点(6点)

① 積極的（　）　② 高学年（　）　③ 上中下（　）

ア 短時間　イ 衣食住　ウ 社会性

5 次の文章の——部を正しい敬語に直したものを、あとの□から選んで、書きましょう。　一つ2点(4点)

① お客様が、私のかいた絵を<u>見る</u>。（　　）

② 私が、もてなしの料理をおいしく<u>食べる</u>。（　　）

いただく　めしあがる　拝見する　ご覧になる

6 次は、山口（やまぐち）さんの町で行われた清そう活動の報告文です。よく読んで問題に答えましょう。　20点

〈清そう活動の報告〉
［①］九月二十二日　午前九時～
［②］わかくさ公園
活動内容　・草かり　・ごみ拾い
活動結果・意見
・草がのびすぎて、③<u>使用できない遊具がありました</u>。草かりの回数を、もっ④<u>と減らすほうがよい</u>。……ア
・ごみがたくさん投げ捨てられて、特に、空きかんが多かった。……イ
・ごみの投げ捨てが減るように、注意書きをはるなどの対策をしてはどうだろうか。……ウ
・空きかん用のゴミ箱は、見えやすい場所に置くべきだと思った。……エ

(1) ［①］・［②］に入る見出しを書きましょう。　一つ3点(6点)

①（　　）　②（　　）

(2) ——線部③・④を、適切な表現に直して、書きましょう。　一つ4点(8点)

③（　　）　④（　　）

(3) ア～エの文を「事実」が書かれている文と、「意見」が書かれている文に分けて、記号で書きましょう。　一つ3点(6点)

事実（　　）　意見（　　）

うらにも問題があります。

7 思考・判断・表現　文章を読んで、答えましょう。

さて、サケといえば、日本でアユ、コイなどについでもっとも親しまれている川魚である。そんなわけで、サケに関する伝説が日本の各所に残されている。

まず北海道はサケの中心地であるだけに、函館を初めとして種々のサケの伝説があるし、青森県や秋田県にもサケの伝説がなかなか多い。なお、サケの分布の南限とみられる千葉県や能登に残されているサケの伝説は、いまと昔と事情が違うだけに、文献としてもなかなか興味あるものである。

まず能登の方では羽咋の気多大神の御神体はサケだそうで、この気多大神のケタという名前がサケの学名に使われているから面白い――サケの学名をラテン語でオンコリンクス・ケタという。

次に千葉県の方では、いまは利根川にサケは全く上らないようだが、現在は千葉県香取郡山田町の山倉神社で行われている「鮭祭り」という祭りの故事から察すると、古い昔には、利根川にもサケがかなり上ったように思われる。

弘仁二年（八一一年）というから、いまから一〇〇〇年以上前の古い話である。その年の十一月、恐ろしい疫病が山倉村に流行し、人々は相ついで倒れた。これといった治療法がなく、村民はただ神に祈り、仏にすがるほかなかった。と、ちょうどその時である。日本じゅうを遍歴していた僧・空海、つまり弘法大師がこの地を訪れた。

大師は疫病の話を聞いて大変気の毒に思い、山倉大神に一ヵ月の願をかけた。すると疫病はにわかに衰えて、満願の日には全くそのあとを絶ってしまった。村民は大師に何をお礼に差し出すべきかを思いわずらっていると、その時村を横切って流れている栗山川に、水音も高く銀鱗のきらめくのを見たが、それはなんと数尾の大きなサケであった――というのだが、昔はこのように利根川にもサケが上ったようだ。

サケといえば、生のサケをフライにしたり、照り焼にする以外に、塩ザケ、缶詰のサケなどが、もっとも普通のものだが、地方によって、サケに関するいろいろな料理法が知られている。

まず北の方からいえば、北海道や秋田で知られている三平汁がある。この三平汁というのは、昔、松前藩の賄方・斎藤三平が創案したもので、最初は豊漁期のニシンを粕と塩とに漬けて貯えたものを汁にしたのが始まりだというが、その後サケの頭とアラとを野菜とともに塩に漬け、汁にしたものが三平汁と呼ばれるようになった。

北海道にはサケを炊き込んだ「鮭飯」、サケのなれ鮨などがあるが、昔から北海道のサケの加工品といえば、サケの燻製が知られている。

末広恭雄「さかな風土記」より

（切り取り線）

(1) 「サケといえば、日本でアユ、コイなどについでもっとも親しまれている川魚である。」とありますが、サケは日本のどのあたりに分布していますか。文章中の言葉を使って、書きましょう。　5点

（　　　　　　　　　　）

(2) 「まず北海道は」で始まる段落には、どんな内容のことが書かれていますか。一つに○をつけましょう。　5点

ア（　）サケに関する伝説が日本の各所に残されているということの、具体例が挙げられている。

イ（　）日本の各所に残されているサケに関する伝説の中身がしょうかいされている。

ウ（　）日本の各所に残されている伝説の、サケとのかかわりの深さが比べられている。

エ（　）サケに関する伝説が日本の各所に残されたのはいつごろのことかが説明されている。

(3) 「次に千葉県の方では」とありますが、この話題はどこまで続いていますか。終わりの五字を書きぬきましょう。　5点

□□□□□

(4) 「『鮭祭り』という祭りの故事」の内容を次のようにまとめました。（　）にあてはまる言葉を書きぬきましょう。　一つ5点（15点）

一〇〇〇年以上前、山倉村に恐ろしい疫病が流行したときに、ちょうど（　　）大師が村を訪れ、（　　）をかけて疫病を絶ってくれた。お礼を考えていたときに川を上ってきたのが大きな（　　）だった。

(5) 「三平汁」の説明として合うものはどれですか。二つに○をつけましょう。　一つ5点（10点）

ア（　）北海道だけで作られている。

イ（　）もともとはニシンを使う料理だった。

ウ（　）昔、斎藤三平という人が松前藩で教わった。

エ（　）サケの頭とアラと野菜を塩に漬けて、汁にする。

オ（　）三平という場所の名前から名付けられた。

(6) この文章を読んで、サケについてあなたが思ったこと、考えたことを、次の〈条件〉に合わせて書きましょう。　10点

〈条件〉○思ったことや考えたことをはっきり書くこと。
○思ったことや考えたことの理由も書くこと。

（切り取り線）

教科書ぴったりトレーニング

丸つけラクラク解答

この「丸つけラクラク解答」はとりはずしてお使いください。

教育出版版
国語６年

「丸つけラクラク解答」では問題と同じ紙面に、赤字で答えを書いています。

①問題がとけたら、まずは答え合わせをしましょう。

②まちがえた問題やわからなかった問題は、てびきを読んだり、教科書を読み返したりしてもう一度見直しましょう。

おうちのかたへ では、次のようなものを示しています。

- 学習のねらいやポイント
- 他の学年や他の単元の学習内容とのつながり
- まちがいやすいことやつまずきやすいところ

お子様への説明や、学習内容の把握などにご活用ください。

見やすい答え

くわしいてびき

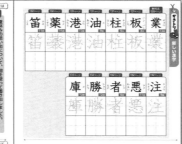

じゅんび　50~51ページ　こんな係がクラスにほしい／ポスターを読もう

2 ④「対話」は二人の人が向かい合って話すことです。「会話」とはちがいます。

3 ②「まつり」は「祭」一字だけでなく、「祭り」と送りがなつきます。

4 話し合いは、全員が意見を出し、おたがいの考えをみとめ合いながら話し合うことが大切です。出た意見には、しつもんしたり、考えを足したりして、考えを広げましょう。

5 このポスターは、「運動週間」について知らせるポスターです。期間は「10月21日（水）～10月27日（火）」。いろいろな運動をしている人たちの絵を入れて、見る人のきょうみを引いています。「キャッチコピー」は、読む人を引きつけるようにくふうされたみじかい言葉です。けんこうのために毎日運動をしよう、ということをつたえています。

じゅんび　52~53ページ　書くことを考えるときは／漢字の組み立て

1 ①「時計」はとくべつな読み方の言葉です。②「作」の「サ」という読みは音です。③「休日」は「休む日」です。

2 ③「港」の音には「開港」（新しく港や空港を開くこと）の語もあります。

3 夏休みの思い出をテーマとして、思いついたことを、図を使って書いています。その中のいちばんの思い出として、海のそばでキャンプをしたことを文章にしました。図に書いてあることを文章に当てはめます。書くことを考えるときは、このように図を使ってくわしく書き出し、その中から友だちにつたえたいことをえらび、文章に書くとよいでしょう。

4 漢字の多くは、いくつかの部分が組み合わさってできています。漢字の左がわにあって、おおまかな意味を表す部分を「へん」、漢字の右がわにおかれる部分を「つくり」といいます。漢字の上や下の方にあって、おおまかな意味を表す部分を、それぞれ「かんむり」「あし」といいます。そのほか、「にょう」「たれ」「かまえ」などもあるので、調べてみましょう。ここにあげた「へん」「つくり」「かんむり」「あし」の名前は、「木（きへん）」「氵（さんずい）」「力（ちから）」「頁（おおがい）」「艹（くさかんむり）」「⻗（あめかんむり）」「心（こころ）」「貝（かい）」です。

※紙面はイメージです。

準備　2〜3ページ

風景　純銀もざいく

1 詩を読んで、答えましょう。

風景　純銀もざいく　　山村暮鳥

いちめんのなのはな
いちめんのなのはな
いちめんのなのはな
いちめんのなのはな
いちめんのなのはな
いちめんのなのはな
いちめんのなのはな
かすかなるむぎぶえ
いちめんのなのはな

いちめんのなのはな
いちめんのなのはな
いちめんのなのはな
いちめんのなのはな
いちめんのなのはな
いちめんのなのはな
いちめんのなのはな
ひばりのおしゃべり
いちめんのなのはな

いちめんのなのはな
いちめんのなのはな
いちめんのなのはな
いちめんのなのはな
いちめんのなのはな
いちめんのなのはな
いちめんのなのはな
やめるはひるのつき
いちめんのなのはな。

＊やめる…病める

(1) 次の文は「風景　純銀もざいく」の詩の構成について説明したものです。（　）にあてはまる数字を[　]から一つずつ選んで、書きましょう。同じ数字を二度使ってかまいません。

詩の中の言葉のまとまりを「連」という。この詩の全体は（三）連で構成され、どの連も（九）行でできている。また、一行の文字数もほぼ（九）文字で同じになっている。

[一　三　五　七　九]

(2) 次の文は「風景　純銀もざいく」で歌われている季節について説明したものです。□にはあてはまる言葉を詩の中から書きぬき、（　）にはあてはまる季節を漢字一字で答えましょう。

「なのはな」「むぎぶえ」「ひばり」から、（春）の季節がえがかれている。

(3) 「風景　純銀もざいく」には、「いちめんのなのはな」という言葉がくり返されています。このくり返しによってどんな風景が想像されますか。一つに○をつけましょう。

ア（　）菜の花がところどころに散らばってさいている風景。
イ（○）菜の花が見わたすかぎりたくさんさいている風景。
ウ（　）ある一か所に菜の花がかたまってさいている風景。
エ（　）さいている菜の花や散った菜の花などがある風景。

(4) 「風景　純銀もざいく」には、「いちめんのなのはな」以外の言葉が書かれた行が、各連の中に一つずつあります。その三つの行について、次の問いに答えましょう。

① 三つの行を書きぬきましょう。
第一連（かすかなるむぎぶえ）
第二連（ひばりのおしゃべり）
第三連（やめるはひるのつき）

② 三つの行から受けるイメージをア〜ウから一つずつ選び、記号を書きましょう。
第一連の行（イ）
第二連の行（ウ）
第三連の行（ア）

ア　青白くやや暗いイメージ。
イ　静かでおだやかなイメージ。
ウ　にぎやかで明るいイメージ。

詩の情景を思いえがいてみよう。

準備　4〜5ページ

あの坂をのぼれば／考えを図や表に

新しい漢字

背	筋	幼	裏	奮	磁
せ（教科書14ページ・9画）	すじ（14ページ・12画）	おさない（14ページ・5画）	うら（14ページ・13画）	ふるう（16ページ・16画）	じ（15ページ・14画）

「裏」の「衣」を「表」と書かないように気をつけよう！

1 □に読みがなを書きましょう。

① 背泳（せおよ）ぎをする。　② 筋肉（きんにく）を調べる。　③ 幼児（ようじ）の世話をする。　④ 地球の裏側（うらがわ）。　⑤ 大会に向けて奮起（ふんき）する。　⑥ 磁気（じき）が発生する。

2 □に漢字を、□に漢字と送りがなを書きましょう。

① 背水（はいすい）の陣。　② 裏面（うらめん）に書く。　③ 勇気を奮う（ふるう）。　④ 呪文を唱える（となえる）。　⑤ 幼い（おさない）子ども。

3 次の語句の正しい意味に○をつけましょう。（あの坂をのぼれば）

① ふりあおぐ
ア（　）うっとうしくてはらいのける
イ（○）顔を上げて高い所を見る
ウ（　）ふり返って後ろを向く

② ためらう
ア（○）しようかしまいかとまよう
イ（　）自信がなくて落ちこむ
ウ（　）気どった様子でいばる

4 次のような図を使って、みんなでできる遊びを整理しました。どのような観点で分けたのでしょうか。一つに○をつけましょう。（考えを図や表に）

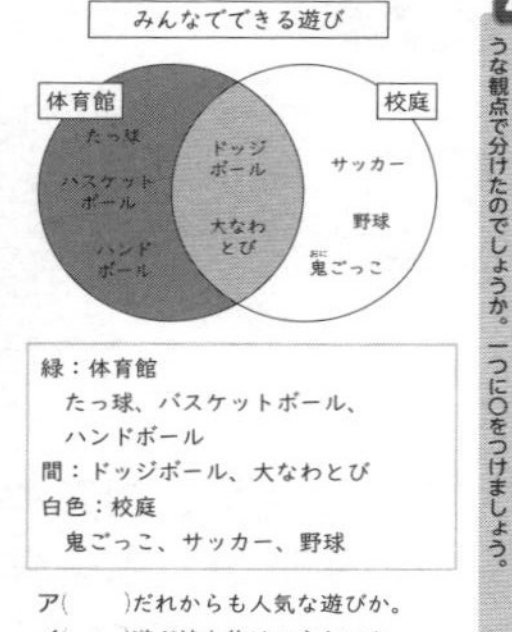

緑：体育館　たっ球、バスケットボール、ハンドボール
間：ドッジボール、大なわとび
白色：校庭　鬼ごっこ、サッカー、野球

ア（　）だれからも人気な遊びか。
イ（　）遊ぶ持ち物はいらないか。
ウ（○）どこでできる遊びか。

3分でワンポイント（あの坂をのぼれば）

登場人物の心情の変化を、物語の表現に着目して読み取ろう。

★この物語では、少年が海に行き着くまでに、大きく分けて三度の心情の変化が起こっています。①〜③の場面での少年に合う心情をア〜ウの中から選んで、記号を書きましょう。

①	②	③
とうげをこえても、まだ海は見えてこない。しかし少年は、坂をのぼれば海が見えると信じてがくがくする足をふみしめ気力を奮い起こして、のぼってゆく。	しかし、まだ海は見えなかった。はうようにしてのぼってきたこの坂の行く手も、やはり今までと同じ、果てしない上り下りのくり返しだったのである。	海鳥を見つけた少年は、海は近いと考えるも、海に向かうことをためらってしまう。しかし、まい落ちてきた海鳥の羽根を受け止めたことで、心に力が満ちた少年は、再び海に向かって坂をのぼってゆく。

①（ウ）②（ア）③（イ）

ア　こんなにつらい思いをしても意味がないからもうやめたい。
イ　海の近さに気づき、必ず海に行き着いてみせるという希望に満ちている。
ウ　今どうしても自分の目で海を見て、確かめたい。

---

1 (1)詩の形をとらえましょう。ひらがなの文字がきちんとならんでいます。連の行数も同じ、行の文字数も同じです。

(2)動物や植物から季節をとらえます。「なのはな」「ひばり」は春を代表するものです。

(3)くり返しによって、「なのはな」が一面に広がっていることが強調されています。見わたすかぎり菜の花がさいているのです。

(4)「むぎぶえ」とは、麦のくきを切って、笛のようにふいて鳴らすものです。かすかな音が聞こえることで、かえってのどかな静けさが感じられます。

3分でワンポイント

「風景　純銀もざいく（山村暮鳥）」には「いちめんのなのはな」とそれ以外の言葉が書かれています。第一連では、「かすかなるむぎぶえ」、第二連では、「ひばりのおしゃべり」、第三連では、「やめるはひるのつき」と書かれています。これらから受けるイメージは、第一連「かすかなる」とあることから静かでおだやかであること、第二連では「おしゃべり」とあることから、にぎやかで明るいこと、第三連では「やめる」という言葉と昼に月が出ていることから、青白くやや暗いことであるといえます。

4 考えや意見を整理するとき、図に表すと考えがまとまりやすいでしょう。この図は、校庭でできるか、体育館でできるかという観点でまとめてあります。緑色のわくにある遊びは、体育館で行うことが共通していること、白色のわくにある遊びは、校庭で行うことが共通していること、緑色と白色の円が重なった中で、体育館でも校庭でも行える遊びであることが共通しているといえます。

3分でワンポイント

「あの坂をのぼれば（杉みき子）」少年が海を見るために何度も山をこえながら心情の変化が起こっていることが読み取れます。

6年 国語のまとめ
学力診断（しんだん）テスト

名前

月　日

時間 40分

合格70点　／100

答え37ページ

1 読みがなを書きましょう。　一つ1点（7点）

① ある専門家（　　）の有名な著作（　　）を読む。

② 改革（　　）を進める姿勢（　　）をくずさない。

③ 全身の筋肉（　　）が痛（　　）い。

④ 秘密（　　）を知る。

2 □に漢字を、（　）に漢字と送りがなを書きましょう。　一つ1点（8点）

① □□□（うちゅうせん）こ□□（しょうがい）が発生する。

4 次の三字の熟語は、どういう構成になっていますか。同じ構成の熟語をア〜ウから一つずつ選び、記号を書きましょう。　一つ2点（6点）

① 積極的（　）　② 高学年（　）　③ 上中下（　）

ア 短時間　**イ** 衣食住　**ウ** 社会性

5 次の文章の――部を正しい敬語に直したものを、あとの□から選んで、書きましょう。　一つ2点（4点）

① お客様が、私のかいた絵を見る。（　　　）

② 私が、もてなしの料理をおいしく食べる。（　　　）

いただく　めしあがる　拝見する　ご覧になる

6 次は、山口（やまぐち）さんの町で行われた清そう活動の報告文です。よく読んで問題に答えましょう。　20点

〈清そう活動の報告〉

（切り取り線）

村民にただ礼[illegible]

その時である。日本じゅうを遍歴していた僧・空海、つまり弘法大師がこの地を訪れた。

大師は疫病の話を聞いて大変気の毒に思い、山倉大神に一カ月の願をかけた。すると疫病はにわかに衰えて、満願の日には全くそのあとを絶ってしまった。村民は大師に何をお礼に差し出すべきかを思いわずらっていると、その時村を横切って流れている栗山川に、水音も高く銀鱗のきらめくのを見たが、それはなんと数尾の大きなサケであった――というのだが、昔はこのように利根川にもサケが上ったようだ。

サケといえば、生のサケをフライにしたり、照り焼にする以外に、塩ザケ、缶詰のサケなどが、もっとも普通のものだが、地方によって、サケに関するいろいろな料理法が知られている。

まず北の方からいえば、北海道や秋田で知られている三平汁がある。この三平汁というのは、昔、松前藩の賄方・斎藤三平が創案したもので、最初は豊漁期のニシンを粕と塩とに漬けて貯えたものを汁にしたのが始まりだというが、その後サケの頭とアラとを野菜とともに塩に漬け、汁にしたものが三平汁と呼ばれるようになった。

北海道にはサケを炊き込んだ「鮭飯」、サケのなれ鮨などがあるが、昔から北海道のサケの加工品といえば、サケの燻製が知られている。

末広恭雄「さかな風土記」より

（切り取り線）

一〇〇〇年以上前、山倉村に恐ろしい疫病が流行したときに、ちょうど（　　）大師が村を訪れ、（　　）をかけて疫病を絶ってくれた。お礼を考えていたときに川を上ってきたのが大きな（　　）だった。　一つ5点（15点）

(5)「三平汁」の説明として合うものはどれですか。二つに○をつけましょう。　一つ5点（10点）

ア（　）北海道だけで作られている。

イ（　）もともとはニシンを使う料理だった。

ウ（　）昔、斎藤三平という人が松前藩で教わった。

エ（　）サケの頭とアラと野菜を塩に漬けて、汁にする。

オ（　）三平という場所の名前から名付けられた。

(6) この文章を読んで、サケについてあなたが思ったこと、考えたことを、次の〈条件〉に合わせて書きましょう。　10点

〈条件〉○思ったことや考えたことをはっきり書くこと。

○思ったことや考えたことの理由も書くこと。

①［　　］に［　　］が発生す

②［けいさつかん］の見解を［そんちょう］する。

③［れいぞうこ］の［ぎゅうにゅう］を飲む。

④［ゆうびん］を（とどける）。

3 漢字と送りがなを書きましょう。　一つ1点(5点)

① 宿題を（わすれる）。　② （きびしい）表情。

③ 栄養を（おぎなう）。　④ （おさない）妹。

⑤ （むずかしい）漢字。

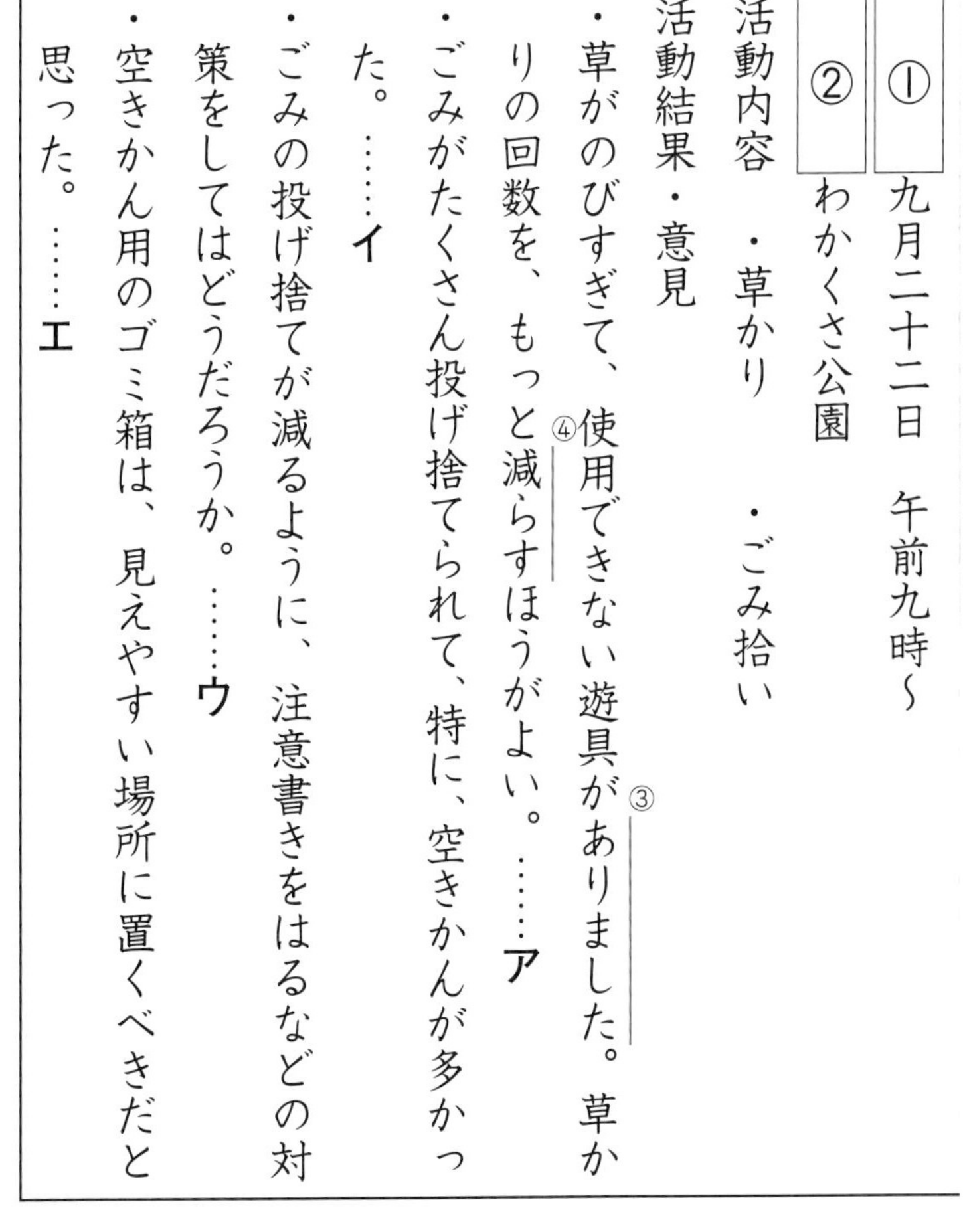

［①］九月二十二日　午前九時〜

［②］わかくさ公園

活動内容　・草かり　・ごみ拾い

活動結果・意見

・草がのびすぎて、④使用できない遊具が③ありました。草かりの回数を、もっと減らすほうがよい。……ア

・ごみがたくさん投げ捨てられて、特に、空きかんが多かった。……イ

・ごみの投げ捨てが減るように、注意書きをはるなどの対策をしてはどうだろうか。……ウ

・空きかん用のゴミ箱は、見えやすい場所に置くべきだと思った。……エ

(1) ［①］・［②］に入る見出しを書きましょう。　一つ3点(6点)

①（　　　）　②（　　　）

(2) ――線部③・④を、適切な表現に直して、書きましょう。　一つ4点(8点)

③（　　　）　④（　　　）

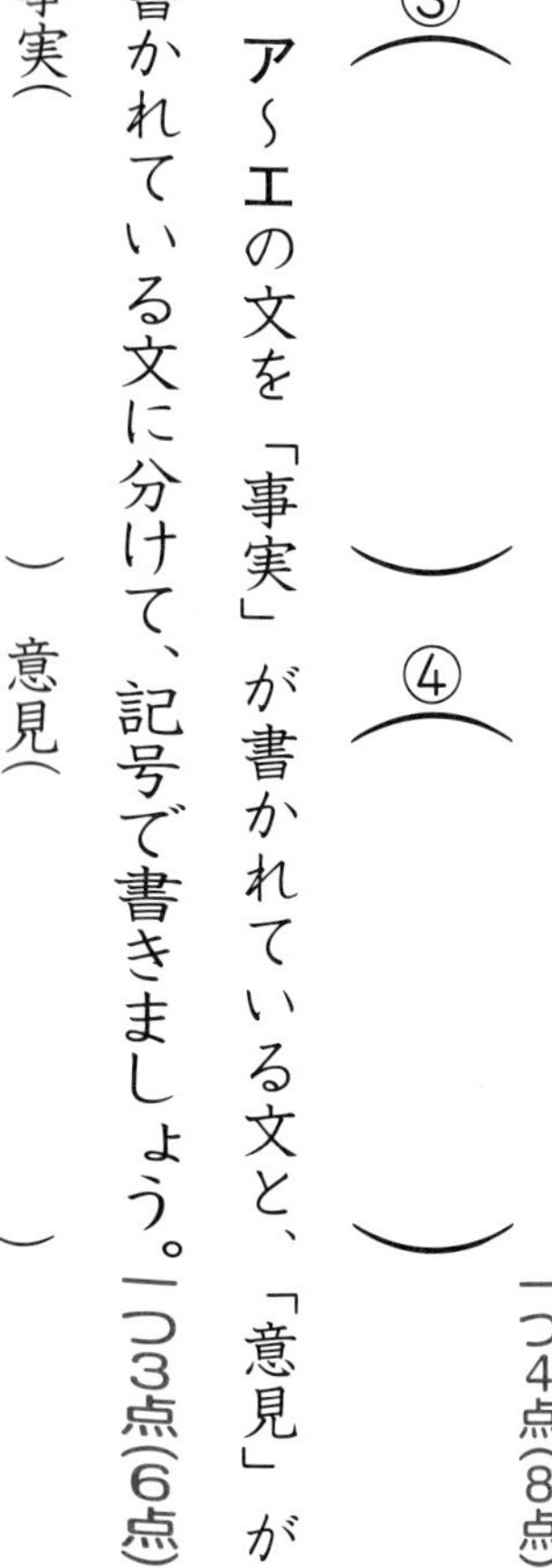

(3) ア〜エの文を「事実」が書かれている文と、「意見」が書かれている文に分けて、記号で書きましょう。　一つ3点(6点)

事実（　　　）　意見（　　　）

うらにも問題があります。

7 思考・判断・表現 文章を読んで、答えましょう。

さて、サケといえば、日本でアユ、コイなどについでもっとも親しまれている川魚である。そんなわけで、サケに関する伝説が日本の各所に残されている。

まず北海道はサケの中心地であるだけに、函館を初めとして種々のサケの伝説があるし、青森県や秋田県にもサケの伝説がなかなか多い。なお、サケの分布の南限とみられる千葉県や能登に残されているサケの伝説は、いまと昔と事情が違うだけに、文献としてもなかなか興味あるものである。

まず能登の方では羽咋の気多大神の御神体はサケだそうで、この気多大神のケタという名前がサケの学名に使われているから面白い――サケの学名をラテン語でオンコリンクス・ケタという。

次に千葉県の方では、いまは利根川にサケは全く上らないようだが、現在は千葉県香取郡山田町の山倉神社で行われている「鮭祭り」という祭りの故事から察すると、古い昔には、利根川にもサケがかなり上ったように思われる。

弘仁二年（八一一年）というから、いまから一〇〇〇年以上前の古い話である。その年の十一月、恐ろしい疫病が山倉村に流行し、人々は相ついで倒れた。これといった治療法がなく、村民はただ神に祈り、仏にすがるほかなかった。

（切り取り線）

(1) 「サケといえば、日本でアユ、コイなどについでもっとも親しまれている川魚である。」とありますが、サケは日本のどのあたりに分布していますか。文章中の言葉を使って、書きましょう。 5点

（　　　　　　　　）

(2) 「まず北海道は」で始まる段落には、どんな内容のことが書かれていますか。一つに○をつけましょう。 5点

ア（　）サケに関する伝説が日本の各所に残されているということの、具体例が挙げられている。

イ（　）日本の各所に残されているサケに関する伝説の中身がしょうかいされている。

ウ（　）日本の各所に残されている伝説の、サケとのかかわりの深さが比べられている。

エ（　）サケに関する伝説が日本の各所に残されたのはいつごろのことかが説明されている。

(3) 「次に千葉県の方では」とありますが、この話題はどこまで続いていますか。終わりの五字を書きぬきましょう。 5点

□□□□□

(4) 「『鮭祭り』という祭りの故事」の内容を次のようにまとめました。（　）にあてはまる言葉を書きぬきましょう。

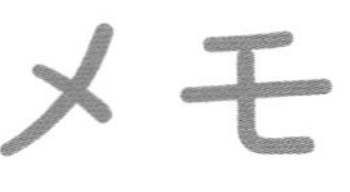
メモ

付録 とりはずしてお使いください。

漢字せんもんドリル

6年生で習う漢字

テストによく出る問題をといてレベルアップしよう！

もくじ

6年　　組

テストによくでる1位

1 あ行の漢字 胃・異・遺・域・宇・映・延・沿・恩
か行の漢字① 我・灰・拡・革・閣・割・株・干・巻・看・簡・危・机・揮・貴・疑・吸・供

/100

1 ――線の漢字の読みがなを書こう。 一つ3点(30点)

① 雨天により順延。（　）
② 実力を発揮する。（　）
③ 海の干満の差がはげしい。（　）
④ 命の恩人。（　）
⑤ 我々は親友同士だ。（　）
⑥ 巻末の解説を読む。（　）
⑦ 世界遺産を見学する。（　）
⑧ 株式会社を設立する。（　）
⑨ 胃腸の調子が良い。（　）
⑩ 広い地域を調べる。（　）

2 □に合う漢字を書こう。 一つ2点(40点)

① 雨で遠足が［えん｜き］になる。
② 政治の［かい｜かく］を行う。
③ 日本海［えん｜がん］の気候。
④ ［き｜けん］を察知する。
⑤ 城の［てん｜しゅ｜かく］。
⑥ ［い｜じょう］がないか確認(にん)する。

3 次の――線を、漢字と送りがなで書こう。 一つ3点(30点)

① ことなる二つの性質。（　）
② 神前に酒をそなえる。（　）
③ 台風により日程がのびる。（　）
④ 皿がわれる。（　）
⑤ 川にそって進む。（　）

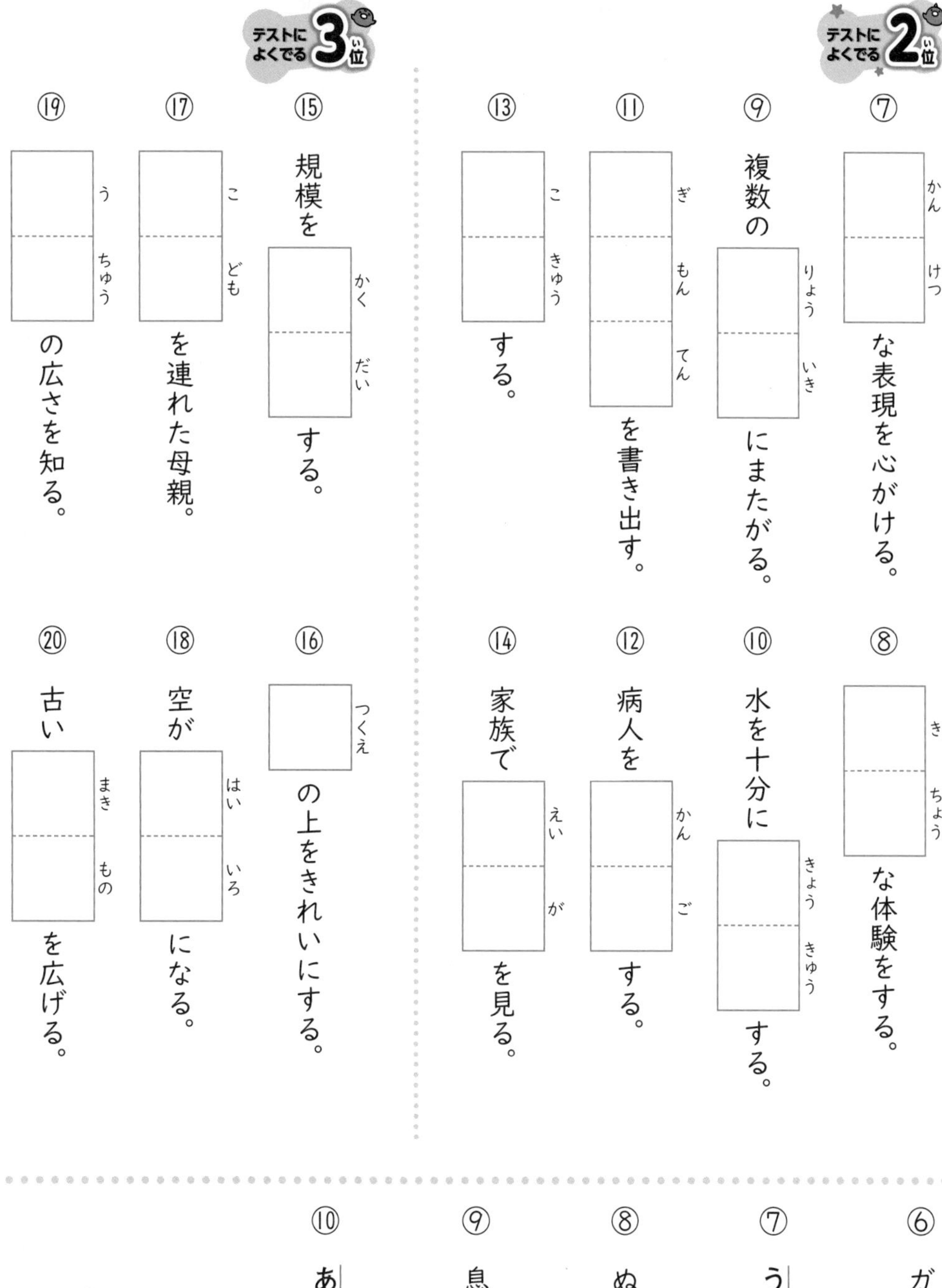

テストによくでる2位

⑦ （かんけつ）な表現を心がける。

⑧ （きちょう）な体験をする。

⑨ 複数の（りょういき）にまたがる。

⑩ 水を十分に（きょうきゅう）する。

⑪ （ぎもんてん）を書き出す。

⑫ 病人を（かんご）する。

⑬ （こきゅう）する。

⑭ 家族で（えいが）を見る。

テストによくでる3位

⑮ 規模を（かくだい）する。

⑯ （つくえ）の上をきれいにする。

⑰ （こども）を連れた母親。

⑱ 空が（はいいろ）になる。

⑲ （うちゅう）の広さを知る。

⑳ 古い（まきもの）を広げる。

⑥ ガラスに顔が**うつる**。（　　）

⑦ **うたがい**を打ち消す。（　　）

⑧ ぬれた服を**ほす**。（　　）

⑨ 息を大きく**すう**。（　　）

⑩ **あぶない**道をさける。（　　）

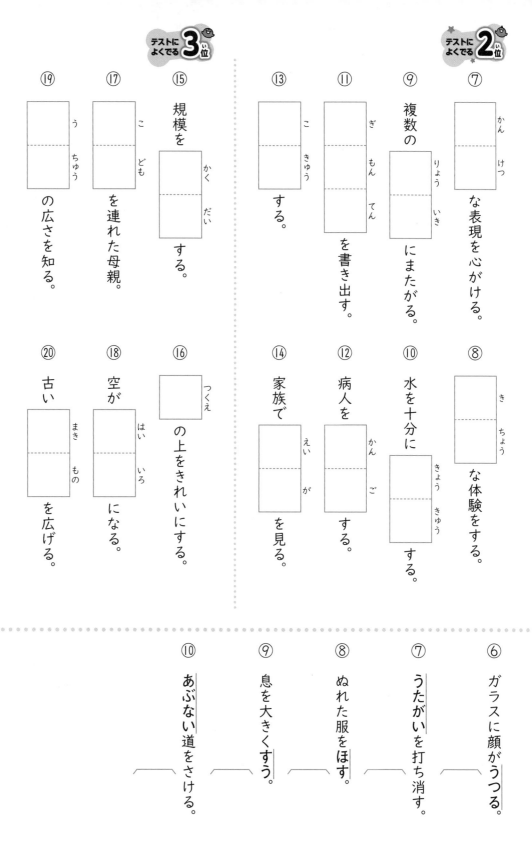

2 か行の漢字②

胸・郷・勤・筋・系・敬・警・劇・激・穴・券・絹・権・憲・源・厳・己・呼・誤・后・孝・皇・紅・降・鋼・刻

／100

1 ――線の漢字の読みがなを書こう。

一つ3点(30点)

① 胸を借りる。（　）
② 会社に出勤する。（　）
③ 筋肉をきたえる。（　）
④ 川の源までさかのぼる。（　）
⑤ 人権について学ぶ。（　）
⑥ 口紅をつける。（　）
⑦ 券売機を使う。（　）
⑧ 太陽系の惑（わく）星。（　）
⑨ 警察官にあこがれる。（　）
⑩ テストを自己採点する。（　）

テストによくでる1位

2 □に合う漢字を書こう。

一つ2点(40点)

① 祖父は［げんかく］な人だ。
② 市役所に［きんむ］する。
③ ［きょうぶ］のレントゲン。
④ ［げきじょう］で公演を行う。
⑤ 東京の年間［こうう］量。
⑥ ［ごかい］を招く。

3 次の――線を、漢字と送りがなで書こう。

一つ3点(30点)

① 会社につとめる。（　）（　）
② 作業の手順をあやまる。（　）（　）
③ 今年の残暑はきびしい。（　）（　）
④ 野菜を細かくきざむ。（　）（　）
⑤ 車から荷物をおろす。（　）（　）

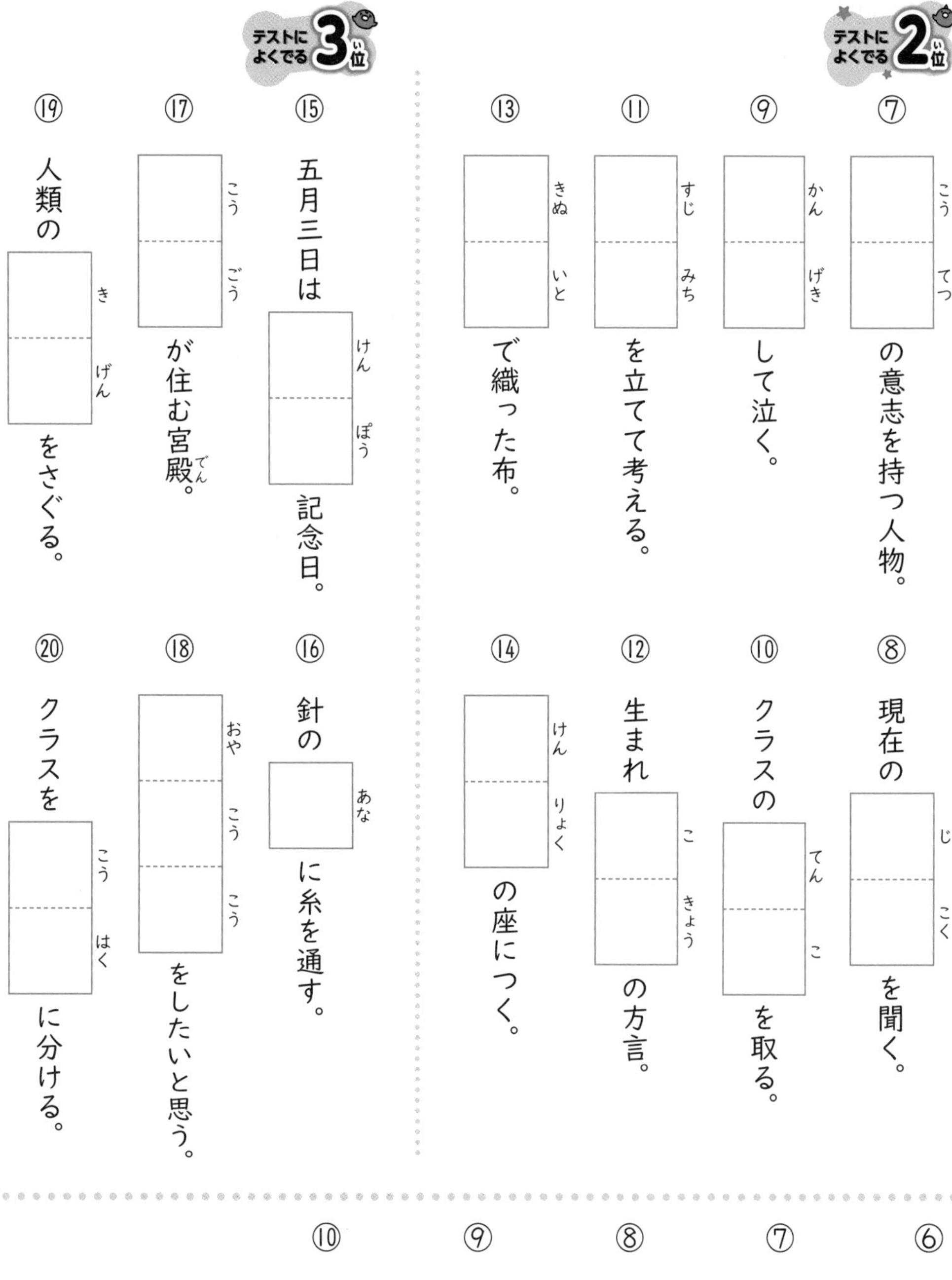

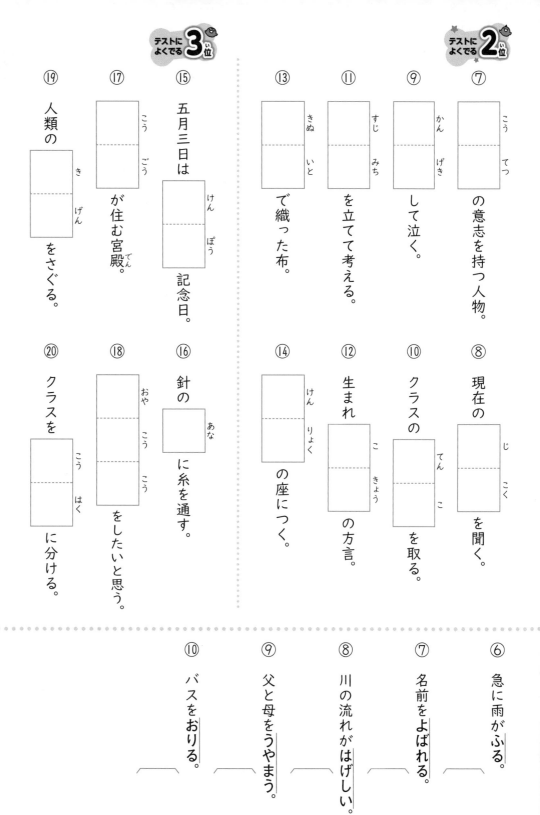

⑦ [こうてつ]の意志を持つ人物。

⑧ 現在の[じこく]を聞く。

⑨ [かんげき]して泣く。

⑩ クラスの[てんこ]を取る。

⑪ [すじみち]を立てて考える。

⑫ 生まれ[こきょう]の方言。

⑬ [きぬいと]で織った布。

⑭ [けんりょく]の座につく。

⑮ 五月三日は[けんぽう]記念日。

⑯ 針の[あな]に糸を通す。

⑰ [こうごう]が住む宮殿（でん）。

⑱ [おやこうこう]をしたいと思う。

⑲ 人類の[きげん]をさぐる。

⑳ クラスを[こうはく]に分ける。

⑥ 急に雨がふる。

⑦ 名前をよばれる。

⑧ 川の流れがはげしい。

⑨ 父と母をうやまう。

⑩ バスをおりる。

3 か行の漢字③ 穀・骨・困 さ行の漢字① 砂・座・済・裁・策・冊・蚕・至・私・姿・視・詞・誌・磁・射・捨・尺・若・樹・収・宗・就

／100

テストによくでる1位

1 ――線の漢字の読みがなを書こう。

一つ3点(30点)

① 上映中の**私語**は厳禁。（　　）
② 川で**砂金**がとれる。（　　）
③ 栄養を**吸収**する。（　　）
④ **養蚕**業を生業(なりわい)とする。（　　）
⑤ **樹木**の多い町に住む。（　　）
⑥ **至急**、連絡(らく)を取る。（　　）
⑦ **雑誌**の記事に目をとめる。（　　）
⑧ **宗教**を信じる。（　　）
⑨ 曲の**歌詞**を暗記する。（　　）
⑩ 四**捨**五入（　　）

2 □に合う漢字を書こう。

一つ2点(40点)

① 災害の［たい｜さく］をする。
② 学級［にっ｜し］に記入する。
③ 最高［さい｜ばん］所
④ ［しゅう｜にゅう］が増える。
⑤ ［し｜りょく］の検査をする。
⑥ 大臣に［しゅう｜にん］する。

3 次の――線を、漢字と送りがなで書こう。

一つ3点(30点)

① 大きな成功を**おさめる**。（　　）
② 手のひらに**おさまる**。（　　）
③ 犯罪を公平に**さばく**。（　　）
④ 矢で的を**いる**。（　　）
⑤ 現在に**いたる**までの道のり。（　　）

テストによくでる2位

⑦ 正しい［しせい］を保つ。

⑧ 指の［こっせつ］が治る。

⑨ 米や麦などの［こくもつ］。

⑩ 日本の［けいざい］の現状。

⑪ 客を［ざせき］に案内する。

⑫ ［かいこ］から絹糸がとれる。

⑬ 公園の［すなば］で遊ぶ。

⑭ ［わたし］は三人姉妹だ。

テストによくでる3位

⑮ 図書館で本を二［さつ］借りる。

⑯ 後ろ［すがた］が美しい。

⑰ 強さを表す［しゃくど］。

⑱ ［こん］難な問題に立ち向かう。

⑲ ロケットを［はっしゃ］する。

⑳ ［じしゃく］のN極は北を指す。

⑥ わかい人々の集団。（　　）

⑦ ごみ箱にすてる。（　　）

⑧ 彼(かれ)がいないとこまる。（　　）

⑨ 八時には夕食がすむ。（　　）

⑩ 早めに用事をすます。（　　）

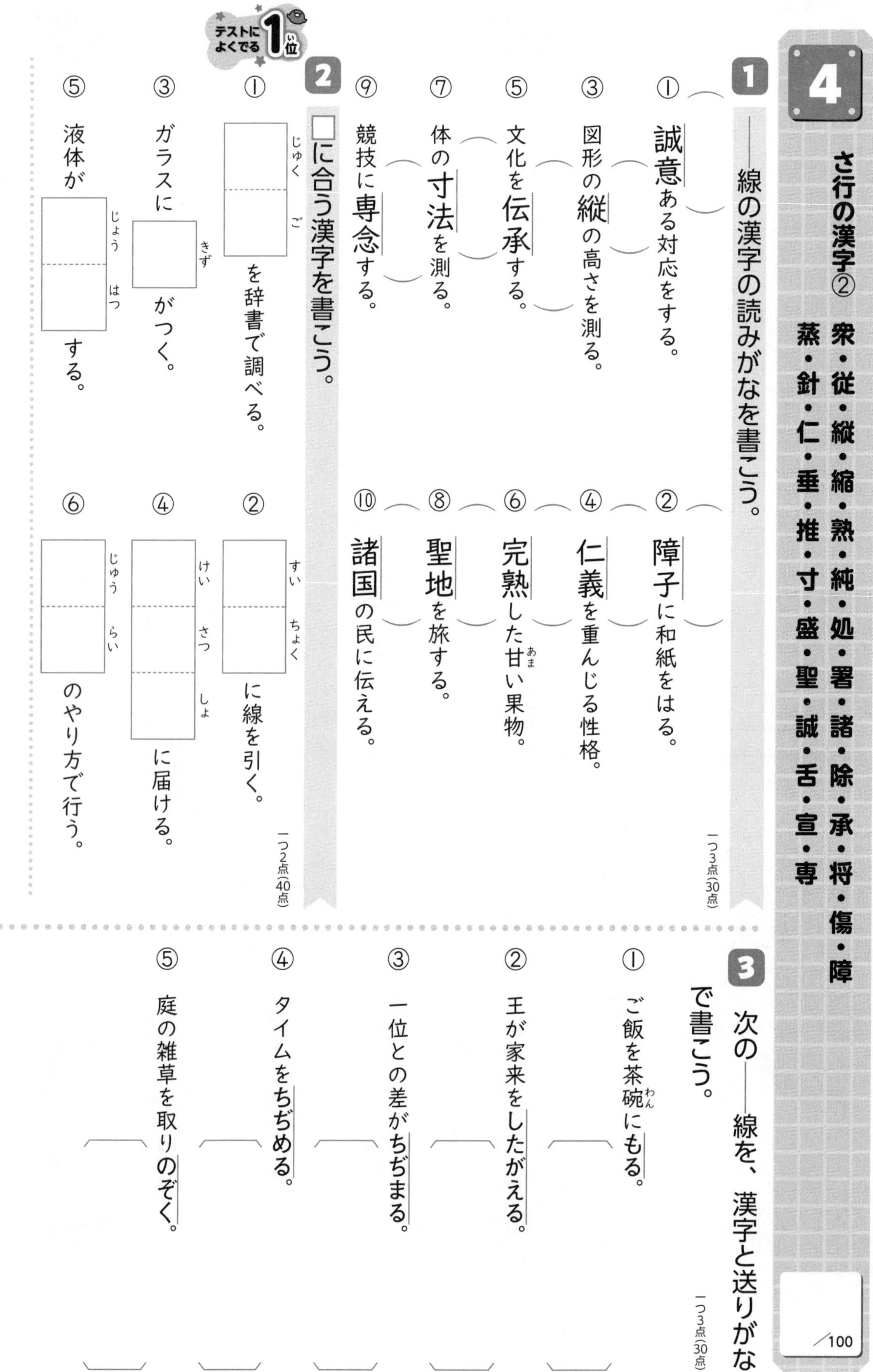

4 さ行の漢字②

衆・従・縦・縮・熟・純・処・署・諸・除・承・将・傷・障・蒸・針・仁・垂・推・寸・盛・聖・誠・舌・宣・専

/100

1 ——線の漢字の読みがなを書こう。

一つ3点(30点)

① 誠意ある対応をする。( )
② 障子に和紙をはる。( )
③ 図形の縦の高さを測る。( )
④ 仁義を重んじる性格。( )
⑤ 文化を伝承する。( )
⑥ 完熟した甘(あま)い果物。( )
⑦ 体の寸法を測る。( )
⑧ 聖地を旅する。( )
⑨ 競技に専念する。( )
⑩ 諸国の民に伝える。( )

2 □に合う漢字を書こう。

テストによくでる1位

一つ2点(40点)

① □□(じゅくご)を辞書で調べる。
② □□(すいちょく)に線を引く。
③ ガラスに□(きず)がつく。
④ □□□(けいさつしょ)に届ける。
⑤ 液体が□□(じょうはつ)する。
⑥ □□(じゅうらい)のやり方で行う。

3 次の——線を、漢字と送りがなで書こう。

一つ3点(30点)

① ご飯を茶碗(わん)にもる。( )
② 王が家来をしたがえる。( )
③ 一位との差がちぢまる。( )
④ タイムをちぢめる。( )
⑤ 庭の雑草を取りのぞく。( )

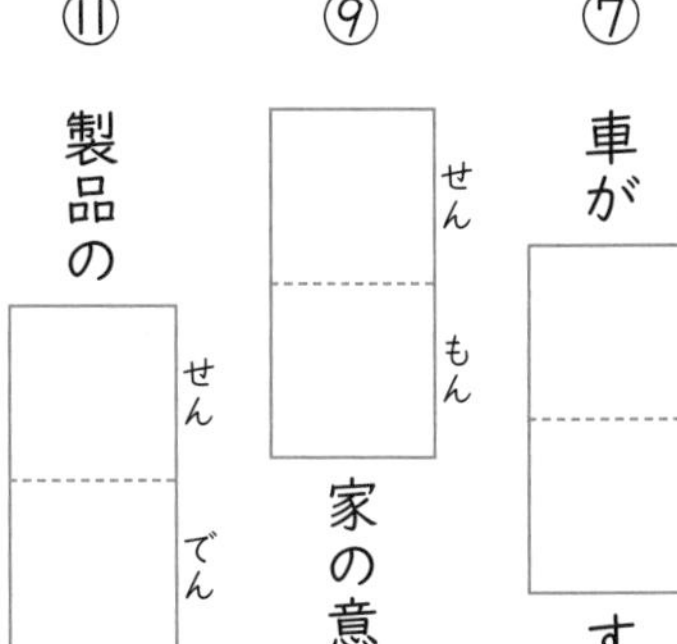
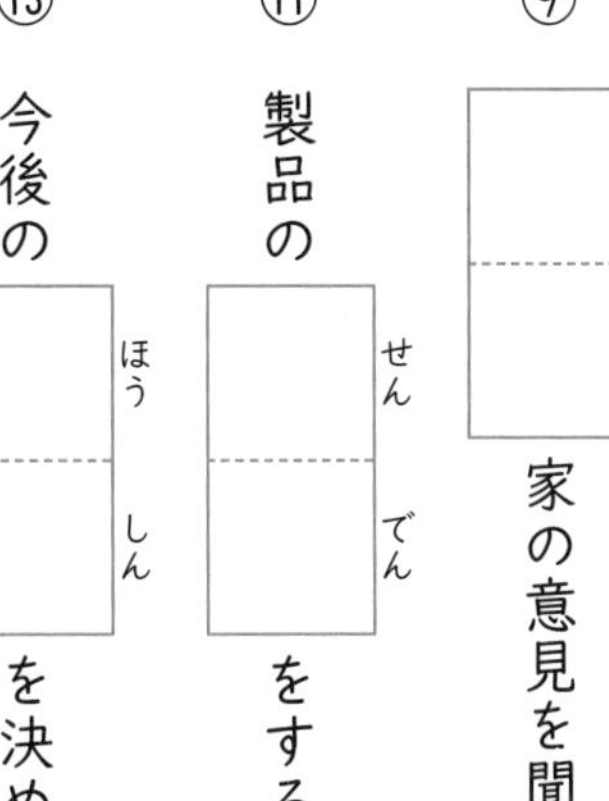

⑦ 車が［こしょう］する。

⑧ 転んでも［けいしょう］ですむ。

⑨ ［せんもん］家の意見を聞く。

⑩ 試合の［かんしゅう］が集まる。

⑪ 製品の［せんでん］をする。

⑫ 必要ない物を［じょきょ］する。

⑬ 今後の［ほうしん］を決める。

⑭ ［しょうらい］の夢を語り合う。

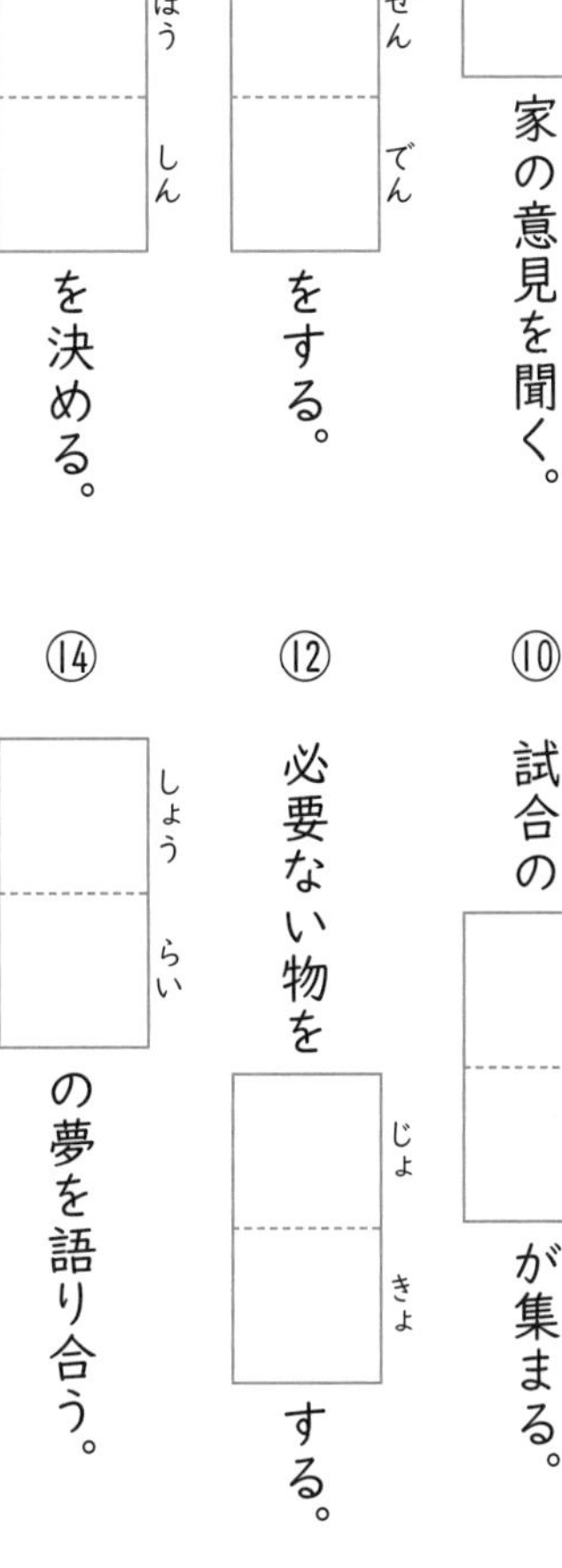
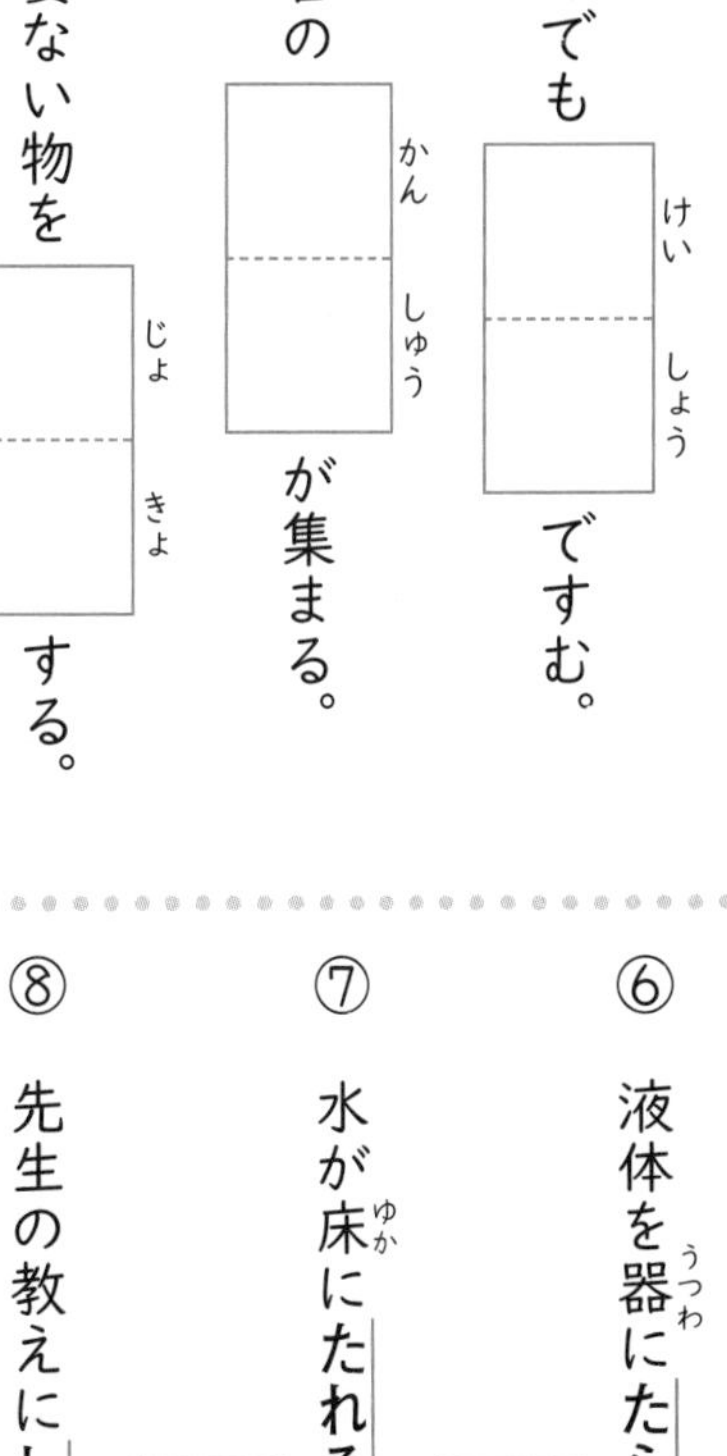

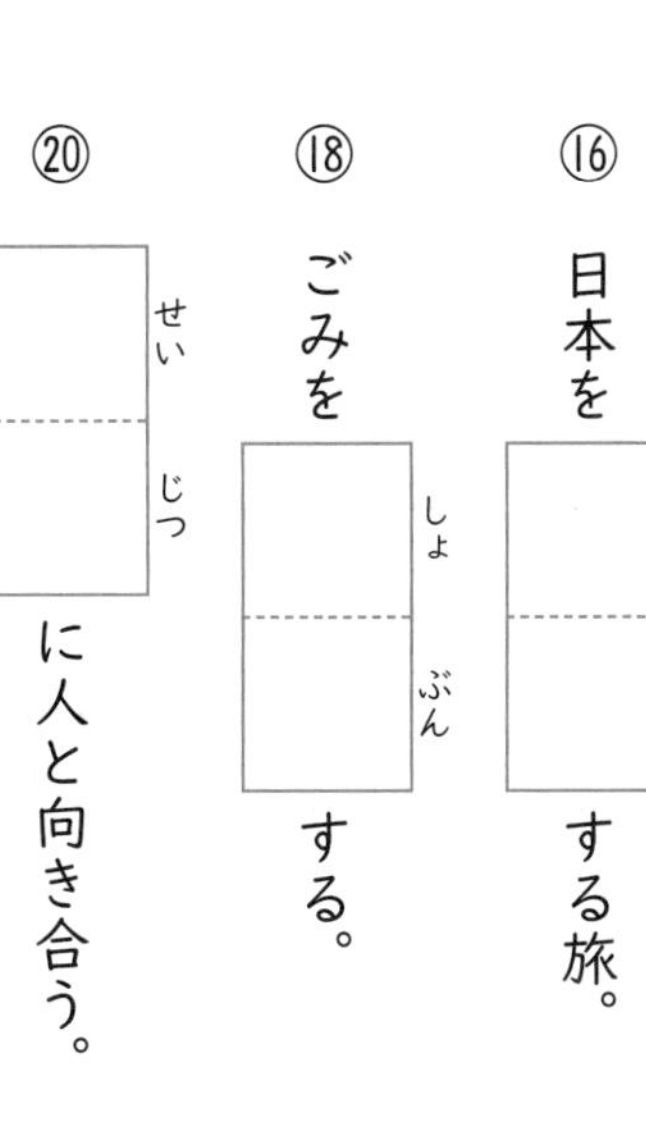

⑮ ［すいり］小説を借りる。

⑯ 日本を［じゅうだん］する旅。

⑰ ［たんじゅん］な問題。

⑱ ごみを［しょぶん］する。

⑲ ［した］を動かす。

⑳ ［せいじつ］に人と向き合う。

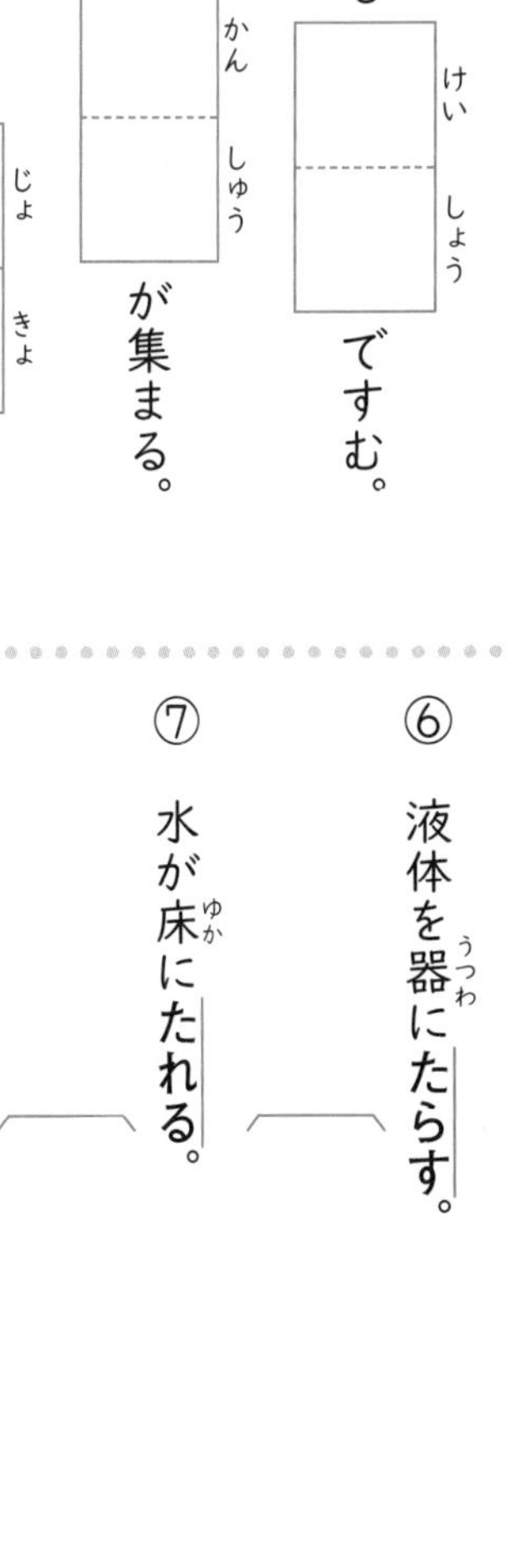

⑥ 液体を器（うつわ）にたらす。（　　　）

⑦ 水が床（ゆか）にたれる。（　　　）

⑧ 先生の教えにしたがう。（　　　）

⑨ 寿命（じゅみょう）が三年ちぢむ。（　　　）

⑩ かみの毛がちぢれる。（　　　）

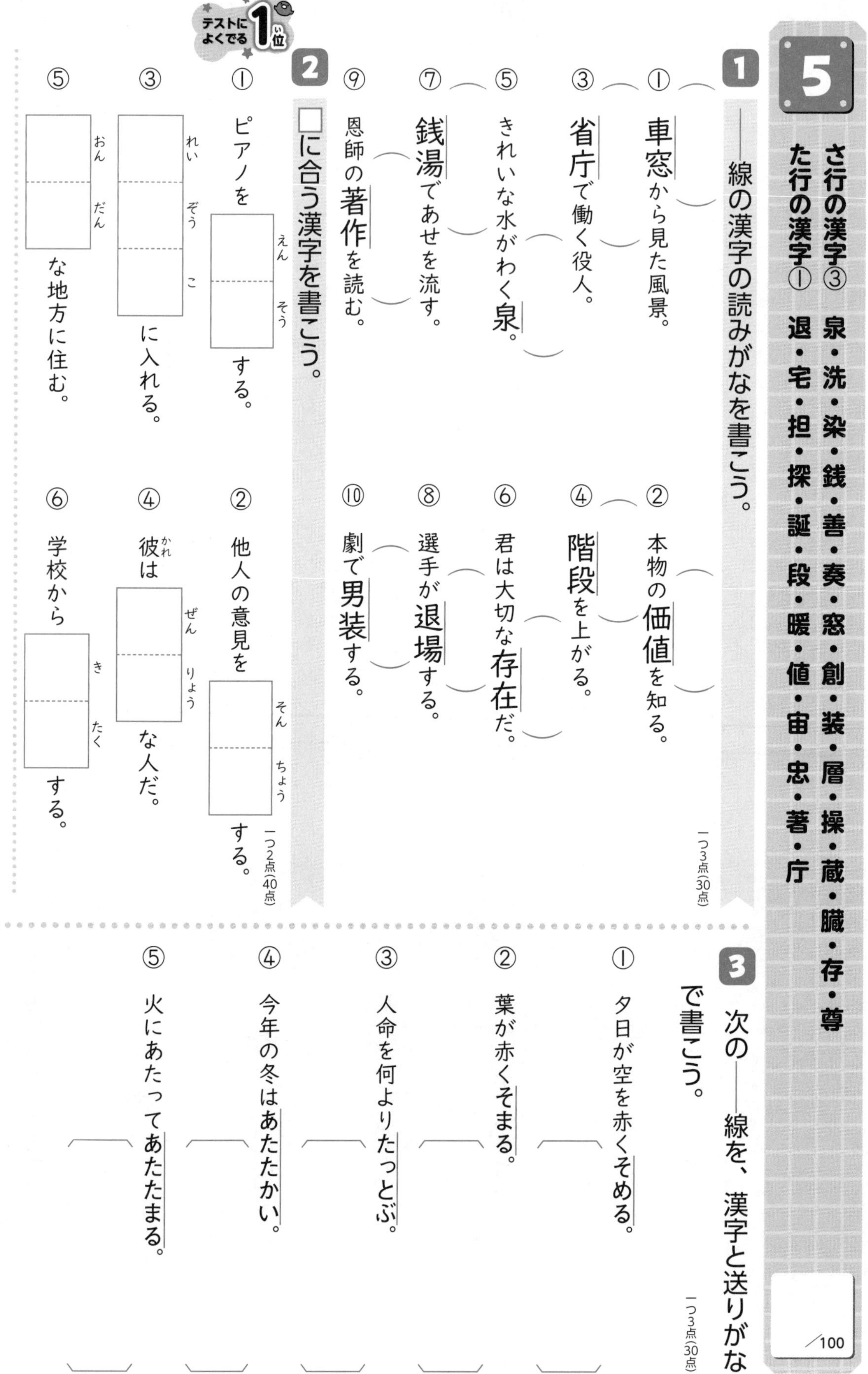

5 さ行の漢字③ 泉・洗・染・銭・善・奏・窓・創・装・層・操・蔵・臓・存・尊 た行の漢字① 退・宅・担・探・誕・段・暖・値・宙・忠・著・庁

／100

1 ——線の漢字の読みがなを書こう。 一つ3点(30点)

① 車窓から見た風景。（　　）
② 本物の価値を知る。（　　）
③ 省庁で働く役人。（　　）
④ 階段を上がる。（　　）
⑤ きれいな水がわく泉。（　　）
⑥ 君は大切な存在だ。（　　）
⑦ 銭湯であせを流す。（　　）
⑧ 選手が退場する。（　　）
⑨ 恩師の著作を読む。（　　）
⑩ 劇で男装する。（　　）

テストによくでる1位

2 □に合う漢字を書こう。 一つ2点(40点)

① ピアノを□□(えんそう)する。
② 他人の意見を□□(そんちょう)する。
③ □□□(れいぞうこ)に入れる。
④ 彼(かれ)は□□(ぜんりょう)な人だ。
⑤ □□(おんだん)な地方に住む。
⑥ 学校から□□(きたく)する。

3 次の——線を、漢字と送りがなで書こう。 一つ3点(30点)

① 夕日が空を赤くそめる。（　　）
② 葉が赤くそまる。（　　）
③ 人命を何よりたっとぶ。（　　）
④ 今年の冬はあたたかい。（　　）
⑤ 火にあたってあたたまる。（　　）

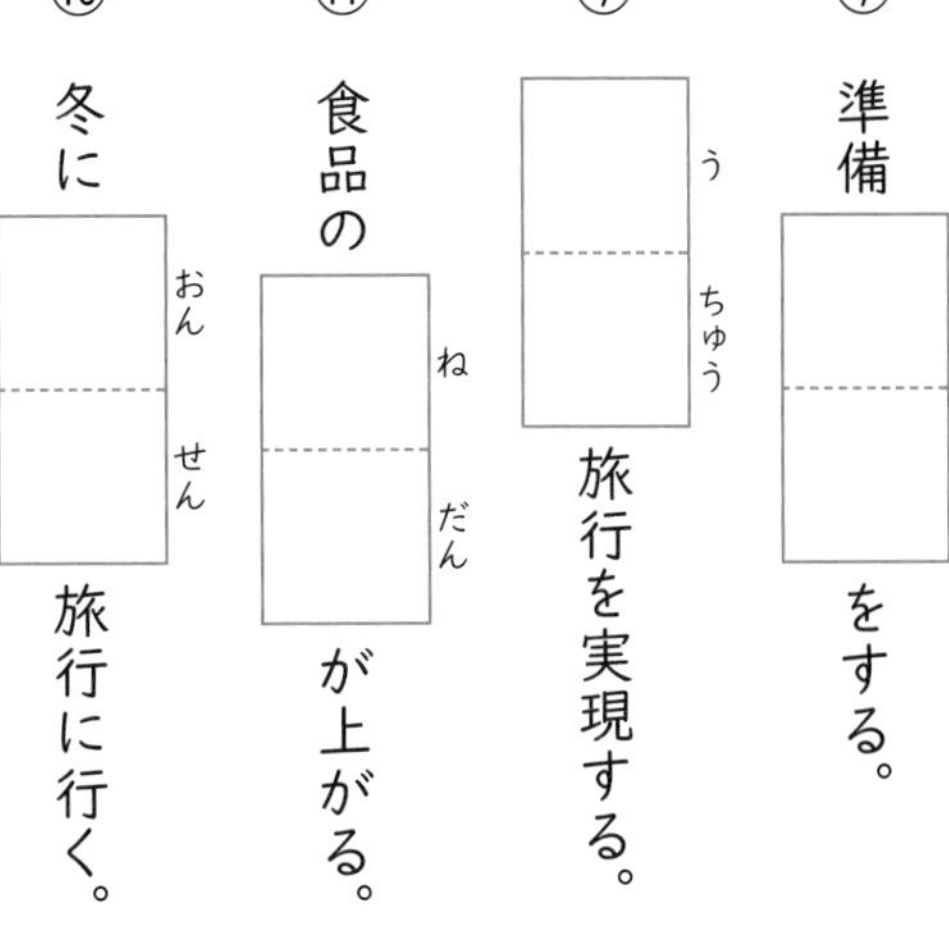
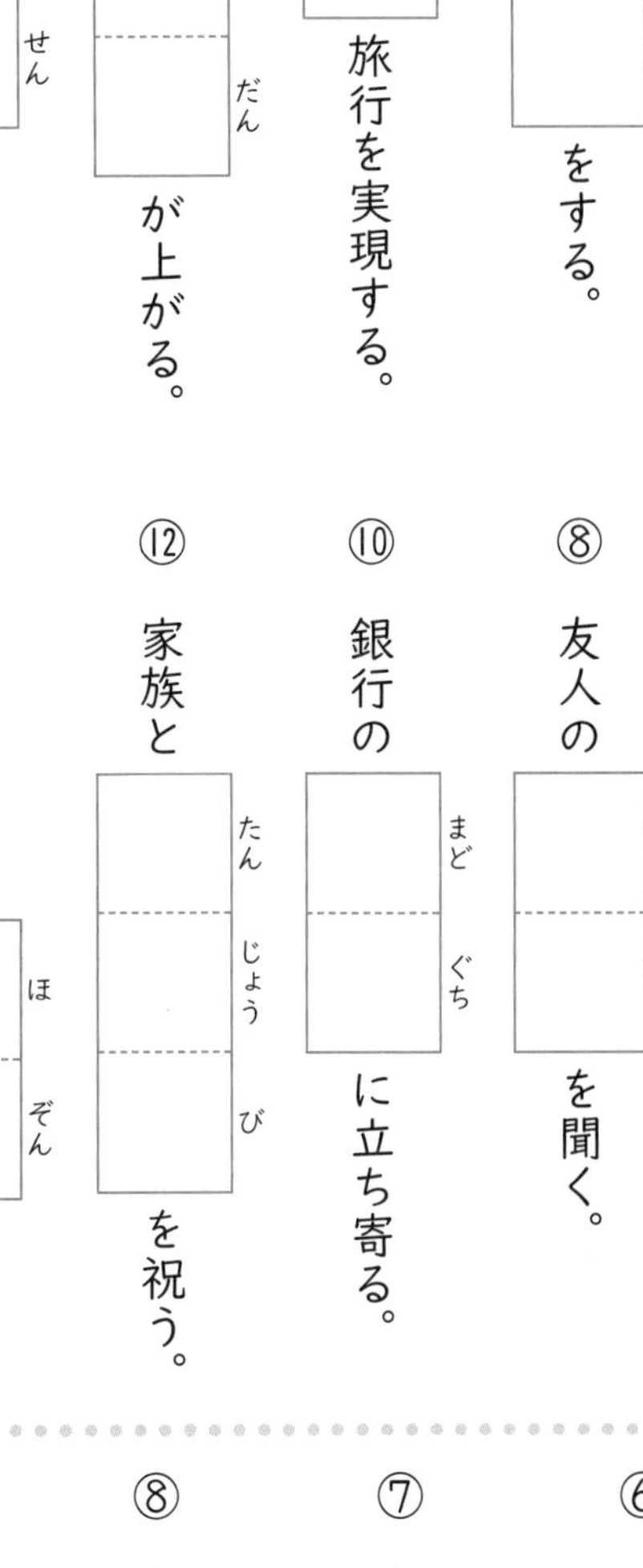

⑦ 準備［たいそう］をする。

⑧ 友人の［ちゅうこく］を聞く。

⑨ ［うちゅう］旅行を実現する。

⑩ 銀行の［まどぐち］に立ち寄る。

⑪ 食品の［ねだん］が上がる。

⑫ 家族と［たんじょうび］を祝う。

⑬ 冬に［おんせん］旅行に行く。

⑭ 思い出の品を［ほぞん］する。

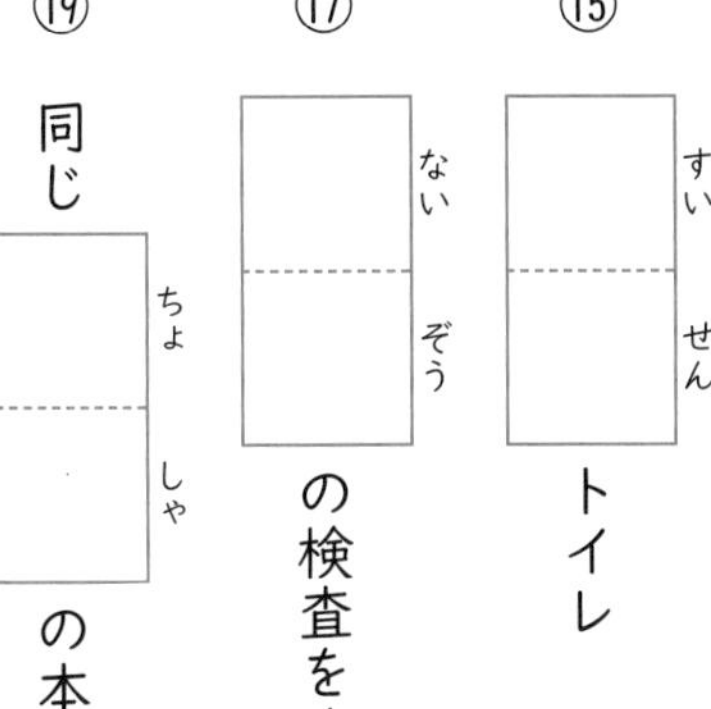
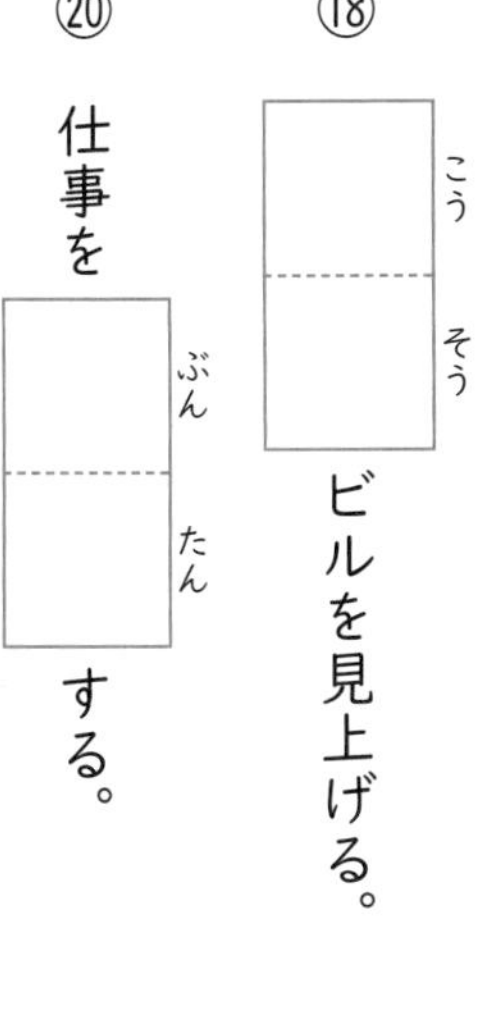

⑮ ［すいせん］トイレ

⑯ 森の中を［たんけん］する。

⑰ ［ないぞう］の検査をする。

⑱ ［こうそう］ビルを見上げる。

⑲ 同じ［ちょしゃ］の本を読む。

⑳ 仕事を［ぶんたん］する。

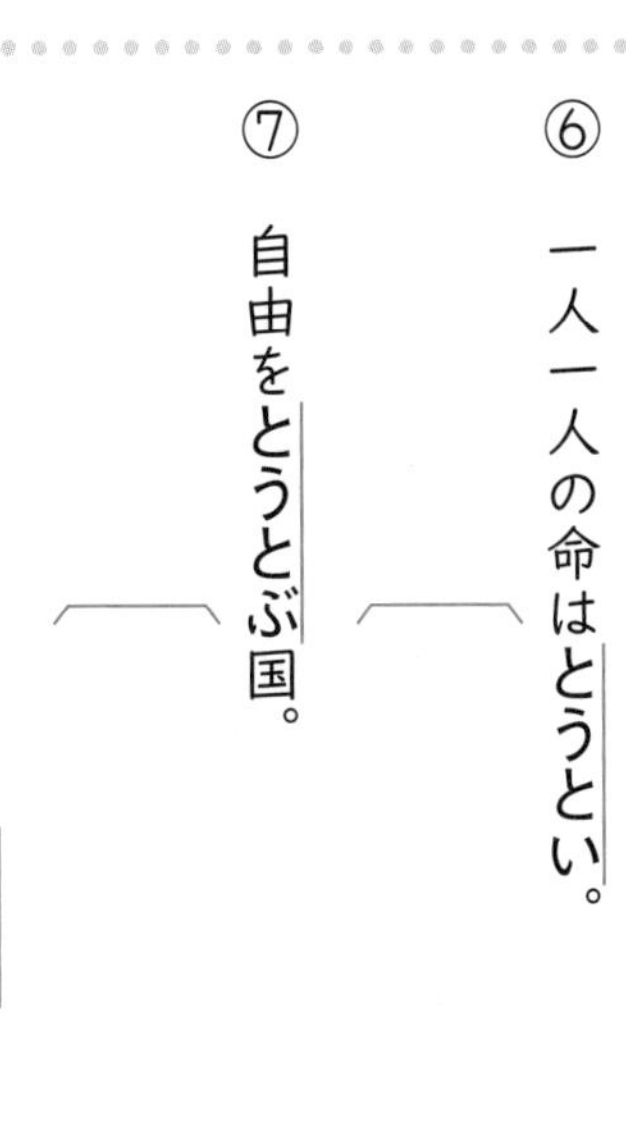
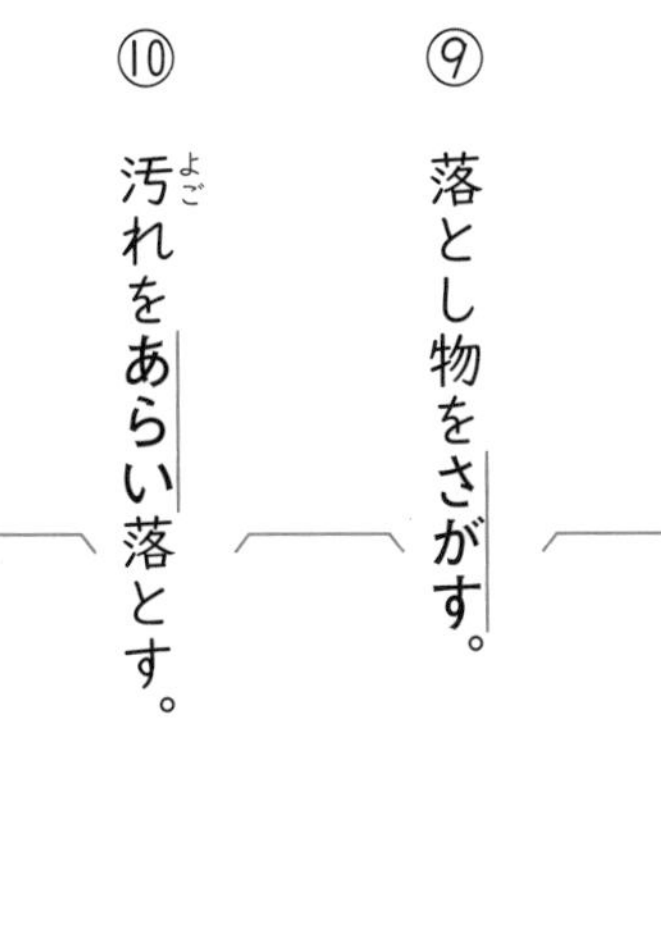

⑥ 一人一人の命はとうとい。（　　）

⑦ 自由をとうとぶ国。（　　）

⑧ 私たちは新しい未来をつくる。（　　）

⑨ 落とし物をさがす。（　　）

⑩ 汚(よご)れをあらい落とす。（　　）

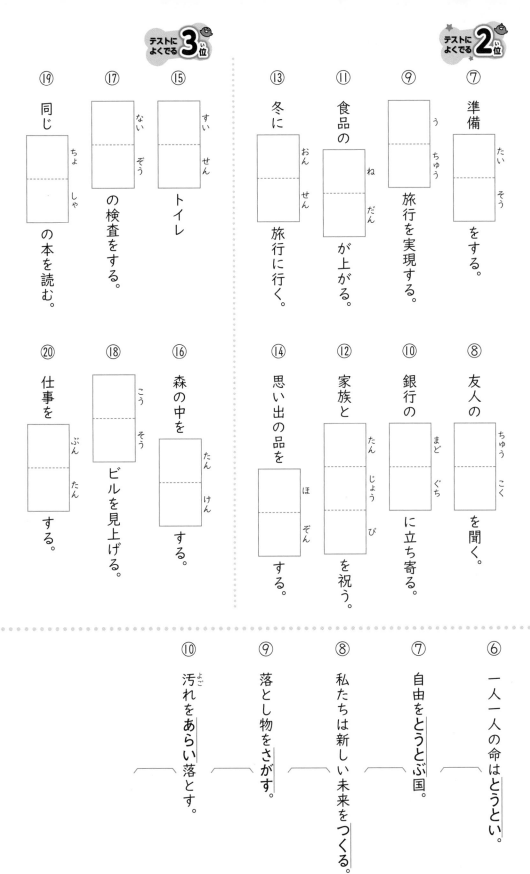

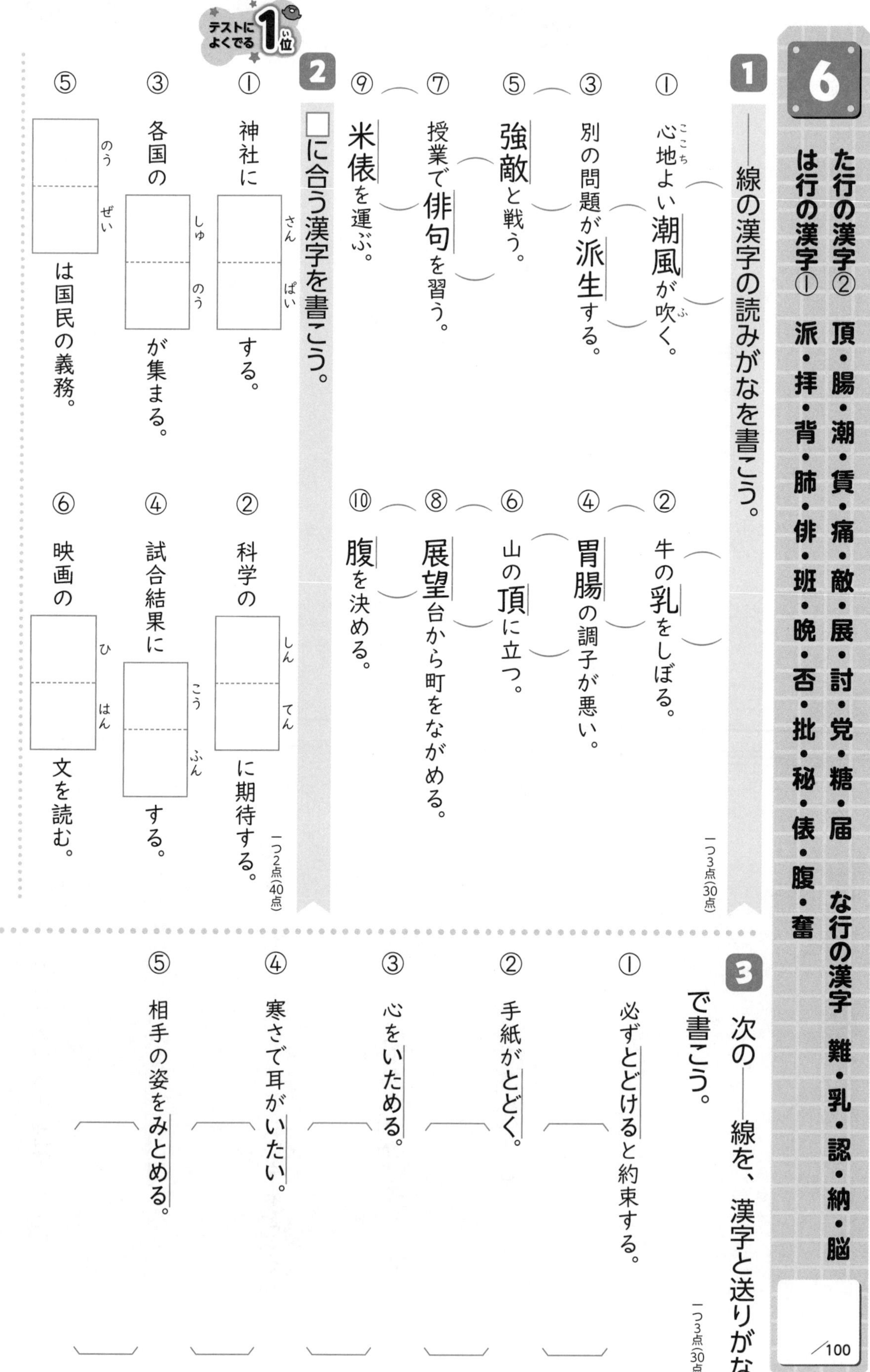

6 た行の漢字② は行の漢字①

た行の漢字② 頂・腸・潮・賃・痛・敵・展・討・党・糖・届 な行の漢字 難・乳・認・納・脳 は行の漢字① 派・拝・背・肺・俳・班・晩・否・批・秘・俵・腹・奮

／100

テストによくでる1位

1 ――線の漢字の読みがなを書こう。 一つ3点(30点)

① 心地（ここち）よい潮風が吹（ふ）く。（　　）
② 牛の乳をしぼる。（　　）
③ 別の問題が派生する。（　　）
④ 胃腸の調子が悪い。（　　）
⑤ 強敵と戦う。（　　）
⑥ 山の頂に立つ。（　　）
⑦ 授業で俳句を習う。（　　）
⑧ 展望台から町をながめる。（　　）
⑨ 米俵を運ぶ。（　　）
⑩ 腹を決める。（　　）

2 □に合う漢字を書こう。 一つ2点(40点)

① 神社に［さんぱい］する。
② 科学の［しんてん］に期待する。
③ 各国の［しゅのう］が集まる。
④ 試合結果に［こうふん］する。
⑤ ［のうぜい］は国民の義務。
⑥ 映画の［ひはん］文を読む。

3 次の――線を、漢字と送りがなで書こう。 一つ3点(30点)

① 必ずとどけると約束する。（　　）
② 手紙がとどく。（　　）
③ 心をいためる。（　　）
④ 寒さで耳がいたい。（　　）
⑤ 相手の姿をみとめる。（　　）

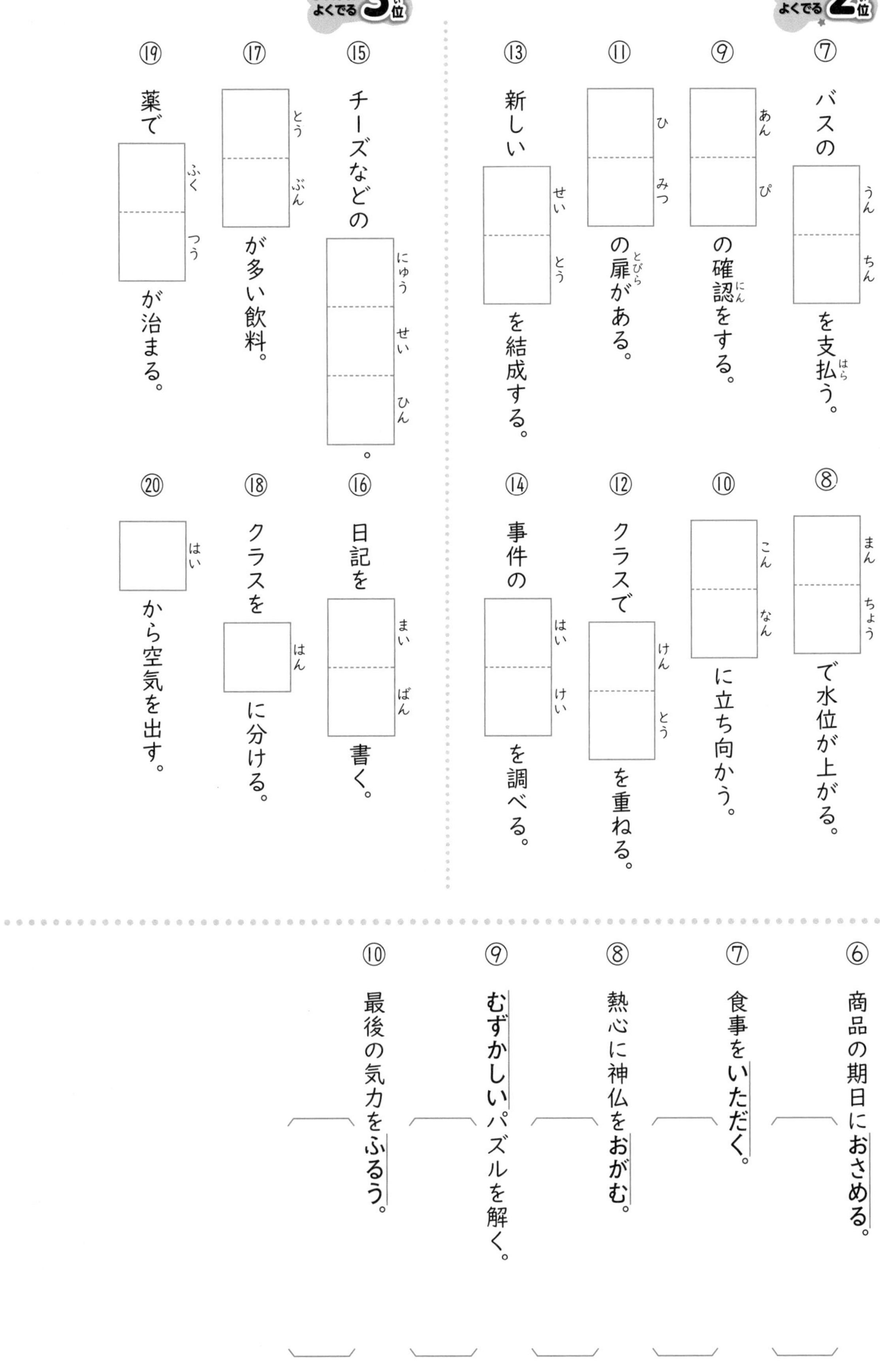

テストによくでる2位（い）

⑦ バスの［　　］（うんちん）を支払（はら）う。

⑧ ［　　］（まんちょう）で水位が上がる。

⑨ ［　　］（あんぴ）の確認（にん）をする。

⑩ ［　　］（こんなん）に立ち向かう。

⑪ ［　　］（ひみつ）の扉（とびら）がある。

⑫ クラスで［　　］（けんとう）を重ねる。

⑬ 新しい［　　］（せいとう）を結成する。

⑭ 事件の［　　］（はいけい）を調べる。

テストによくでる3位（い）

⑮ チーズなどの［　　　］（にゅうせいひん）。

⑯ 日記を［　　］（まいばん）書く。

⑰ ［　　］（とうぶん）が多い飲料。

⑱ クラスを［　］（はん）に分ける。

⑲ 薬で［　　］（ふくつう）が治まる。

⑳ ［　］（はい）から空気を出す。

⑥ 商品の期日におさめる。（　　）

⑦ 食事をいただく。（　　）

⑧ 熱心に神仏をおがむ。（　　）

⑨ むずかしいパズルを解く。（　　）

⑩ 最後の気力をふるう。（　　）

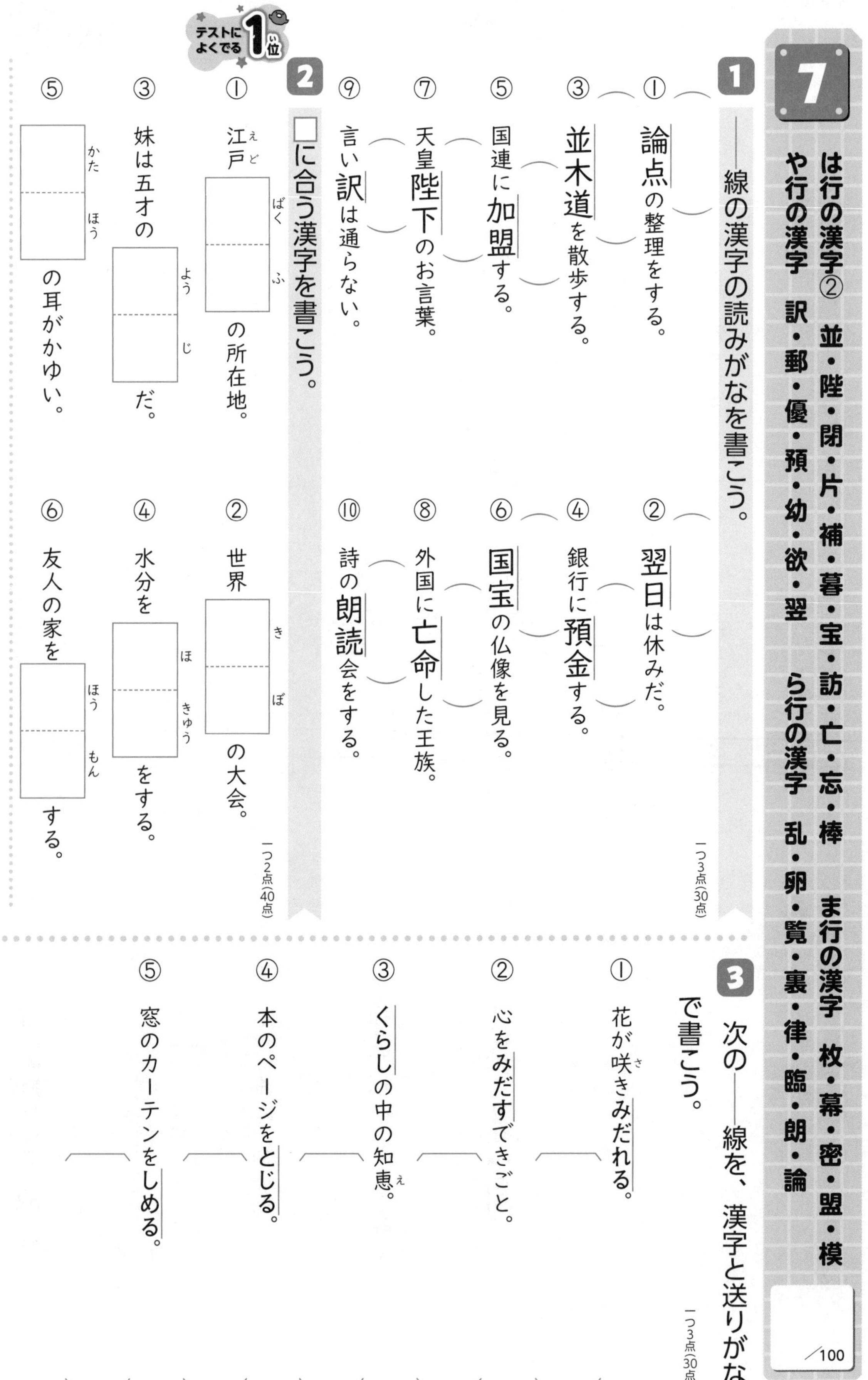

7 は行の漢字② 並・陛・閉・片・補・暮・宝・訪・亡・忘・棒　ま行の漢字 枚・幕・密・盟・模
や行の漢字 訳・郵・優・預・幼・欲・翌　ら行の漢字 乱・卵・覧・裏・律・臨・朗・論

／100

1 ——線の漢字の読みがなを書こう。　一つ3点(30点)

① 論点の整理をする。（　　）
② 翌日は休みだ。（　　）
③ 並木道を散歩する。（　　）
④ 銀行に預金する。（　　）
⑤ 国連に加盟する。（　　）
⑥ 国宝の仏像を見る。（　　）
⑦ 天皇陛下のお言葉。（　　）
⑧ 外国に亡命した王族。（　　）
⑨ 言い訳は通らない。（　　）
⑩ 詩の朗読会をする。（　　）

テストによくでる1位

2 □に合う漢字を書こう。　一つ2点(40点)

① 江戸(えど)の□□(ばくふ)の所在地。
② 世界□□(きぼ)の大会。
③ 妹は五才の□□(ようじ)だ。
④ 水分を□□(ほきゅう)をする。
⑤ □□(かたほう)の耳がかゆい。
⑥ 友人の家を□□(ほうもん)する。

3 次の——線を、漢字と送りがなで書こう。　一つ3点(30点)

① 花が咲(さ)きみだれる。（　　）
② 心をみだすできごと。（　　）
③ くらしの中の知恵(え)。（　　）
④ 本のページをとじる。（　　）
⑤ 窓のカーテンをしめる。（　　）

⑦ 商品の（いちらん）表を作る。

⑧ 器（うつわ）に（なまたまご）を割る。

⑨ 自動的に（かいへい）するドア。

⑩ 舞（ぶ）台の（まく）が上がる。

⑪ 人口（みつど）が高い。

⑫ （りんじ）で休業する。

⑬ 大会で（ゆうしょう）する。

⑭ （きりつ）正しい生活。

⑮ （さんらん）したごみを捨てる。

⑯ （うらにわ）で花を育てる。

⑰ （ゆうびん）はがきを出す。

⑱ 紙の（まいすう）を確認（にん）する。

⑲ 校庭の（てつぼう）で遊ぶ。

⑳ 元気で（しょくよく）がある。

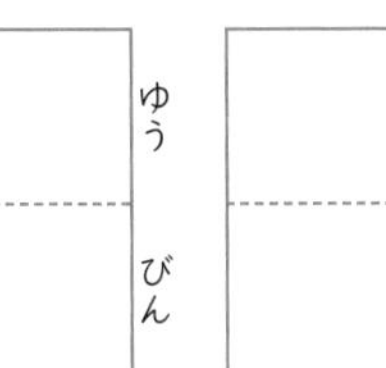
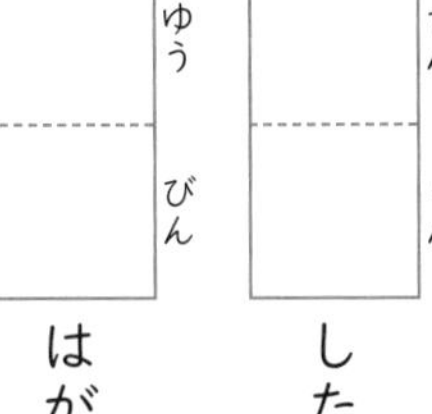
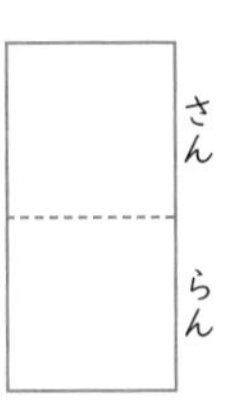

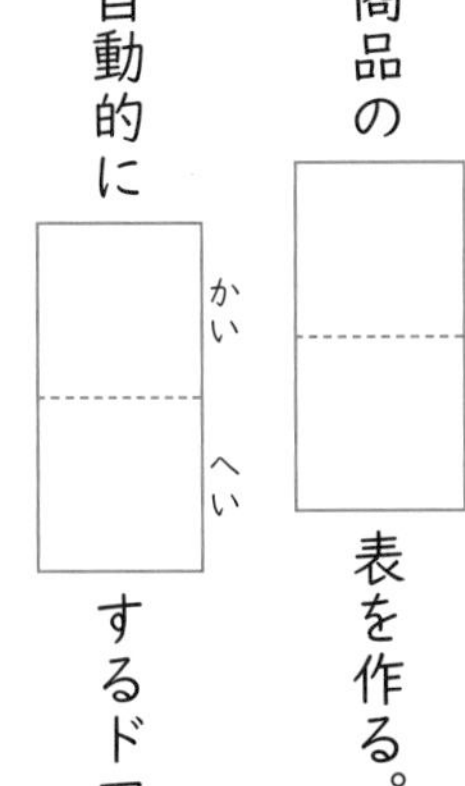

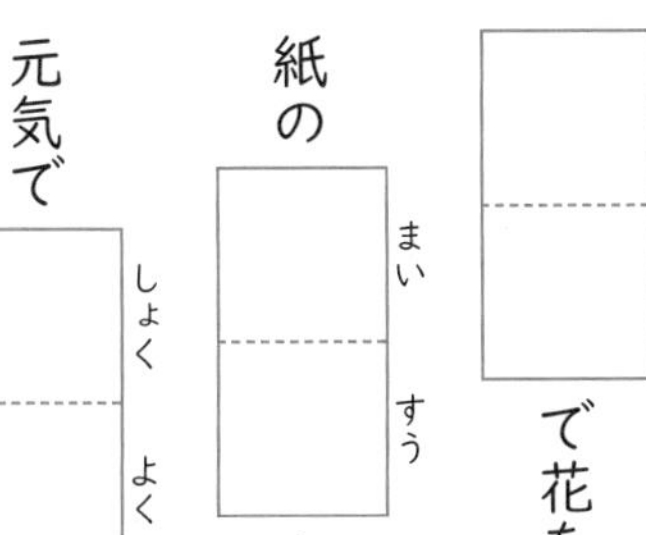

⑥ 五十音順に**ならべる**。（　　）

⑦ 品物を買い**わすれる**。（　　）

⑧ 初めての町を**たずねる**。（　　）

⑨ 足りない物を**おぎなう**。（　　）

⑩ **おさない**ころの思い出。（　　）

8 六年生で習った漢字

/100

1 ——線の漢字の読みがなを書こう。 一つ2点(16点)

① 簡潔に問題点を伝える。（　　）

② 鋼鉄の意志をつらぬく。（　　）

③ 従来のやり方を改める。（　　）

④ バスの運賃を確認する。（　　）

⑤ 試合で勝つ筋道を立てる。（　　）

⑥ 奮発して買う。（　　）

⑦ 本の著者を確かめる。（　　）

⑧ 米や麦などの穀物。（　　）

2 □に合う漢字を書こう。 一つ3点(24点)

① 世界［いさん］を見学する。

② 学業に［せんねん］する。

③ ［かち］のある本。

④ ［ろうどく］会を開く。

4 次の——線を、漢字と送りがなで書こう。 一つ4点(40点)

① 兄との差がちぢまる。（　　）

② それぞれ性質がことなる。（　　）

③ あたたかい春の日差し。（　　）

④ 鏡に全身がうつる。（　　）

⑤ ［ざっし］の記事を読む。

⑥ 会社に［しゅっきん］する。

⑦ 水が［じょうはつ］する。

⑧ 相手の意見を［そんちょう］する。

3 次の組み立てからできた三字熟語を、あとから選んで記号で答えよう。

一つ4点（20点）

① 上の字が下の二字の性質や状態を限定している。（　　）

② 二字の語の前に打ち消しの語がついている。（　　）

③ 上の二字が下の語を修飾（しょく）して、物事の名前になる。（　　）

④ 上の二字に下の語が意味をそえて、様子や状態を表す。（　　）

⑤ 一字の語の集まりから成る。（　　）

ア 日常化　イ 野球場　ウ 再開発　エ 衣食住　オ 非常識

⑤ 素晴らしい成績を<u>おさめる</u>。（　　）

⑥ 液体が服に<u>たれる</u>。（　　）

⑦ <u>むずかしい</u>問題を解く。（　　）

⑧ 実験の手順を<u>あやまる</u>。（　　）

⑨ 新しい未来を<u>つくる</u>。（　　）

⑩ 目上の人を<u>うやまう</u>。（　　）

答え

1　2・3ページ

1
①じゅんえん　②はっき　③かんまん　④おんじん　⑤われわれ　⑥かんまつ　⑦いさん　⑧かぶしき　⑨いちょう　⑩ちいき

2
①延期　②改革　③沿岸　④危険　⑤天守閣　⑥異常　⑦簡潔　⑧貴重　⑨領域　⑩供給　⑪疑問点　⑫看護　⑬呼吸　⑭映画　⑮拡大　⑯机　⑰子供　⑱灰色　⑲宇宙　⑳巻物

3
①異なる　②供える　③延びる　④割れる　⑤沿って　⑥映る　⑦疑い　⑧干す　⑨吸う　⑩危ない

2　4・5ページ

1
①むね　②しゅっきん　③きんにく　④みなもと　⑤じんけん　⑥くちべに　⑦けんばいき　⑧たいようけい　⑨けいさつかん　⑩じこ

2
①厳格　②勤務　③胸部　④劇場　⑤降雨　⑥誤解　⑦鋼鉄　⑧時刻　⑨感激　⑩点呼　⑪筋道　⑫故郷　⑬絹糸　⑭権力　⑮憲法　⑯穴　⑰皇后　⑱親孝行　⑲起源　⑳紅白

3
①勤める　②誤る　③厳しい　④刻む　⑤降ろす　⑥降る　⑦呼ばれる　⑧激しい　⑨敬う　⑩降りる

3　6・7ページ

1
①しご　②さきん　③きゅうしゅう　④ようさん　⑤じゅもく　⑥しきゅう　⑦ざっし　⑧しゅうきょう　⑨かし　⑩しゃ

2
①対策　②日誌　③裁判　④収入　⑤視力　⑥就任　⑦姿勢　⑧骨折　⑨穀物　⑩経済　⑪座席　⑫蚕　⑬砂場　⑭私　⑮冊　⑯姿　⑰尺度　⑱困　⑲発射　⑳磁石

3
①収める　②収まる　③裁く　④射る　⑤至る　⑥若い　⑦捨てる　⑧困る　⑨済む　⑩済ます

4　8・9ページ

1
①せいい　②しょうじ　③たて　④じんぎ　⑤でんしょう　⑥かんじゅく　⑦すんぽう　⑧せいち　⑨せんねん　⑩しょこく

2
①熟語　②垂直　③傷　④警察署　⑤蒸発　⑥従来　⑦故障　⑧軽傷　⑨専門　⑩観衆　⑪宣伝　⑫除去　⑬方針　⑭将来　⑮推理　⑯縦断　⑰単純　⑱処分　⑲舌　⑳誠実

3
①盛る　②従える　③縮まる　④縮める　⑤除く　⑥垂らす　⑦垂れる　⑧従う　⑨縮む　⑩縮れる

5　10・11ページ

1
①しゃそう　②かち　③しょうちょう　④かいだん　⑤いずみ　⑥そんざい　⑦せんとう　⑧たいじょう　⑨ちょさく　⑩だんそう

2
①演奏　②尊重　③冷蔵庫　④善良

⑤温暖　⑥帰宅　⑦体操　⑧忠告
⑨宇宙　⑩窓口　⑪値段　⑫誕生日
⑬温泉　⑭保存　⑮水洗　⑯探検
⑰内臓　⑱高層　⑲著者　⑳分担

3
①染める　②染まる　③尊ぶ　④暖かい
⑤暖まる　⑥尊い　⑦尊ぶ　⑧創る
⑨探す　⑩洗い

6　12・13ページ

1
①しおかぜ　②ちち
③はせい　④いちょう
⑤きょうてき　⑥いただき
⑦はいく　⑧てんぼう
⑨こめだわら　⑩はら

2
①参拝　②進展　③首脳　④興奮
⑤納税　⑥批判　⑦運賃　⑧満潮
⑨安否　⑩困難　⑪秘密　⑫検討
⑬政党　⑭背景　⑮乳製品　⑯毎晩
⑰糖分　⑱班　⑲腹痛　⑳肺

3
①届ける　②届く　③痛める　④痛い
⑤認める　⑥納める　⑦頂く　⑧拝む
⑨難しい　⑩奮う

7　14・15ページ

1
①ろんてん　②よくじつ
③なみきみち　④よきん
⑤かめい　⑥こくほう
⑦へいか　⑧ぼうめい
⑨わけ　⑩ろうどく

2
①幕府　②規模　③幼児　④補給
⑤片方　⑥訪問　⑦一覧　⑧生卵
⑨開閉　⑩幕　⑪密度　⑫臨時
⑬優勝　⑭規律　⑮散乱　⑯裏庭
⑰郵便　⑱枚数　⑲鉄棒　⑳食欲

3
①乱れる　②乱す　③暮らし　④閉じる
⑤閉める　⑥並べる　⑦忘れる　⑧訪ねる
⑨補う　⑩幼い

8　16・17ページ

1
①かんけつ　②こうてつ
③じゅうらい　④うんちん
⑤すじみち　⑥ふんぱつ
⑦ちょしゃ　⑧こくもつ

2
①遺産　②専念　③価値　④朗読
⑤雑誌　⑥出勤　⑦蒸発　⑧尊重

3
①ウ　②オ　③イ　④ア
⑤エ

4
①縮まる　②異なる　③暖かい　④映る
⑤収める　⑥垂れる　⑦難しい　⑧誤る
⑨創る　⑩敬う